阿富汗的女兒在哭泣

LETTERS TO MY DAUGHTERS

BY FAWZIA KOOFI

法齊婭・古菲◎著
侯嘉珏◎譯

獻給我的母親，她是世界上最善良、最有才華的老師；
獻給我兩個女兒，她們是我生命中的星星；
也獻給阿富汗的所有女性。

請讓阿富汗女人用第一人稱發聲

一個女人的小歷史，回應時代的大歷史

——「獨立評論@天下」頻道總監/作家　廖雲章

這本書名叫做《阿富汗的女兒在哭泣》，但書中並不完全是眼淚。作者是阿富汗少見的女性國會議員法齊婭·古菲，以第一人稱寫下的自傳。從無憂的童年到戰火連天的成年，作者寫書時不過三十五歲，人生已歷經蘇聯占領的青春期、內戰、塔利班統治時期，而後美國接管。她因爲堅持上學識字，得以加入聯合國的國際援助工作，以專業幫助自己的國家，啓發她進一步參與政治，期望改革阿富汗的命運，翻轉世世代代阿富汗女人的悲慘宿命。

來自阿富汗東北省分巴達克珊傳統一夫多妻家庭，法齊婭從小就知道女人的地位是怎麼回事。父親是阿富汗東北偏遠省分的國會議員，也是個傳統的伊斯蘭文化守護者，娶了七位妻子，生了二十三個小孩，因爲他相信，透過政治聯姻弭平部落糾紛、生養眾多，是像他這樣社會地位的阿富汗男人的義務。

法齊婭的母親是第二位妻子，也是父親最愛的妻子，負責打理家務與家族的牛羊放牧產業，還要在父親宴客時，帶領僕役籌備豐盛宴席，一旦有疏失，會被當眾打個半死。然而，即使遭到家暴，

她的母親仍深信這是丈夫愛之深責之切，她甚至爲丈夫籌備婚禮宴席，迎接進門成爲她情敵的其他妻子們，努力與她們成爲姊妹。

從小，法齊婭看盡女人不被愛的絕望，以及被愛的磨難。這個因「只是個女孩」而在出生時被忽視，棄置豔陽下任其自生自滅，導致臉部曬傷的嬰兒，也許是幸運，也是不幸。四歲時，父親在進行和平談判時遭到射殺，自此家道中落，她與母親開始顛沛流離於親戚朋友的庇護，她也因此逃脫了原本穩固的家族與傳統框架，得以讀書識字、學英文，甚至考上醫學院，成爲受過教育、見過世面的都市女子。

跟隨法齊婭的回憶，我彷彿鑽進了八〇年代冷戰時期的喀布爾街道，那時很多女人留著鮑伯頭、她們化妝搽指甲油。她還偷偷跟同學借了迷你裙，走在街上對著落地窗顧影自憐，結果被哥哥撞見，挨了一頓罵。那是女人可以不穿藍色布卡（**Burka**）的阿富汗，那時不穿罩袍也不算犯罪。

當然也見識了可怕的戰火。她的一生都在死亡陰影中，即使多次與死神擦身而過，她不認爲自己會永遠幸運。所以這本自傳，嚴格來說，其實是一本遺書，告訴她的兩個女兒，即使將來不幸失去母親，也能知道該如何面對生活的挑戰並爲自己採取行動。

一個終身沐浴在戰火中的女人，如何決定自己的婚姻、如何爭取學習權、如何透過自身專業成爲聯合國專員，引入國際資源援助殘破的家園，如何投身政治成爲女國會議員？這是所有國際媒體再資深的戰地記者都寫不出的故事，這也是美國介入阿富汗戰爭後，來自現場最眞實的聲音，值得一讀。

目錄 CONTENTS

第二部

阿富汗地圖

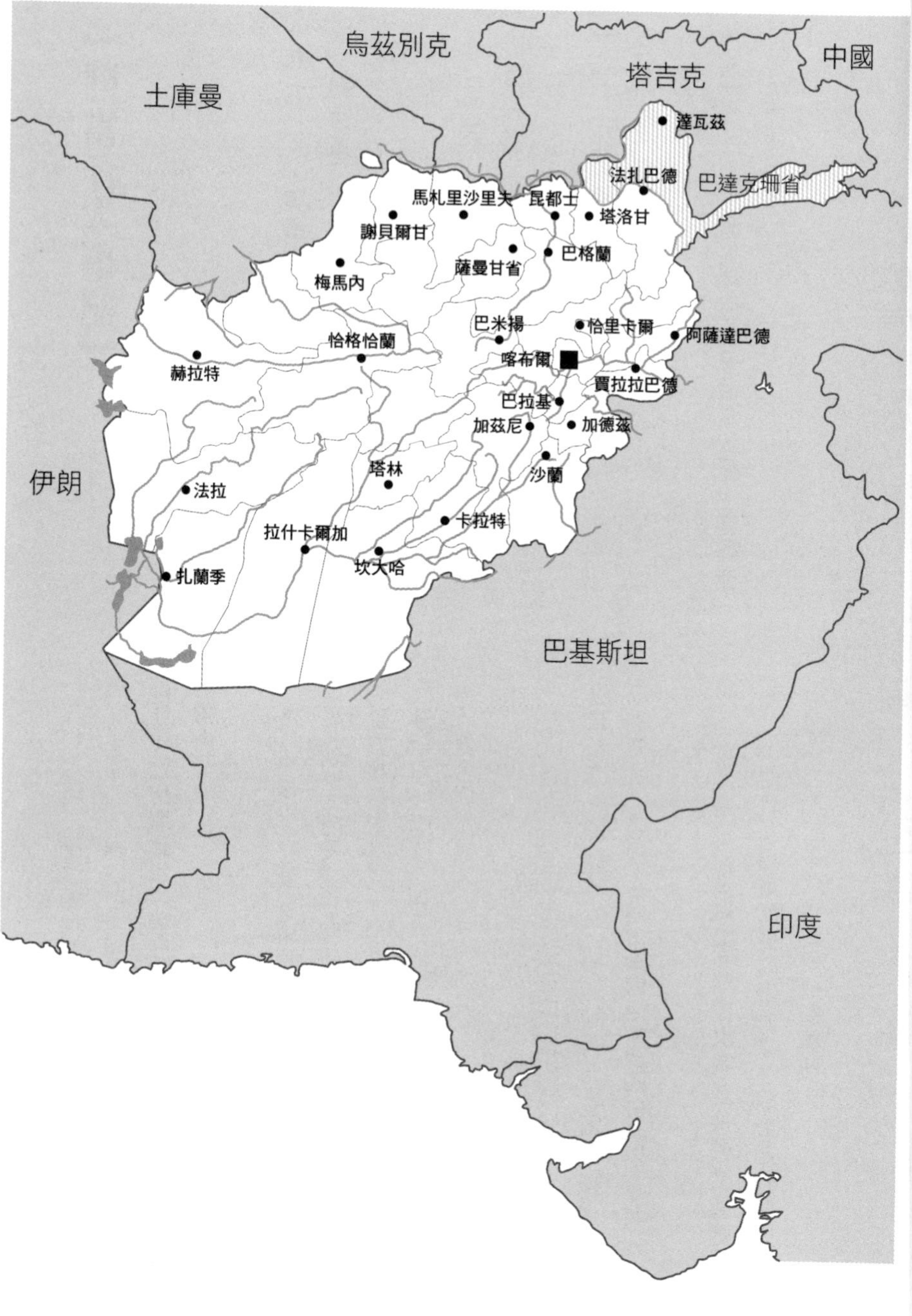
烏茲別克
土庫曼
塔吉克
中國
達瓦茲
法扎巴德
巴達克珊省
馬札里沙里夫
昆都士
塔洛甘
謝貝爾甘
薩曼甘省
巴格蘭
梅馬內
巴米揚
恰里卡爾
阿薩達巴德
恰格恰蘭
赫拉特
喀布爾
賈拉拉巴德
巴拉基
加茲尼
加德茲
沙蘭
伊朗
塔林
法拉
卡拉特
拉什卡爾加
坎大哈
扎蘭季
巴基斯坦
印度

【阿富汗大事記】

一九一九年：英國企圖以戰爭影響阿富汗統治權，與英軍三度開戰之後，阿富汗終於獲得獨立。

一九三三年：查希爾國王繼位，此後四十年阿富汗均維持君主政權。

一九七三年：穆罕默德．達烏德發動軍事政變，成立阿富汗共和國。

一九七八年：左派人民民主黨發動政變，推翻並殺害達烏德將軍。

一九七九年：左派領袖阿敏與來自喀布爾的塔拉基爭奪權力，阿敏取得政權。鄉村起義不斷，阿富汗軍方分崩離析。蘇聯最後軍援推翻阿敏，阿敏遭處死。

一九八〇年：在蘇聯軍方支持下，人民民主黨帕查姆派的卡姆爾成立傀儡政府。但是聖戰士團體不斷對抗蘇聯勢力，反抗衝突越演越烈。美國、巴基斯坦、中國、伊朗與沙烏地阿拉伯均供應阿富汗資金與武器。

一九八五年：聖戰士於巴基斯坦組成聯盟，對抗蘇聯勢力。阿富汗人口預估約有一半因為戰爭而流離失所，許多人逃至鄰國伊朗或巴基斯坦。

一九八六年：聯合國開始提供刺針飛彈給聖戰士，以便其擊落蘇聯武裝直升機。蘇聯軍方勢力推舉納吉布拉取代卡姆爾成為總統。

一九八八年：阿富汗、蘇聯、美國與巴基斯坦簽定和平協議，蘇聯開始自阿富汗撤軍。

一九八九年：最後一批蘇聯軍隊撤離，但是由於聖戰士欲推翻納吉布拉，因此內戰持續不斷。

一九九一年：美國與蘇聯同意結束兩國對阿富汗的軍事協助。

一九九二年：抗爭勢力包圍喀布爾，納吉布拉失去政權。各路國民軍積極爭奪政治勢力。

一九九三年：聖戰士派系與種族領袖拉巴尼（Tajik Burhanuddin Rabbani）合組政府，由拉巴尼擔任總統。

一九九六年：塔利班占領喀布爾，引進伊斯蘭教強硬派勢力。拉巴尼流亡，加入反塔利班北方聯盟。

一九九七年：巴基斯坦與沙烏地阿拉伯承認塔利班政權，其他世界各國大多數仍承認拉巴尼為阿富汗領導人。塔利班控制約三分之二阿富汗國土。

二〇〇一年：傳奇人物馬蘇德（Ahmad Shah Massoud，反塔利班游擊隊領袖）遭偽裝成記者的殺手暗殺。

二〇〇一年十月：九一一事件發生後，塔利班拒絕交出賓拉登，美國與英國因此對阿富汗發動空襲。

二〇〇一年十二月五日：阿富汗各方勢力團體達成波昂協議，組成過渡政府。

二〇〇一年十二月七日：塔利班放棄最後灘頭堡坎達哈，但領導人毛拉・奧馬爾（Mullah Omar）仍逍遙法外。

二〇〇一年十二月二十二日：普什圖保皇主義者卡札伊宣誓就職，帶領由三十人共同分享權力的過渡政府。

二〇〇二年四月：前國王查希爾返回阿富汗，表示無意重登王位。

二〇〇二年五月：聯合國安理會將國際安全援助部隊駐兵期限延長至二〇〇二年十二月，聯軍於阿富汗東南方持續尋找蓋達組織與塔利班的殘餘勢力。

二〇〇二年六月：支爾格會議選出卡札伊擔任過渡政府領袖，由卡札伊選擇執政團隊成員，任期至二〇〇四年。

二〇〇三年八月：北大西洋公約組織掌控喀布爾局勢，為該組織首次於歐洲境外進行維和任務。

二〇〇四年一月：支爾格會議通過並採用新憲法，加強總統權力。

二〇〇四年十至十一月：總統大選：卡札伊勝選，取得百分之五十五的選票，於十二月宣誓就職，現場維安森嚴。

二〇〇五年九月：阿富汗舉行睽違三十多年後的首度國會與省級選舉。

二〇〇五年十二月：新國會首度開議。

二〇〇六年十月：北約組織接掌阿富汗全境維安工作，從以美國為首的盟軍手中接管阿富汗東部。

二〇〇八年十一月：塔利班民兵拒絕卡札伊總統和平會談提議，表示盟軍自阿富汗撤軍之前不進行談判。

二〇〇九年十月：八月分總統大選將進行第二回合投票，得票居次的阿布杜拉（Abdullah Abdullah）在此時退出選舉，卡札伊總統宣布勝選。首輪投票結果顯示卡札伊贏得百分之五十五的選票，但許多選票作假，因此舉行第二輪投票。

二〇〇九年十一月：卡札伊宣誓就任總統，展開第二任任期。

二〇一〇年七月：召開國際會議，與會各國決議支持卡札伊總統所提出的時間表，盟軍於二〇一四年之前完成撤軍，將阿富汗維安責任交還阿富汗人。

編輯補充：

二〇二一年八月：美軍宣布撤軍阿富汗，塔利班迅速擊潰政府軍，占領阿富汗大多數的領土。

二〇二一年八月十九日：塔利班正式宣布重建「阿富汗伊斯蘭大公國」。

【序章】

✉二〇一〇年九月

我寫下第一封信給女兒們的那個早晨，正預定參加在巴達克珊（Badakhshan）省舉行的一場政治會議。我是代表巴達克珊省的阿富汗國會議員。巴達克珊是阿富汗最北的省分，與中國（China）、巴基斯坦（Pakistan）和塔吉克（Tajikistan）為鄰。它也是這個國家裡最貧窮、荒涼、偏僻，而且民風最保守的地區之一。

巴達克珊省的母親死亡率與兒童死亡率為世界之最，一部分是因為地處偏遠與嚴重癱瘓的貧窮，一部分是因為有時將傳統置於女人健康之上的文化。男人鮮少為妻子尋求醫療，除非她明顯地有生命危險。她到達醫院時——經常是騎驢走在顛簸的山徑上，歷經難以忍受的陣痛好幾天之後的事——通常都已經來不及拯救母親與胎兒。

那一天，我被警告不要去巴達克珊省，因為一份可信的威脅表示，塔利班（Taliban）打算在我的車子下方放置一枚土製炸彈。塔利班厭惡婦女在政府裡位居要職，他們更加厭惡我對他們的公開批評。

他們老是想置我於死地。

最近，他們比往常更努力嘗試，威脅我的家人，跟蹤我上班的路徑，好在我開車經過的路上放置炸彈，甚至安排槍手，攻擊被派來護送我的警車。一次針對我座車的槍戰持續了三十分鐘，殺死了兩名警員。我留在車裡，不知道自己離開時是死是活。

塔利班和所有想要我閉嘴，不再發言反對我國家的腐敗和無能領導的人，要看到我死了才會高興。然而，那一天，我無視於威脅，一如我忽視其餘無數次恐嚇。如果我不這麼做，便無法工作。但是我感到受脅迫與害怕。我總是如此。那正是威脅的本質，利用這項戰術的那些人非常了解這一點。

清晨六點鐘，我溫柔地喚醒十二歲的長女雪赫薩德（Shaharzad），告訴她，如果我在這幾天的旅程之後沒有回到家，她將要爲她十歲的妹妹蘇赫拉（Suhra）讀這封信。雪赫薩德滿是疑問的雙眼與我相對。我將手指放在她的雙唇上，親吻她與她在睡夢中的妹妹的額頭，然後靜靜離開房間，關上身後的門。

我依依不捨地離開我的孩子們，心裡知道自己很可能被謀殺。但是我的工作是代表國家裡最貧窮的人民。那份任務，還有養育我兩個漂亮的女兒，是我生存的意義。我不能在那天讓我的人民失望。我永遠不會讓他們失望。

第一部

親愛的蘇赫拉與雪赫薩德：

今天我爲了政治事務要去法扎巴德（Faizabad）與達瓦茲（Darwaz）。我希望很快回來，再見到妳們，但是我必須告訴妳們我可能回不來。

有人威脅要在路上殺害我。也許這一次那些人會成功。

身爲妳們的母親，告訴妳們這件事讓我心痛。但是請妳們理解，如果可以換來和平的阿富汗還有這個國家孩子們更好的前途，我情願犧牲我的生命。

我活著，是爲了讓妳們——我珍愛的女兒——可以自由地生活與夢想。

如果我被殺害而無法再見到妳們，我要妳們記住這幾件事：

第一，不要忘記我。

妳們還年輕，必須完成學業而且無法獨立生活，所以我要妳們跟哈蒂嘉（Khadija）姨媽一起住。她深愛妳們，將會替我照顧妳們。

妳們有我的授權，可以運用我留在銀行裡所有的錢。但是要聰明地使用，並且要用在學業上。專注在妳們的教育。女孩子如果要在這個男人的世界裡勝出，便需要教育。

妳們從學校畢業之後，我要妳們繼續出國念書。我要妳們熟悉普世的價值。這世界是一個很大、很美、很棒的地方，妳們應該去探索。

要勇敢。不要害怕生命中的任何事。

所有的人有朝一日都將死亡。也許今天就是我死去的日子。如果我走了，請妳們明白這是有意義的。

不要在沒有成就之前就死去。要爲自己試圖幫助別人，並且使我們的國家與世界成爲一個更好的地方，而感到自豪。

親吻妳們、深愛妳們的母親

〔第一章〕

只是個女孩

✉ 一九七五

即使在我出生的那一天，我就應該死去。

我在三十五年的生命中，已經與死神打過無數次交道，但是我仍然活著。我不明白爲何如此，但是我知道眞主（God）有祂給我的旨意。也許是要我監督、帶領我的國家離開腐敗與暴力的深淵。也許只是要我當女兒們的好母親。

我是我父親二十三個孩子中的第十九個，而且是我母親最後一個孩子。我母親是我父親第二位太太。她懷上我的時候，因爲已經生下了前面七個小孩而耗盡體力，也因爲在我父親最新、最年輕的太太面前失去他的歡心，而憂鬱沮喪。所以她想要我死。

我出生在田地裡。每年夏天，我母親和一隊僕人會旅行到山巔，那裡芳草鮮美，可以放牧我們的牛羊。這是她逃離家裡幾個星期的機會。她掌管全程的運作，蓄積足夠的果乾、堅果、米和油，以供給一小隊旅人離家三個月左右的需求。爲這旅程的準備工作和打包功夫十足讓人興奮。在隊伍騎上馬和驢，爲了尋找更高的土地而啓程翻山越嶺之前，每一件事都被計畫到最枝微末節的程度。

我母親熱愛這些旅行，她騎馬穿越村子時，對於短暫脫離家裡和家務的桎梏，得以呼吸山中清新的空氣，露出顯而易見的喜悅。

當地流傳著，越有權力與熱情的女人，穿著罩袍騎在馬背上的樣子越好看。我也聽說沒有人在馬背上比我母親美麗。她以獨特的方式支撐她的體態、背脊與尊嚴。

但是在我出生的那一年，一九七五年，她並不快樂。更早的十三個月前，她站在我們那間寬廣、不規則延展的土泥宅（hooli）平房的黃色大門旁，看著迎娶的隊伍從山路蜿蜒而下、穿過村莊。新郎是我母親的丈夫。我父親決定取一個剛滿十四歲的女孩子做他第七位太太。

他每一次再婚，我母親就遭受一次重創——雖然我父親喜歡開玩笑，說每來一位新太太，我母親就變得更加漂亮。在我父親所有的太太中，他最愛被叫做比比將（Bibi jan）（字面意爲「漂亮寶貝」）的我的母親。但是在我父母親的山村文化裡，愛情與婚姻鮮少指同一件事。婚姻是爲了家庭、傳統與文化，以及服從所有那些被視爲比個人快樂還重要的事情。而愛情是沒有人被期望有所感覺或是有所需求的東西。它只帶來麻煩。人們相信，快樂存在於不帶懷疑地善盡職責之中。而我父親眞誠地相信，擁有他這樣身分地位的男人，有責任娶好幾個老婆。

我母親那時安穩地站在土泥宅門後寬大的石頭露台上。十幾二十個馬背上的男人緩緩騎下山丘，我父親身穿他最好的一套白色傳統禮服（shalwar kameez）（長外衣與長褲）、棕色腰帶和羊皮小帽。他的白馬身上有明亮的粉紅色、綠色和紅色羊毛流蘇，從裝飾的馬勒上垂吊下來。白馬身旁有好幾隻體型較小的馬，載著全都穿白色罩袍的新娘和她的女性親人，她們陪伴她，到她將與我母親和其他也稱我父親爲丈夫的女人們共享的新家。我父親長得矮，眼距很近，蓄著修剪整齊的山羊鬍。他優雅地笑著，和前來迎接他並且觀禮的村民們握手。他們彼此叫喚著：「瓦奇・阿卜杜爾・拉曼（Wakil Abdul Rahman）到了，」以及「瓦奇・阿卜杜爾・拉曼帶著很漂亮的新娘子回家了。」他的民眾愛戴他，所以相當期待。

我的父親瓦奇（議員）・阿卜杜爾・拉曼是阿富汗國會裡的一員。他代表巴達克珊省的人民，就像我現在所做的。在我父親和我成爲國會成員之前，我父親的父親阿贊沙（Azamshah）是社區的領袖及部落長老。在我家人記憶所及，當地的政治與公共服務一直是我們的傳統與榮耀。可以說，我身體裡流著的政治血液，就像流過巴達克珊省山嶺與河谷的水流那樣強而有力。

巴達克珊省的庫夫區（Koof）和達瓦茲區在十分偏僻的深山裡，我的家族與我的姓氏就來自那裡。即使在今日從首都法扎巴德開車，也要花上三天才到得了。而且那是在天氣好的時候。在冬季，山上的小徑完全封閉。

我祖父的工作，是幫助人民處理社會與實際問題，爲他們聯絡在法扎巴德的中央政府辦公室，還有與省行政區主管辦公室合作以提供服務。他從達瓦茲區山上的家出發，到法扎巴德和那裡的政府官員說話的唯一途徑，就是騎馬或驢，經常花上七到十天的旅程。他一生中從來沒有搭過飛機或坐過車。

當然，我祖父不是唯一用這麼落後的方法旅行的人。任何一個村民能夠和比較大的鎮上聯繫的唯一方法，就是騎馬或走路；那是農民買回種子或是帶牲畜到市場的方法，是病人去醫院的方法，也是被婚姻阻隔的家人探望彼此的方法。旅行只在溫暖的春季與夏季的月分裡才有可能辦到，而且即使在那些時期也很危險。

所有的旅程中，最危險的地方，就是阿坦加棧道（Atanga crossing）。阿坦加（Atanga）是阿姆河（Amu Darya River）邊的一座大山。這條清澈的碧綠河道分隔了阿富汗與塔吉克，它有多美，就有多危險。在春天雪融又下雨的時候，河岸潰堤，生出許多致人於死的激湍。阿坦加棧道是一串由粗糙木頭做成、綁在山兩側的階梯，供人爬上山再由另一側爬下山。

木梯很小很滑、搖搖晃晃。只要一小步失足，就會有人直接掉進河裡被捲走，必死無疑。想像一下從法扎巴德帶著剛採買好的貨物回來，也許有一袋七公斤重的米、鹽或是油——那是支撐一家子度過一整個冬天的珍貴物資——而且在走了七天的路之後已經筋疲力盡，然後必須冒著生命危險，越過可能已經造成許多朋友和家人死亡的不牢靠的通道。

我祖父忍受不了年復一年看著他的人民這樣死去，於是他竭盡所能，逼政府建造一條像樣的道路與更安全的棧道。然而，儘管他可能比巴達克珊省大部分的人更富有，他仍然是一個住在偏僻村莊裡的地方官。旅行到法扎巴德是他盡了最大的力氣可以做到的事。但是他沒有方法或是力量旅行到喀布爾（Kabul），那裡是國王和中央政府所在地。

我祖父知道在他有生之年，改變不會到來，他決定最小的兒子將繼承他的競選角色。我祖父開始打點我父親未來的政治生涯時，我父親還只是個小男孩。幾年後的某一天，在經過好幾個月的紮實遊說之後，我父親在國會裡最大的一次成功之舉，就是實現我祖父在阿坦加通道造路的夢想。

關於那條路和我父親覲見查希爾・沙阿國王（Zahir Shah），有一則有名的故事。他站在國王面前說：「沙阿國王閣下（Shah sahib），關於建造這條路，已經計畫了好多年，但是卻遲遲沒有行動——你和你的政府又計畫又談論，但是卻沒有實現你們的諾言。」雖然當時的國會是由選舉出來的代表所組成，但是國王和他的朝臣仍然治理國家。對國王的直接批評，是只有勇敢又魯莽的人才會做的事。國王拿下眼鏡，瞪著我父親很久，然後嚴厲地說：「瓦奇閣下（Wakil sahib），你要記住，你是在我的宮殿裡。」

我父親想起自己做得太過分，於是感到驚慌。他快速離開皇宮，害怕會在路上被逮。但是過了一個月之後，國王派他的公共工程部長到巴達克珊省和我父親會面，爲建造那條道路擬訂計畫。部長到達後，看了山上一眼，然後宣布這件工作不可能達成。他再沒有什麼好說了；他立刻掉頭要回家。我父親睿智地點點頭，並且請他先與他騎馬走一小段路。那人同意了，於是他們一起騎到那條通道的最頂端。他們下馬時，我父親拉住那人的馬匹，領著牠全速疾衝下山，讓那位部長獨自在山裡待了一整晚，嘗嘗村民們被困在山隘上的滋味。

隔天早上我父親回去接那位部長。他被蚊子叮了個半死，而且因爲害怕被野狗或野狼咬，而一夜未眠，非常生氣。但是他已經親身體會到當地人民生活的艱困。他同意帶來工程師和炸藥，將道路建好。我父親所建的阿坦加通道（pass at Atanga）現在仍然存在，這項工程上的功績，這些年來，拯救了好幾千名巴達克珊省人民的性命。

不過在通道建好以及我父親成爲國會議員之前，我祖父就已經任命這個小阿卜杜爾・拉曼

（Abdul Rahman）爲阿爾拔（arbab），也就是社區領袖。這個舉動成功地在這個男孩十二歲的時候就賦予他部落酋長的權力。他受人請求去解決村民們於土地、家庭與婚姻之間的紛爭。想爲女兒們安排好婚事的人家會來找他，尋求他的忠告，選出適合的丈夫。不久之後，他就協商健康與教育的方案、提升資金，並且和法扎巴德的官員們會面。雖然他只不過是個小孩，但是這些官員知道，在我們的阿爾拔（arbab）系統下，他擁有當地人民的支持，所以他們也已經準備好面對他。

這些早期歲月讓我父親在有關社區的議題上打下堅實基礎，他長大成人之後，已經準備好要領導人民。時機很完美，因爲在那個時候，眞正的民主才正在阿富汗起步。一九六五年的時候，國王決定建立一個民主的國會，給予人民做決定的權利，允許他們投票選出各地國會成員。

巴達克珊省的人民，認爲他們長久以來遭受中央政府的忽視，對於他們的意見終於可以被聽見，感到很興奮。我父親被選爲有史以來第一位達瓦茲的國會議員，他代表的是阿富汗裡也是全世界中最貧窮的人民。

巴達克珊省的人民儘管如此貧困，他們也是有尊嚴、堅守自己價値觀的人。他們會像變化多端的山區氣候一樣狂野與憤怒，也像花崗岩河岸上纖細的野花一樣溫柔與堅忍不拔。

阿卜杜爾．拉曼（Abdul Rahman）是他們其中之一，而且他比任何人還要了解他們的個性。他專心致力地做他的工作。

在那些日子裡，巴達克珊省的人與外界的唯一聯繫管道就是透過收音機。我父親從我祖父那裡，繼承了我們村裡唯一的一台收音機，那是有黃銅色控制鈕的矮胖俄羅斯製無線收音機。我父親第一次在喀布爾對國會演講的那一天，所有的村民都聚集到我們在庫夫區的家裡聽廣播。

除了我哥哥賈馬沙（Jamalshah）以外，沒有人知道該怎麼打開收音機或甚至調高音量。我母親胸中滿溢著對於丈夫身爲國會成員的驕傲，她推開土泥宅的大門讓大家進屋聽演講，並且叫賈馬沙爲她轉開收音機。

但是，我哥不在家。她慌忙之中跑過整個村子叫喚他，卻找不到他。演講就要開始了，在土泥宅家中，人群已經聚集：親戚、村中長老、婦女、小孩。有些人之前從來沒有聽過收音機，而所有的人都想聽聽他們新國會代表的演說。她不能讓我父親失望，但是卻一點也不知道這個玩意兒該怎麼使用。

她走到收音機旁，試過了每一個鈕，但是都沒有用。人群帶著期待看著她，她感到越來越慌張恐懼，於是哭了出來。她丈夫就要被羞辱了，都是她的錯。如果賈馬沙在這裡就好了。這男孩到哪裡去了？她在沮喪中，一拳朝收音機頂部打下去——令人驚訝地，這個東西居然開始劈哩啪啦地發出聲音，活了過來。

她簡直不敢相信她的好運，但是還是沒有人聽得清楚，因爲聲音太小了。她完全不知道該怎麼辦。她的朋友，也就是我父親的第四位太太，建議她拿擴音器來。女人們不知道擴音器是做什麼的或是怎麼使用的，但是她們從前曾見到男人使用過。她們拿來了擴音器，放在收音機旁邊，用盡各種她們會的方法接上線。結果成功了。整個村子都聽得到我父親在國會裡的現場演說。我母親因爲開心和滿意，笑了開懷。她是一個活得比她丈夫久的女性，她在之後對我描述這件事時，認爲那是她生命中最快樂日子裡的其中一天。

我的父親很快地，在國王的國會裡獲得了工作最認眞的名聲。雖然巴達克珊省仍然極度貧窮，但是阿富汗整體來說是昌平的日子；國家治安、經濟和社會大致上都很穩定。不過，這不是我們國家的鄰居們願意接受的事。在阿富汗有一個說法，我們的地點與地理位置——位在歐洲、中國、伊朗和俄羅斯的強權之間——對阿富汗不利卻有利於全世界。這是眞的。問問任何一個會玩「戰國風雲」（Risk）——玩家目的在占領世界的版圖戰棋遊戲——的人，都會告訴你，如果你贏得了阿富汗，你就贏得了進入世上其他地方的大門。這說法一直都是正確的。過去在冷戰巔峰時期，我的國家在戰略上和地理位置上的重要性早已經形成之後將會降臨到它身上的悲劇命運。

我父親是個直言不諱、坦率並且認眞工作的人，他不只在巴達克珊省受到尊敬，也因爲他的寬大爲懷、誠實，以及對於傳統回教價值的信仰與強烈的信心，使他在全國備受尊崇。在國王的宮廷裡，有些人不喜歡他，因爲他拒絕對精英人士卑躬屈膝，或是玩弄受許多同儕喜愛的政治權力遊戲。而最重要的是，他是個老派的政治人物，他相信公職與爲貧民服務是一件高貴的事。

他在喀布爾花了好幾個月的時間，提倡建造道路、醫院與學校，而且成功地獲取資金完成一些計畫，雖然不是全部。在喀布爾的管理者沒有將我們的省看得特別重要，所以他很難獲得中央的資金。這件事經常使他生氣。

我母親記得她如何在每年國會休會之前一個月，爲我父親的返家做準備。她爲他準備各式各樣的蜜餞和果乾、打掃房子、派僕人到山上採集木頭，準備好他回家之後所有烹煮的需求。傍晚時分，一路載運著木柴的長長驢子隊伍會進到土泥宅大門內，而我母親會指揮他們進到園子角落的柴房。她以自己的方式像我父親一樣，努力地工作，凡事只求最好，從不接受次等的，總是追求盡善盡美。但是我父親很少感謝她所做的。他在家裡是個令人害怕的暴君；我母親身上的瘀傷就是證明。

我父親與七位太太的婚姻中有六件都是政治婚姻。他藉由和鄰近部落的領袖或強而有力的長老最鍾愛的女兒結婚的戰略，鞏固與保全他自己當地王國的權力。我母親的父親就是曾與我父親村子有過爭鬥的相鄰行政區裡一位重要長老。他透過娶我母親，實質地取得了一份和平條約。

他的太太中，少數幾個是他愛過的；兩個是他離婚過的；大部分是他忽視的。他一生中總共娶了七位太太。我母親無疑是他最鍾愛的一個。她嬌小，有漂亮的鵝蛋臉、蒼白的皮膚、棕色的大眼、黑亮的長髮和齊整的眉毛。

她是他最信任的人，她管理保險櫃和食物貯藏室的鑰匙。他託付她協調大型政治餐宴的料理工作。她是掌管僕人和其他太太的人，她們在土泥宅的廚房中不停地煮著香料肉飯（scented pilau rice）、咖哩肉（gosht）以及新鮮熱騰騰的大圓盤烤餅（naan bread）。

僕人們和我哥哥們會排成一列，將滾燙的鍋子從廚房傳遞到隔壁我父親娛樂客人的賓客室。女人不准進入這些男人獨有的區域。在我們的文化中，結了婚的女人不應該被非她親戚的男人看見，所以在這些場合中，從來不被期待做家事的我的哥哥們，就必須幫忙。

在這樣的晚宴中，我父親要求所有事情都要完美。米飯必須鬆軟，而每一粒米都必須完美地分開。如果符合他的標準，他會為他的財富和所選出的最傑出的太太，滿意地微笑。如果他發現有幾顆米粒黏在一起，他的臉色會變得難看，然後他會禮貌地向賓客們告退、走進廚房，不發一語地抓住我母親的頭髮、扭過她手中的金屬勺子往她頭上打。她的手——已經滿是傷疤而且變形——會抱住頭保護自己。有的時候，她被打到不省人事，卻會再度醒來。她不顧僕人們驚恐的目光，往頭皮上抹灰止血，然後再度執掌，確保在下一批米中，米粒完美地分開。

她忍受這些，是因為在她的世界中，打就是愛。「如果男人不打他太太，那他就是不愛她，」她向我解釋。「他對我有期待，而且他只在我讓他失望的時候打我。」這在現代人的耳裡聽起來很奇怪，但是在當時就是如此。她眞的這麼相信。而這種信念讓她支撐了下來。

她決心實現我父親的想法，不僅僅是因為責任感或是恐懼，也因為出於愛。她眞心又全意地愛慕他。

所以第七位太太進門的那一天，我母親是心懷悲傷看著迎娶隊伍蜿蜒穿過村子。她在露台上，站在一個正拿杵在石缽裡舂麵粉的女僕身邊。我母親強忍住淚水，抓過舂杵猛力往石缽裡搗，雖然身為當家女主人的她平日裡不會做這些工作。

但是即使是在那一天的自憐自艾也不是她被允許的奢侈。她負責料理筵席，必須確保阿卜杜爾．拉曼（Abdul Rahman）的新婚妻子在他家裡的第一餐有最精美的佳餚，與適合她身分地位的款待。如果她不為她的新情敵準備美味的盛宴，他是會生氣的。

婚禮儀式的其中一部分，是屬於她的。身為太太們之首，她必須歡迎隊伍的到來，並且將她的拳頭結實地放在新娘子的頭上，以表示她較高的地位與後者身爲較低階層對她的服從。她看著三個女人——新娘子、她母親和她姊姊——在安全地進到土泥宅大門內之後下馬。她們脫下罩袍，所有的人都見到了兩名年輕女子的美麗容貌。兩個人都有著烏鴉一般黑的及腰秀髮。其中一位翹起雙唇，以自信的碧綠雙眼直盯著我母親。我母親將她的拳頭結實、冷靜地放在這名女子的頭上。這女子嚇呆了，我父親咳嗽著笑了出來，另一位女子則尷尬地漲紅了臉。我母親挑錯了人，將她的拳頭放在新娘子姊姊的頭上了。她驚愕地雙手掩嘴，但爲時已晚，迎娶隊伍已經進屋開啓了喜宴。她唯一當眾向這個年輕女子展現誰人當家的機會已經逝去。

而現在，十三個月過去了，我母親在偏遠的山區陋室裡生下我。失去她心愛男人的歡心，她孤獨又不幸。三個月之前，年輕太太才剛生下一名臉色紅撲撲的活潑男寶寶，名叫恩那亞特（Ennayat）。他的眼睛大得像巧克力碟子。我母親不想再有孩子，她知道這是她最後一次生產。整個懷孕過程中，她虛弱、蒼白，而且體力匱乏，她的身體因爲已經生過好幾個小孩，已經山窮水盡。而恩那亞特的母親卻比以往更加美麗，因爲初次懷孕的喜悅，而容光煥發、乳房堅挺、雙頰緋紅。

我母親在她自己懷孕六個月時，接生恩那亞特到人世間。他肺部因爲第一次呼吸而脹滿，哇哇大哭著來到世上。比比將（Bibi jan）雙手摸著肚子，無聲地祈禱她自己也會生下一個男孩兒，這樣她就會有機會贏回我父親的偏愛。在我們村裡的文化中，女孩子被認爲沒有價值。即使在今日，女人也祈禱生下男孩，因爲男孩給予她們地位，而且讓她們的丈夫高興。

我母親在產下我的過程中，因爲陣痛而扭滾了三十個小時；在我出生時，她已經是半昏迷狀態，只勉強有力氣在知道我是個女孩時，表達失望氣餒。我被抱給她看時，她轉過身，拒絕抱我。我膚色斑駁，長得很小——和健壯的恩那亞特不相像得無以復加。我母親在生下我後瀕臨死亡。沒有人在乎這個剛生下的女孩是死是活，所以她們忙著救活我母親的時候，我被包裹在棉布襁褓巾裡，放在外頭曬太陽。

我就在那裡躺了一天，小小的肺都快被我哭出來。但是沒有人前來。她們滿心想順其自然，讓我自生自滅。我的小臉被太陽嚴重曬傷，甚至在我青春期的時候，臉上還帶著當時的疤。

到她們可憐我，將我帶進屋裡時，我母親已經好很多。她對於我活了下來感到很驚奇，並且被我臉部曬傷的程度嚇了一跳，驚恐地倒抽一口氣，起初的冷漠融化成母性的本能。她將我放在懷裡抱著。當我最後停止哭泣時，她卻開始靜靜地啜泣，暗自下定決心，不再讓我受任何傷害。她明白眞主爲了某種原因，要我活下來，以及她應該要愛我。

我不知道那天眞主爲什麼要饒過我。或是爲什麼要在那之後好幾次我可能會死去的時機饒過我。但是我知道祂對於我，有祂的旨意。我也知道從那一刻起，祂眞的護佑我，讓我成爲比比將最寵愛的小孩，形成母女之間永不可破的情誼。

親愛的蘇赫拉與雪赫薩德：

在我生命的初期，我學到了當一個阿富汗的女孩有多麼的困難。一個新生女孩經常聽到的頭幾個字，就是對於她母親的憐憫。「只是個女孩，可憐的女孩兒。」那可不是什麼對於來到世間的歡迎。

之後，當女孩兒長到了讀書的年紀，她不知道會不會獲准上學。她的家裡是不是勇敢或是富有到送她上學?當她的兄弟長大的時候，會代表這個家，他的薪水會拿來養家，所以每個人都想要男孩受教育，而女孩們在我們的社會裡，唯一的未來通常只有婚姻。她們對家裡沒有財務貢獻，於是在許多人的眼裡，教育她們沒有什麼用。

當女孩子到了十二歲，親戚和鄰居可能會開始對於她還沒有結婚閒言閒語。「有人向她求婚了嗎？」「有人要娶她嗎？」如果沒有可能到來的提婚，愛說閒話的人會暗中說，那是因爲她是個壞女孩。

如果家人不理會這些風涼話，讓女孩長到十六歲，在爲她找到伴侶之前，他們允許她依照自己的選擇婚配，或是至少允許她與父母的選擇意見不同，那麼她就有機會體驗人生中的一些快樂。然而，如果家裡處於財務壓力下，或是受到閒話的影響，他們會在女兒十五歲之前將她嫁出去。在一出生時就聽見「只是個女孩」的小女生，將會成爲母親；如果她生下一個女孩子，她的寶寶將聽見的頭幾個字也會是「只是個女孩」。而這會一代一代的流傳下來。

我就是這樣開始的。由一個不識字的女人所生，「只是個女孩」。

「只是個女孩」原本會是我的人生故事，而且大概也會是妳們的故事。但是我母親、妳們外祖母的勇敢，改變了我們的道路。她是成就我夢想的女英雄。

深愛妳們的母親

【第二章】

古老的故事

✉一九七七

我童年的早期，就像山中的黎明一樣金黃明亮——自太陽直墜而下的光芒，越過帕米爾山脊（Pamir mountain range），落到村裡泥土房的屋頂上。我對那段日子的記憶朦朦朧朧，像電影裡的畫面。它們沉浸在夏天橘色太陽還有冬天白雪的顏色裡，瀰漫著我家外面蘋果和李子樹的芬芳，還有我母親編成辮子的深色長髮的香味。她燦爛的笑容讓這一切記憶更加明亮。

我們居住的庫夫山谷（Koof Valley）人稱阿富汗的瑞士（Switzerland of Afghanistan）。它豐饒又肥沃，種有成排綠綠黃黃的樹木。我從沒有在其他地方看過那樣的顏色。我們的房子向外可以眺望波光粼粼的藍色河流，高大的松樹和榆樹沿著長滿綠草、陡峭伸入山裡的河岸而種植。

我記憶中童年早期的聲音，是驢子的叫聲、剪下乾草的窸窣作響聲、河水的潺潺流淌聲，還有小孩們的宏亮笑聲。甚至在今天，我村子的聲音聽起來還是一樣。庫夫區一直是這世上唯一可以讓我在幾秒鐘內忘卻煩憂，平靜安詳睡著的地方。

我們的房子前面有一個園子，由我母親有效地打理。我們種植需要的一切東西：各式各樣的水果、胡椒、橄欖、桑葚、桃子、杏桃、蘋果和大顆的黃色南瓜。我們甚至為了編織地毯而養蠶繅絲。我父親相當喜歡從國外進口樹木和種子，我們的園子裡，有全阿富汗僅有的幾棵黑櫻桃樹之一。我還記得它到達的那一天，還有樹苗被盛大地種下的感覺。

在溫暖的月分裡，女人們會在傍晚時分來到桑葚樹旁邊坐上半小時左右——那是她們一天之中唯一可以輕鬆的時刻。每個人都會帶上一小碟東西吃，她們會坐著閒聊，而小孩們就在她們身邊玩耍。

在那些日子裡，有許多村民穿木頭鞋，因為到法扎巴德買常見的鞋子十分困難。村子裡有一位老先生會做鞋；鞋子看起來就像木頭刻的威尼斯貢多拉船（Venetian gondolas），而且十分堅固。他會在鞋底打釘，這樣女人在冬天到屋外打水的時候，鞋釘會插進雪裡。我當時最大的夢想，就是擁有一雙這樣的鞋，雖然它們很難穿，而且不是做給小孩子穿的。當女人們來拜訪，將鞋留在門口時，我會穿上它們到外面玩。有一次，我穿著一件我母親的友人為我做的美麗刺繡洋裝。我不應該穿它出門，但是我不想脫下衣服，於是我便穿上一雙木頭鞋子，和我朋友到泉水附近玩耍。無可避免地，我穿著大鞋子跌了一跤，弄破了洋裝。

我的世界是在土泥宅的廚房裡開啟的，那是黃土糊的房間，一邊有三座木柴生火的爐灶，一邊有叫做塔努爾（tanur）的深型麵包烤爐放在中間，還有一個高高的小窗戶。

我母親就像她那個年代的阿富汗鄉村女性，大半輩子都待在廚房煮飯與照顧孩子。在這個房間裡，她有最優勢的地位。

女人們一天烤三次麵包，有時候烤到五或六條麵包，這個房間總是瀰漫著爐火的煙味。烤麵包的空檔，她們必須準備午晚餐。如果我父親有客人，由所有四個爐灶傳來的熱氣就變得難以忍受。在那些場合，我們全都很興奮，而且我會帶朋友來廚房吃剩菜，以提升我自己受歡迎的程度。大部分村民比我們家窮，所以可以吃到奇異佳餚的機會實在不能錯過。我們小孩子們從不被允許靠近賓客室，如果我們想冒險往裡面偷看，只要我父親看門的警衛看一眼，就足以讓我們嚇得四處竄逃藏躲。

遠離那些人目光的廚房，則是充滿笑聲和女人談話聲的地方，小孩子在那裡必定會獲得放在架上許多鍋子裡的果乾與甜點。在寒冷的冬夜裡，麵包烤好之後，我們會坐下來，雙腳放在行將熄滅的餘燼旁，放一張毯子在腿上取暖。

夜裡，我們會在廚房地板上鋪上床墊睡在那兒。太太們和孩子們沒有自己的臥房，只有自己的床墊。男孩子小一點的時候，也會在女性的世界裡生活與睡覺，他們長大一點之後，會共享臥房。我母親會說故事給我們聽。她首先重複述說與家裡有關的故事。她公開地對我們說到她的婚姻、她第一次見到我父親的感覺，還有她如何艱難地放下童年，成爲一名必須承擔所有職責的妻子。然後她會以遙遠的皇后、國王和城堡，以及爲了榮耀而付出一切的戰士故事，讓我們大飽耳福。她述說愛情故事，還有讓我們嚇到尖叫的大野狼故事。我會一邊聽，一邊看向窗外的星星月亮。我相信我看見了整片的天空。

我不知道在大山和河谷盡頭以外還有其他的世界，而且我也不在乎。我母親愛我，我也愛她，我們是分不開的。她在那幾年似乎聚集了從我父親那裡失去的愛，加倍給了我。她在聽到蓋妲姑姑（aunt Gada）重述的故事之後，已經從她最初對於我是個女孩的失望中恢復了。

我父親回到村子時，姑姑告訴他，她說：「阿卜杜爾・拉曼，你太太生下了一隻老鼠，紅色的小老鼠。」他笑了出來，並且要見我，這是他第一次要見剛生下來的女孩子。他看著我滿是傷疤的臉和太陽造成的三度灼傷，轉過頭去笑出聲。「別擔心，我的姊姊，」他告訴我姑姑。「她母親有很好的基因。我知道有一天，這隻小老鼠會長得跟她母親一樣漂亮。」

我母親聽到這個故事的時候，喜極而泣。對她來說，那是我父親告訴她，他還愛她，而且要她安心，她不應該因為最後生下的是個女孩而感到失敗。她常常說這個故事。我一定聽了上百次了。

我父親那時和我們距離遙遠。在那些日子裡，阿富汗的政治是場危險的遊戲。政權才剛轉變。穆罕默德・達烏德・汗（Mohammed Daoud Khan）在一九七三年趁查希爾・沙阿國王（Zahir Shah）人在國外，發動一場和平政變，撤換國王的職位，宣布自己成為阿富汗第一任總統。他中止憲法並罷黜國會。沒多久，我父親就因違抗總統而入獄。他敢於批評新政權，對達烏德（Daoud）施壓，讓他恢復先前的憲法國會。對於政治的不滿聲浪舉國皆聞。失業率在提高，社會問題也在增加，而阿富汗的鄰國，尤其是巴基斯坦和蘇聯（USSR），又再度對我們的國土玩弄政治戰略。

我父親幾乎都待在喀布爾，很少在家。他不在時，家裡很輕鬆，孩子們的笑聲穿透屋子。

他在家時，家裡的女人們就在走廊緊張地穿梭，興奮地為他的客人們準備餐點，並且努力讓孩子們保持安靜不要打擾他。

我的朋友們和我通常在我父親在家時都很開心，因為我們可以隨心所欲地玩鬧，放心地從廚房櫃子偷拿巧克力，因為知道我母親忙著服侍他，沒空阻止我們。

我對於父親只有少許真實的記憶。我記得他穿白色傳統禮服，戴著時髦的棕色羊毛腰帶和羊皮帽，雙手緊緊扣在背後四處走動。土泥宅有又長又平坦的屋頂，那些日子裡，他會在上頭連續走上好幾個小時。他下午來來回回快速踱步，不停地繼續走到傍晚——只有走路和想事情，而且總是維持雙手在背的相同姿勢。

即使在那個時候，我就感覺到我父親是個偉大的人。不管他將什麼樣的壓力與麻煩帶回家裡，還有他打起人來多令人害怕，那有一部分是因為他承受了多重壓力：供養一個住家還有像我們這樣大的家族的壓力、政治生活的壓力、代表阿富汗最貧窮人民的壓力。他幾乎沒有任何時間留給自己。他在家時，土泥宅後方的平房賓客室總是滿座：有些尋求他的忠告或是明智的意見；其他人想要他解決家庭紛爭；也有人帶來誤入歧途的部落消息，或是山裡的暴力事件；而有一些是迫切地需要他的協助。他對所有的人敞開大門，沒有時間休息或放鬆。如此怎能責怪他對家庭要求太多？

當然，我並沒有寬恕我父親對我母親的毆打，但是在那個時代，那是一般現象。在其他方面，傳統允許的層面，他是一個好丈夫。也許我現在比從前了解他，因為我了解他的工作。我了解政治生活的壓力，了解在職務與責任的負擔之外，從沒有屬於自己的時間的感覺。我想我母親也了解，所以她才會極盡所能地忍耐。

在我父親支持信奉的回教律法的系統下，一個男人應該平等對待他的妻子們，在她們之間沒有偏愛。我也相信回教律法的正義。理論上，以及最純粹的形式上，這是基於回教倫理基礎的公正系統。但是人心卻不依循理論上的原則，而且在一夫多妻的婚姻當中，這樣的平等無法存在。一個男人怎麼做得到不偏愛某幾位太太呢？

我父親的房間叫做巴黎式套房，以一位特地從喀布爾被帶來的藝術家手繪壁畫裝飾。這房間有兩扇向外眺望杏桃園的窗戶。夏天裡，帶著新鮮杏桃香的微風飄進房間。現代空調永遠也比不上這麼雅致的香味。

他在家的時候，每天晚上有不同的太太與他同床共枕。除了他第一個太太，哈里法（Khalifa）。我父親爲了迎娶超過回教律法允許的四位妻子，與原本的兩位太太離婚，並且讓他的第一位太太成爲人稱的哈里法。在這種協議下，女人保有妻子的頭銜，受到財務上的照料，但是失去婚姻中的親密行爲，不再與丈夫同房。我還記得這個女人眼中的悲傷，身爲第一位太太的權利和地位完全被她受迫的無性狀態摧毀。而我母親，身爲第二位太太，卻成了眾太太們之首。這位哈里法從未對我母親顯露出憤怒或不敬，但是我很想知道，我父親初次帶我母親進家門時，或是我母親被給予領頭太太的地位時，她是否也一樣身心交瘁與受創。這位可憐的哈里法被十幾歲的女孩兒篡奪了地位時，是什麼樣的心情？

我喜歡想像我父親最期待和我母親共度夜晚。她記得，在必要的婚姻性行爲之外，他們會一起躺著聊天直到清晨。他會告訴她工作上的故事，和她分享在喀布爾政治生活的壓力，並且指導她如何處理土地、最新的麥子收成或是他離家時的牲畜販賣。他不在的時候，她相當有權威，以至於在當地獲得了副瓦奇閣下（Deputy Wakil sahib），或是副代表大人的暱稱。

他在政治上遇到越困難的事，就越依賴我母親。只要他的家和睦融洽並且規律地運作，他就能對付國會中的陰謀詭計。她經營農場與生意，在他離家的時候維持家中秩序，並且解決太太們的紛爭。她需要很好的政治手腕才能協商這些事。

有些太太，尤其是第三位，尼亞茲比比（Niaz bibi），憎恨我母親的地位，試圖讓我父親敵視她。這個女人很聰明，而且對她沉悶的生活感到失意，因此容易理解她爲何嫉妒我母親享有的一些自由與小小權力。但是她以這種方式贏回我父親偏愛的企圖總是失敗，不只因爲我父親不喜歡聽見我母親的壞話，也因爲我母親總是能洞燭機先、防患於未然。

她的策略是以德報怨。她大可將年輕太太們打一頓之後，讓她們做些最艱難的工作，但是相反地，她努力創造出一個快樂的家，讓孩子們受到平等的愛，讓太太們可以像姊妹與朋友一樣合作。當一位年輕太太被逮到從廚房後方上鎖的大型地窖倉庫裡偷東西時，我母親沒有告訴我父親，她知道他會給犯事者一頓毒打。她反而在私底下解決這件事。這種策略慢慢地爲她贏得其他人的感恩與忠心。

只有一位太太——第六位——不是因爲她的政治上用途被選上，而是因爲她實用的家政技巧。她是一個非常美麗的蒙古女人，因爲她可以編織出最美麗的毛毯與地毯而雀屏中選。她教我母親這項藝術，我那時會看著她們在令人舒服的寧靜中坐在一起，雙手帶著韻律感穿梭引線，紡出色彩豔麗的紗。

不過我母親最好的朋友是第四位太太，卡兒比比。她叫我母親為阿帕（Apa），也就是大姊的意思。有一次，我母親眼睛嚴重感染生了病，由於村裡沒有醫生，一位女性長者建議，如果有人每天早晨以舌頭為我母親舔淨眼睛，口水中天然的抗生菌就會治好她。出於她們的親近，卡兒比比毫不遲疑自願這麼做。八個禮拜以來，她每一天都為我母親舔淨腫脹帶膿水的那隻眼睛。如同那位年長的女士保證過的，眼睛就這麼治癒了。

我母親與第三位太太尼亞茲比比，就沒有這麼親密的關係。她無法和她相處。有一天，這兩個女人坐在地板上吃大圓盤烤餅（naan）當早餐時，開始爭吵起來。雖然我當時只有一歲半，卻能感覺到她們之間的敵意。我歪歪倒倒走到尼亞茲比比身旁，用力扯她的辮子。她吃驚地倒抽一口氣，然後笑了出來，雙手抱起我，親熱地摟著。她和我母親忘記了爭吵，兩人大笑出聲。「這是個很聰明的女孩兒，比比將（Bibi jan），就像她母親一樣。」她的敵人笑著往我臉上猛親。

即使在這麼小的年紀，我就感覺到在我們的文化中女人處境的不公平。我還記得不受我父親喜愛或注意的太太們無聲的絕望，還有被愛的人的磨難。我還記得有一次我滿懷恐懼，看著我父親沿走廊追著打我母親。我撲上去踢他，想要保護她。他一手就將我揮到一旁。

有一次，我父親在毆打她時，狠毒地扯下她一大片頭髮。她的哥哥一周後來家裡拜訪，依照習俗與家裡男人共處，所以我母親無法私下告訴他發生了什麼事。他離開前，我母親為他騎馬翻山越嶺返家的長程旅途準備午餐。她很聰明，在包裹午餐時，藏進幾綹被扯下的頭髮。他騎了一整個早上的馬之後，在一塊空地上停下來吃午餐。解開包裹時，他看見了妹妹的頭髮，立刻明白其中傳遞的訊息，於是上馬飛奔，回到我們家，質問我父親，並且告訴我母親，如果她願意離婚，她的娘家會確保她離得成。

這樣的家族支持是很不尋常的。大多數女人都被鼓勵不要抱怨挨打，而且要靜靜地承受。女孩們奔回家裡躲避暴力婚姻的話，經常會被她們的父親帶還給虐待她們的丈夫。毆打是婚姻中的常態。女孩子們在成長過程中，知道這些曾經發生在她們的母親與外祖母身上，於是也預期會發生在自己身上。

但是比比將與她的父母很親近，她每年探望他們，而且她的兄弟們很愛她。她哥哥在土泥宅裡和她坐在一起，告訴她可以自由選擇與他一起離開，如果她想要的話，他會直接帶她回家。她正處於絕望當中，經常陷入沮喪，受欲裂的頭疼與被我父親拿金屬勺子毆打變形的雙手之苦。她也厭倦了隨著每一位新太太而來的羞辱。她已經受夠了，而且十分認眞地考慮過離婚。

但是她知道離開我父親也表示失去她心愛的孩子。在阿富汗，就像在大部分回教文化中，離婚之後，小孩子是跟父親而不是母親。她要求見她的孩子們，望著他們的雙眼與臉龐。她當時一句話也沒有說，但是多年之後她告訴我，她在孩子們的眼中看見自己。她不能離開他們。放棄她的孩子對於結束她的痛苦來說，代價太高。

所以她告訴她哥哥，她會留下來與丈夫和孩子一起生活，而他要單獨返家。他不情願地上馬離開。我不知道在她哥哥離開後，我父親有什麼反應。是不是爲了她的悖逆又動手打了她？還是他知道差一點就要失去這個他需要的女人，而變得溫柔、慈祥與後悔？也許兩者都有。

我還記得我姊姊們一個一個地嫁掉。第一個出嫁的姊姊有特地從沙烏地阿拉伯（Saudi Arabia）帶回來的妝奩。一箱一箱相襯阿卜杜爾・拉曼女兒婚禮的華服和金飾，被搬進土泥宅裡小心翼翼地開箱，而我們全都驚奇地嗚嗚啊啊叫嚷著。在那一天，她成爲了一件重要的商品，一件要被交易的珠寶。那會是她一生中被如此重要對待的唯一一次。

我也記得我嫂嫂進門的那一天。她在十二歲的時候——正是我女兒雪赫薩德如今的年紀——嫁給我哥哥。他當時十七，他們被期待在婚後立刻開始完全的性關係。我無法想像我女兒在這樣青澀的年紀就要忍受被強迫的肉體關係。我嫂嫂當時還只是個小孩，我母親必須在早上幫她盥洗與換裝。我很想知道我母親看見這可憐的女孩身上被她自己兒子所加上的傷，心裡作何感想。是否在面對這所有的不義時恐懼畏縮？但是這就是女人的人生與命運。女孩成長時，期待有適當追求者出現，盡快出嫁；不這樣就會讓整個家族蒙羞。所以也許我母親可以做的，只是試著安慰這個女孩，給她輕鬆一點的家事，並且知道就像其他年長的女人們經歷過的，這個女孩會成長，沒有怨言地接受她的命運。這是一種文化上的共謀，將她們全部的人以安靜與默許綁在一起。沒有人可以挑戰或是改變它。

然而我在沒有意識到之前，就已經在這麼做。我打破藩籬並且挑戰這些規範。這有一部分是因爲我和恩那亞特（Ennayat）親密的友誼。他是第七位太太的兒子，才早我幾個月出生。儘管我們出生時被敵意環繞，他和我仍然很快地成爲朋友，擁有一段持續至今的特殊手足之情。他調皮淘氣，我更是不遑多讓。我自知身爲女孩，有更多的限制，總是挑釁他聯手做出空前頑皮的舉動。穆沁（Muqim），那個早我三歲的同母哥哥，也加入了我們的胡鬧。我們是小小三劍客。

我永遠都在給恩那亞特惹麻煩。我們會溜進果園偷蘋果，或是我會叫他從我母親的儲物櫃裡偷東西，然後將偷來的東西分發給我的朋友們。我還記得我們有一天在襯衫裡塞滿從廚房拿的杏桃乾，恩那亞特慫恿我盡量拿多一點。我將腰帶綁在塞東西的部位下方固定。我們偷偷摸摸，從露台上準備食物的太太們面前穿過園子時，杏桃開始一顆顆地掉下來。一大堆杏桃掉到地上時，我正背靠著牆走路，無助地盼望她們不要看見。我那時好羞愧，恩那亞特則是對我搞砸了任務相當憤怒。但是那些女人卻只是放任縱容地笑我們。另一個我們最喜歡的遊戲是偷蛋糕，從底部往上吃出好幾個洞，再將蛋糕放回原位，這樣不會有人注意到——當然，除非到它要被吃掉的時候。

最近，我問恩那亞特我在那個年紀是什麼樣子。他用全世界當哥哥的人具有的典型乾巴巴的幽默回答，「妳很醜，而且非常非常討人厭。」

今天，恩那亞特和我其他的兄弟們是世界上最棒的人，是女孩子們都夢想的對象。他們支持我的政治生活，為我助選並且盡可能地保護我。但是長大的過程中，我們都知道他們是男孩而我是女孩。在我們家裡，就像在庫夫區所有其他家庭裡，男孩們才是真正被在乎的人。男孩的生日會被慶祝，女孩的從來不會，而且我的姊妹們沒有一個上過學。女孩子是次等的，我們的命運就是待在家裡，直到結婚離家然後進到丈夫的家庭裡。

男孩在家庭階級中有權力，兄弟說的話或是命令經常比母親的話還有影響力。我母親到地窖倉庫的時候，我哥哥穆沁會跟著她要糖吃。她不會給很多，因為甜點通常是留給客人的。他會生氣、跺著腳離開房間，但是我母親會拿起我的手，看都沒看我，就安靜地往我手裡塞一些巧克力。如果穆沁看見了，會很生氣，他會告訴我母親，如果我吃那些巧克力，他就不讓我出門。身爲一個男孩，他擁有控制我做什麼與不做什麼的權力與權威，儘管我母親說了反對他意見的話。我痛恨不能出門跟我的朋友玩，所以會吝嗇地分他一些糖，然後出門玩樂。

我在人生的早期常常聽到杜塔拉克（dukhtarak）這個字。它是普遍用來指女孩子並且帶有貶義的字，大概可以翻譯成「比女孩子還不如」的意思。我直覺上從未喜歡過這個字。有一次，在我還不到五歲大時，一位表哥叫我杜塔拉克，命令我給他一杯茶。我在擠滿了人的房裡站起來，手扠著腰對他回嘴：「表哥，我會給你茶，但是你不可以再用那個名字叫我。」房間裡的每一個人聽了都爆笑如雷。

我也聽過我父親唯一一次直接對我說話的時候用過那個字。他在我們的園子裡組織了一次政治集會，要在聚會上分享一些消息。他將大型擴音器放在樹叢裡，用麥克風說話；那是我們小孩子第一次聽見立體音響的聲音。因爲好奇，我們在沒被看見的情況下爬到最近處，好聽見聲音。但是我很快就感到無聊，開始製造噪音。我父親說話時，突然被我的尖叫聲打斷。他停下來轉頭直接面向我們。他瞪著我，讓我嚇得好幾分鐘渾身不能動彈。然後他大吼，「杜塔拉克！女孩子！走開，妳們這些女孩子！」

我們拔腿飛奔。在那之後我非常怕他，再也不想見到他，幾個禮拜之後更是嚇呆了，因爲他見到我就氣得想殺了我。

在我童年的夢幻中，我從不曾想像過他很快會被殺害，而我金黃色的歲月就快要殘忍地結束。

親愛的蘇赫拉和雪赫薩德：

我在一九七〇年代和八〇年代成長。我知道那對於妳們來說是很久以前的時代。那是一段世界上有很棒的政治改變的時候，也是阿富汗人民因爲蘇聯政府與無法無天的聖戰士（Mujahideen）指揮官而遭受痛苦的時期。

那些年對於阿富汗人民和我的童年來說，是災難的開始。共產改革開始的時候，我才三歲大，正是小孩子需要愛、安全感和家的溫暖的時候。但是在那時，大部分我朋友的父母都在談論移民到巴基斯坦和伊朗的事，準備過著難民的生活。孩子們聽著父母小聲說著人們從未曾遇過的事，還有叫做坦克與直升機的裝備。

我們無意中聽到「侵略」、「戰爭」和「聖戰士」的字眼，但是對我們來說沒有意義。孩子們雖然不了解，卻可以從他們母親在夜晚緊緊抱著他們的舉動中，感覺出事情有異。

我很高興妳們從未經歷過像這樣不安又恐懼的時期。沒有任何小孩應該經歷過。

深愛妳們的母親

〔第三章〕

悲慘的損失

✉一九七八

那是一九七八年，是聖戰士與俄羅斯人都開始在阿富汗產生影響力。我們仍處於冷戰之中，而蘇聯熱中於展現力量。它在當時有擴張主義的計畫；阿富汗位於莫斯科（Moscow）與巴基斯坦的不凍港之間，蘇聯想在這裡部署海軍艦隊。因此，它必須控制阿富汗，並且開始運用影響力以達目的。最終，它將侵略這個國家。

在後來的幾年裡，人稱聖戰士的阿富汗鬥士會打敗俄羅斯人，成爲人民的英雄。但是在當時，阿富汗大眾只知道，聖戰士是與政府作對的反叛者，他們起先在巴達克珊省北方擁有勢力。

喀布爾的政權又經過一次改變。從國王那裡獲得權力並將他放逐的達烏德總統（Dawoud）沒有在位很久。他和整個家族在皇宮裡被暗殺，共產主義支持者努爾・穆罕默德・塔拉基（Nur Muhammad Taraki）與哈菲佐拉・阿明（Hafizullah Amin）取得權力，塔拉基成爲第一位受共產主義者支持的總統。但是幾個月之後，他在莫斯科政府的命令下，遭阿明殺害。

阿明當上了總統。他是阿富汗有史以來最殘酷的總統之一，帶領由蘇聯支持、令人恐懼的政權，在他手下，嚴刑拷打與逮捕是家常便飯。他企圖做掉任何與政府作對或是膽敢發言反對政府的人，包括知識分子、教師和宗教領袖；他們在半夜從家裡被強行拖出，或是被帶到普勒察爾基（Puli Charkhi）監獄，那是喀布爾最大的監獄。他們在那裡被盤問與虐待，或是被直接丟到河裡。在那些日子裡，阿富汗的河流因爲成千民眾的屍體而高漲，全都毫無緣由、未經審判，就遭受謀殺。

那段期間，我父親繼續做著他的工作，努力專心協助巴達克珊省度過那些恐怖的歲月。他仍然直言不諱，儘管有被拷打與監禁的危險。也許在位的政權知道他活著比死了有用，而他最後接獲政府命令，指示他返回家鄉省分，解決聖戰士的問題，消滅他們的反對意見。政府官員們明白表示，如果他失敗，將以死嚴懲。

我父親是愛好和平之人，他相信可以和聖戰士講理，因爲他們畢竟都是阿富汗人。他了解當時政治的不確定性以及對於社會正義的要求。這些都是從他自己的巴達克珊省來的人，他相信可以平息他們的恐懼、傾聽他們的抱怨，並幫助他們換取與政府的合作。

但是我父親認爲自己了解的阿富汗、愛國主義的價值、回教傳統，以及他深信的自然正義，已經開始消失。

他帶著沉重的心情抵達巴達克珊省，執行他的任務。他心中並不愛戴阿明的政權，而且事實上，他不知道什麼對阿富汗人民才是最好的。他聚集了省內的長老參加支爾格大會（jirga），那是部落領袖與長老的會議。然後他告訴他們在喀布爾的所見所聞：一個殺人卻不被懲罰的政府，因爲害怕年輕人會成爲異議分子而防止他們受教育，並且創造出一個讓老師與知識分子活在恐懼之中的系統。政治上的對手被完全摧毀。在查希爾・沙阿（Zahir Shah）國王統治下，令人興奮又有前途的那幾年裡，阿富汗曾經成爲世上發展最快速的國家之一。它是繁榮的旅遊去處，有熙來攘往的滑雪度假村、現代化的電車系統，和以商業爲重、成長迅速的民主。親眼見到共產統治，讓人痛切。

一些已經到山裡支持聖戰士的阿富汗人，眞的相信是爲阿富汗的未來而戰。我父親雖然在政府服公職，卻了解也尊重聖戰士的奮鬥。他向長老們請求忠告。

支爾格大會辯論了好幾小時。有些人想要加入叛軍，其他的想要政府治理，不管是好是壞。最後，當地的道德義務贏得了辯論。有一個人站起來，以清晰的聲音對大會發言。「閣下，」他說，「我們已經很貧窮了，我們負擔不起戰爭。我們應該和聖戰士談話，將他們帶下山。」

集會者最終同意前去和叛軍談判。我父親爲他的人民帶來根本改變的決心，以及他從不拒絕人民，是他深得民心的特點。所以在這一天，當他要求來自全省上百名當地長老們，與他一起代表無人尊敬的政府，前去和聖戰士談判時，無人拒絕。他們全都欣然前往。

這一大隊長老們由我父親帶領，騎馬向叛軍營出發。美麗的帕米爾山脊（Pamir mountain range）令人難以捉摸的程度如同它的高度。肥沃豐饒的山谷迅即讓路給顏色各異的岩石——

隨光線變化而呈現藍、綠與黃赭色——接著入眼的是高聳入雲、白雪覆蓋的山巔與高原。即使在今日，巴達克珊省也只有幾條路，但在當時更是僅有幾條驢子和馬走的小徑，有些十分窄小陡峭，唯一能通過的方法，便是下馬跟在坐騎後拉著牠的尾巴、闔眼祈禱這隻步履穩健的騎獸不會打滑失足。一旦掉下，必死無疑。你會猛然從山坡跌落下方冰冷的河水，然後被激流捲走。

連續騎馬走了一天半之後，這些人來到了帕米爾高原（Pamir）最高點，隨即看見一片令人讚嘆的大自然平原——幾乎像天堂一般高。在冬天，來自全省各地的男人們聚集在這裡玩馬背叼羊（buzkashi）。這是西方馬球遊戲的原始型態，它同時測試馬夫與馬匹兩者的技術。遊戲中，選手競相奪取一具沉重的牛畜屍體，將它扔入競賽場地末端畫有圓圈的得分區。在古老的遊戲中，使用的屍體是死亡的犯人。這種遊戲快速又刺激，有時候有上百名馬伕參加，而且持續好幾天。這遊戲就像參加的男人們一樣狂野、危險又機智，表達出阿富汗武士的真實特質。

我父親騎馬時，沒有心情去想馬背叼羊遊戲的歡樂。他一如往常穿戴著羊皮小帽，保持冷靜沉著，坐在白色坐騎上領導隊伍。之後，突然間，三名男子出現在路中央，拿步槍對著他們。

其中一人叫道：「是你啊，瓦奇・阿卜杜爾・拉曼（Wakil Abdul Rahman）。我等殺你的機會等好久了。」

我父親以冷靜的聲音大聲地回應他：「請聽我說。阿富汗政府很強大。你們無法打敗它。

我到這裡請你們跟它配合，並且和我們並肩合作。我會傾聽你們的需求，然後傳達給國會。」那人只是笑了笑，然後射了一槍。其他發子彈從山後射出。場面登時如人間煉獄，嘈雜混亂。村裡的男人們四散逃亡，他們幾乎都手無寸鐵。

我父親的馬中了槍。馬匹在痛苦中後仰，將我父親摔下馬背。他在馬兒疾馳而去時被一路拖行。受傷的馬匹沿著馬背叼羊場地的尾端奔向一條小河。一些較年輕的男人跟在我父親身後，但是他對他們大叫，要他們逃跑，拯救自己的性命。「我是長老，」他被拖行時說。「他們會跟我談判，但是他們會殺了你們。快走。」

聖戰士追趕上我父親。他們抓住他扣押了兩天。我不知道他們是否有給他說話的機會、聽聽他的理由、考慮他的提議，或是他們是否毆打他、羞辱他。我只知道，兩天之後，他們一槍打進他腦袋，將他處決。

他死亡的消息很快地傳到村子裡。雖然這個地區很偏僻，消息卻總是在發達的系統中快速傳遞，緊急的訊息一路從一個村落傳到另一個村落。一些當初陪伴我父親的男人已經返家，通報了我父親馬匹中槍的消息。

在回教儀式中，遺體必須在二十四小時內朝向麥加（Mecca）的方向被埋葬。我的家族承受不了我父親的屍體被遺留在深山裡，而沒有適當地下葬。他必須被帶回家。但是聖戰士已經發話警告我們，他們會殺了任何企圖取回遺體的人。沒有男人想在帶屍體回家時被槍殺。

所以輪到女人展現勇氣。我的姑姑蓋妲（aunt Gada）收起她的長裙，換上罩袍，在聚集的男人面前宣布她會帶回瓦奇・阿卜杜爾・拉曼的遺體。她大步踏出房間直接走向山路時，她的丈夫和我父親的一名表親沒有其他選擇，只好跟著她。

他們走了十三個小時之後找到了他；他的屍體被丟棄在村子和叛軍營的半途中。我當時三歲半，清清楚楚記得他被槍殺那一天的悲傷。我聽見男人和女人們在哭泣，警覺到村子裡的恐懼和迷惘。我在夜裡醒著聆聽，直到凌晨兩點。我姑姑在走近村子時，我聽見她又大又清晰的聲音。她帶著我父親的木頭拐杖，將拐杖往地上敲。

「瓦奇・阿卜杜爾・拉曼到了。你們快起來。過來迎接他。他在這裡。我們帶他回來了。瓦奇・阿卜杜爾・拉曼在這裡。」

我跳下床，心裡想著：「他活著，我父親活著。一切都會沒事的。父親在這裡。他會知道該做什麼。他會恢復原來的秩序，讓大家停止流淚。」

我赤腳跑到街上，在看見我母親驚恐地緊緊抓住她的衣服時，倏然止步。我衝到她前面，看見我父親的屍體。他頭顱的頂部，被子彈射過的地方，缺了一塊。

我開始哭泣。我還沒有完全明白發生了什麼天大的事，但是我了解的已經夠多，知道我們永遠不能再過一樣的生活了。

遺體被帶到土泥宅，在掩埋之前放置在巴黎式套房前。我母親前去看遺體，準備隔天的葬禮。在所有太太中，只有她進入那間房間，向他道別。那個房間，是我和她其他的孩子受孕的地方，也是丈夫與妻子在鮮少的機會中一塊兒躺下、說話、創造私密世界的地方。她在那裡，帶著尊嚴與責任感，承受起這項任務，就像她一直以來在她艱困的人生中，承受起所有其他的任務一樣。她沒有大叫，也沒有嚎啕慟哭，只是默默地順從眞主的意思，清洗並準備好遺體。

在我父親死後，就如同他在世時，她都沒有辜負他。

到了早上，上千名當地民眾湧入土泥宅，向他做最後的道別。他們的悲傷與對於未來的恐懼，讓氣氛變得非常沉重，讓人感覺天就要塌下來掉到我們的頭上一樣。

留著鬍子、纏白色頭巾、穿綠色大衣的白髮老人們，坐在園子裡哭得像小孩。我父親被埋在土泥宅後方的山峰上，面向麥加（Mecca）與他深愛的庫夫區。對村民們來說，失去這個一直以來都擁護他們的理想、支持他們的需求的人，是他們人生中的轉捩點。這也是阿富汗政治劇變的開端，即將成為一場全面爆發的戰爭。

對我的家族來說，失去我父親，代表失去一切：我們的生命、我們的財富、我們的首腦、我們生存的理由。

親愛的蘇赫拉與雪赫薩德：

當我是個小女孩時，我不知道「戰爭」、「火箭」、「受傷」、「殺人」、「強姦」這些詞。這些是今日的阿富汗小孩們熟悉的字眼。

在我四歲之前，只知道快樂的字。

我渴望我們全都睡在叔叔家裡平坦大屋頂上的那些夏日夜晚。他的房子就在土泥宅隔壁，從屋頂可以看見山谷最美的景色，所以全家都喜歡聚在那兒。我母親、我叔叔的太太們，還有我稱爲「小媽」的女人——我父親的第四位太太和我母親最好的朋友——會坐著說些老掉牙的故事，直到夜闌人靜。

我們小孩子們會安靜地坐著，陶醉在藍色的夜空或明亮的黃色月光下，聽著甜美的故事。我們從不在夜裡關門，也沒有像今天帶槍的警衛。沒有小偷或其他的危險需要擔心。

在那些快樂的歲月，周圍有所有人的愛，我一點兒也不知道我的人生是在母親落魄潦倒與對於我的出生感到悲傷之中開始，也不知道我曾被放在烈日下曝曬、等待死亡這些事。

我從不曾感覺我的誕生是一項錯誤。我只感到被愛。

但是這段快樂的人生沒有維持很久。我必須快速地成長。我父親被謀殺只是降臨在我們家族的許多悲劇與死亡其中之一。當我們被迫離開庫夫區那些美麗園子、沁涼泉水與成蔭大樹，在自己的國家內成爲無家可歸的難民時，我的童年就結束了。

唯一不變的，是我母親、妳們的外祖母經常有的笑容。

深愛妳們的母親

〔第四章〕

新的開始

一九七九～一九九○

我母親深深哀悼她愛的人，但是我父親的死，在許多方面造就了她。頭幾個月裡，她天生的領導能力脫穎而出。掌管家裡、打點物資並且決定孩子們命運的人是她。她擔任我父親左右手的那幾年，有效率的家務管理以及在大家庭裡促進和平的能力，使她能夠帶領我們家走出黑暗期。她優先考慮的，是讓小孩們待在一起與保持安全。她收到多次提婚，但是她以曾經不願與我父親離婚的理由，拒絕了所有的追求者。她不會冒失去孩子的風險。

在我們的文化裡，繼父沒有義務承擔前一段婚姻中的小孩，如同恩那亞特的母親悲慘的經驗所示範。她在我父親死後仍然年輕又心性不定，嫁給了一位英俊的年輕人，他曾經為我父親工作，擔任看管家中牲畜的牧羊人。他曾去伊朗找工作，最近從那兒回來，帶來了在我們偏遠的村子裡見不到的令人興奮的消費品，好比錄音機。他以世故圓滑的伊朗人生故事和新奇的機器追求她。

除了恩那亞特之外，我父親的第七位太太還爲他生下另外三個小孩：娜齊（Nazi）、賀達亞特（Hedayat）與撒非烏拉（Safiullah）。她堅持帶著她的小孩們到她的新家，但是她的新任丈夫不願給他們飯吃，也不給衣服穿。我母親很同情她。在幾個禮拜之後她前去探望，發現恩那亞特、娜齊和賀達亞特在屋外的園子裡哭。他們不准進入溫暖的屋子，又餓又髒。她立刻將他們帶回家。

這個年輕女子不願放棄她的寶寶撒非烏拉，於是我母親將他留在母親身邊，而這卻成了她後悔一輩子的事，因爲幾天之後他發了高燒，無人聞問，在沒有食物與慰藉之中死去。我們聽說他一連哭了好幾個小時，幼小的臉龐布滿了蒼蠅，但是這個男人不准他的母親抱起他。於是他獨自、可怕地死去。恩那亞特對此一直無法釋懷，他將他的長子命名爲撒非烏拉，紀念他弟弟。

和我母親很親近的卡兒比比就幸運多了。她嫁給一位當地的領袖，一個沒有自己小孩的和藹的人。他撫養她的小孩，視如己出，甚至在他死時將財產留給他們，這在我們的文化中幾乎從未聽聞。

和我母親處不來的尼亞茲比比嫁給一位老師，而且繼續住在庫夫區。儘管尼亞茲比比和我母親之間有過爭吵，多年以後，當我在競選國會議員時，這個男人給我極大的幫助，他爲我安排交通並且陪伴我進行競選活動。大家庭的結構在西方世界不容易被理解，但是在我的觀點，它是很美妙的事。這種聯繫，超越了世代、紛爭與距離。家，就是家。哈里法的小孩、我父親的長子祖梅沙（Zulmaishah）繼承了土泥宅。他後來被殺害，由次子納迪爾（Nadir）繼承。他是我第五個媽媽——我父親離婚的太太之一——的兒子。他今日仍住在那裡。

我父親死後的頭幾天和頭幾個禮拜，我們沒有太多時間哀悼。山外的世界陰森、隱約地更加逼近，快速分崩離析的政治情勢即將潰散在我們身上。

我父親死後幾天，殺害他的指揮官們來找我們。我們跑到關牲畜的地方，躲在一大片岩壁後，看著他們打劫我們家、竊取所有能帶走的東西：收音機、家具、鍋碗瓢盆。

幾個禮拜之後，當我們都睡在我叔叔家的屋頂時，他們在半夜前來。他們發射步槍將我們吵醒，大吼大叫地質問我們阿卜杜爾．拉曼的兒子們在哪裡。我哥哥穆沁那時才七歲，但是我們知道如果他們找到他會殺了他。我母親不知用什麼法子，將他交給隔壁屋頂的表親，那位表親當時將他藏在她的裙子底下。巴達克珊首的婦女不像阿富汗某些地區的女人都穿傳統服飾，而是習慣穿著寬鬆的長褲，外罩一件全長的裙子。那天晚上，那件裙子救了我哥一命。

聖戰士抓了我姊姊瑪莉昂（Maryam）和我嫂嫂。兩個女孩才剛滿十六歲。叛軍毆打她們。我叔叔試圖阻止但是被打了回來。他們將兩個女孩拖下屋頂往土泥宅的方向走，我叔叔和其他表親對他們大叫，說這是違反回教（Islam）的行爲。任何一個回教徒碰觸不是他親戚或妻子的女人，都是哈拉姆（haram），都是被禁止的。

我們被迫整夜在屋頂看他們毆打兩個女孩，他們以手槍柄和步槍底座揮打她們，一次又一次地要我們帶他們去藏武器的地方。沒有人聲稱知道在哪。我母親臉色凝重，白得像張紙，但是她什麼話都沒說。我們全都看著他們將槍上的刺刀押進我姊姊的胸部，直到她流血。我們有一隻被鍊在土泥宅大門附近的看門狗，叫做奇安柏（Chamber）。牠急著保護主人，用力拉扯繩索，繩子斷了後，牠狂吠怒吼，衝向他們。他們只一轉身，便開槍射死了這隻可憐的狗。

這些人毆打兩個女孩直到黎明，那時禱告的召喚反射在山的上方。於是他們離開了——大概是去禱告了。

兩天之後，他們又回來，威脅要殺了我們所有人。這一次，他們逼迫當時還只是青少年的納迪爾帶他們去放武器的地方。我母親始終都明白，一語不發地看著她女兒和兒媳受毆打，而沒有吐露出武器在哪兒。她知道只要武器不在，我們就沒有辦法保護自己。他們已經拿走我們所有的一切，下一次再來時，會殺了我們。

村裡的男人被發生在我家女孩身上的事嚇壞了，他們放話給聖戰士，如果他們再回來，村民會拿起他們有的一切鐮子、鋤頭和棍棒，保護他們的婦女。聖戰士同意不再驚嚇村子，但是他們要阿卜杜爾．拉曼家的人死。他們的指揮官允許手下處決我們。在我小小年紀中，將第二次與死神正面交鋒而獲勝。

他們隔天一大清早就來。那時，哈里法和她的孩子們已經搬去哈萬（Khawan），那是另一個我父親在那裡擁有大房子的地方，那裡也有更多的土地需要照料，所以我母親是土泥宅裡唯一留下的妻子。好在，我哥哥恩那亞特和穆沁出門玩，可以躲在鄰居家裡。我母親抓住我，我們兩個跑進了牲畜穀倉。鄰居們瘋狂地在我們頭上堆牛糞，掩護我們。我還記得牛糞的臭味，還有吃到嘴裡那又苦又嗆的味道。感覺像是我被活埋了。我緊緊抓住我母親的手，害怕得不敢咳出來，怕被聽見。我們就那樣維持了好幾個小時，安靜又害怕，唯一的安慰是我母親手指裹住我的觸感。我們聽得見他們在找我們，他們曾經來到我們的藏身處。如果他們戳牛糞堆，牛糞就會掉落，讓我們暴露行蹤。但是他們沒有，原因只有眞主才曉得。

他們終於離開之後，我們從藏匿處出來，感覺整個世界都變得令人害怕。我母親沒有浪費時間收拾衣物；她抓住我、我兩個哥哥和我姊姊，我們穿過園子，跑到乾草田裡和河堤上。我們留下曾經擁有的所有東西，甚至不敢回頭再看一眼。

我母親的人生彷彿隨著她踏出的每一步而崩解。所有的毆打、所有的痛苦、所有的苦悶與工作，曾經建造起一個家與一段人生。而這段人生在我們沿著河岸奔跑求生存的時候，結束了。

一如我們預期，那些人又回來搜索，而且看見我們逃跑，於是開始追趕。他們比我們強壯，比我們快。我感到疲乏而跌倒，拖慢其他人的速度。我姊姊對我母親大叫，要她將我丟進河裡，解救其他人。「如果妳不丟掉她，他們會抓到我們，我們全都會死。快丟掉她。」

她幾乎已經這麼做了。我母親抓起我舉到空中，就像要將我丟進河，但是她那時看著我的眼睛，想起在我出生時承諾過，不再讓我受到傷害。她從內心深處某一塊，聚集了殘存的力氣。她沒有將我丟棄讓我死亡，而是將我揹到背上。我在她奔跑時緊緊抓住她。我聽得見他們越來越近的腳步聲。那時我認為他們隨時都會追上，將我從母親背上扯下殺了我。現在如果我閉上眼睛，仍然可以感覺到當時濕冷、冰涼又可怕的恐懼。

之後，我們突然間看見一名俄羅斯軍人。

我們已經到了山谷的另一邊，那是政府控管的土地。原本要殺我們的人轉身往回跑，我們因爲筋疲力盡與放鬆而倒地。我母親開始哭泣。

那個俄羅斯人是我在往後幾年遇見的許多位中的第一個。他們在阿富汗土地上是外國侵略者，雖然他們在某些地區將會帶來教育與發展，他們也會對無辜的阿富汗人民施以殘暴。不過這個人卻對我很好。他穿制服，又高又帥，他叫我過去。我遲疑地走向他。他遞給我一包糖，我跑著交給母親。那是我母親第一次從陌生人手中接受救濟物資，但不是最後一次。

一開始，我們五個人待在河岸邊，住在一位叫做拉姆拉（Rahmullah）的教師家。他是我遇過最慈祥的人之一，有雙在笑的時候會瞇起的溫暖雙眼，還有整齊的灰白鬍鬚。他家裡貧困，實在負擔不起餵養多出來的五張嘴，但他曾是我父親政治上的支持者，他爲了可以在簡陋的兩房屋子裡招待瓦奇家的人感到榮耀。

他家花園的後方就是河流，我還記得和他女兒開心地玩水。和他家庭的情誼將會持續。多年之後，拉姆拉在他女兒需要人幫助，逃離一場被迫的婚姻時，前來找我。他家裡在她小的時候安排過一樁婚事，但是這個有問題的男人長大之後變得極爲兇暴，惡名昭彰，所以這個女孩想要回絕他。男方的家庭堅持有約在先，但是拉姆拉支持他女兒拒絕的權利。我和這兩個家庭交涉，終於使另一方同意解除婚約。這個女孩可以自由追隨她的夢想，受訓成爲一名像她父親一樣的老師。拉姆拉出於感激，盡最大力量在我競選活動中給我幫助。今日我拜訪那個地區，最喜愛的莫過於在河邊和溫馨又可愛的這一家，共享一頓有米飯與雞肉的午餐。

在和他們生活了兩個禮拜之後，我母親坐立難安，她對於該做什麼與該去哪裡感到迷惘。

我們聽說我們的房子已經被燒毀，我姊姊和我嫂嫂被殺了。好在這些消息並不正確；她們都存活了下來。

我兩個哥哥，當學生的賈馬沙（Jamalshah）與當警察首長的莫夏凱（Mirshakay），在攻擊行動開始前就已經搬到法扎巴德的首都。當發生在我們身上的事情傳進了城裡，他們便包下一架飛機前來把我們都接走。

直升機降落的時候，我母親寬慰地啜泣。那是我第一次搭飛機，而且我還記得我跑在兩個哥哥和姊姊前面。直升機裡有個大大的木頭椅子。我窩在一張椅子裡，我母親和姊姊坐在另一張。我還記得自己對著恩那亞特和穆沁得意洋洋地笑，因爲我有椅子，而他們沒有。

莫夏凱在法扎巴德爲我們租了一間屋子。他警察的薪水付不出太多錢；那是一間兩房的黃土屋。當地人給我母親基本的廚房配備。她在土泥宅上菜時使用的高級進口瓷器已經是過去的事了。她打趣地說我們住在一間娃娃屋，因爲房子太小了，但是她盡可能地爲我們將它布置成一個家，她在牆上掛上簾子與掛毯讓房間明亮起來。

那時我七歲了。我看起來仍然像一個典型的鄉下女孩，有骯髒的頭髮和臉、袋子一樣寬鬆的傳統長褲、拖在泥土裡的長圍巾，和一雙紅色雨靴。我和這個大城鎮很不相稱。

我從娃娃屋裡看著年輕女孩兒們上學。她們看起來時髦又聰明，於是我嚮往跟她們一樣。我家裡從沒有女孩受過教育，因爲我父親認爲沒有需要。但是他已經不在了。於是我問我母親可不可以上學。她看著我，像過了好幾個小時，然後終於對我堆滿笑容。「可以，法齊婭將（Fawzia jan），妳可以。」

其他人都反對，尤其是我哥哥們。但是我母親堅持她的決定。我隔天必須和穆沁一起去學校，要求上學許可。我們進入校長辦公室。裡面時髦又乾淨，有裝椅墊的椅子，我覺得自己又小又髒，鼻子流著鼻水，臉上帶著骯髒的痕跡。我突然感到難爲情，拿起圍巾擦掉從鼻子流下的一長條鼻涕。

校長皺眉看著我。一個在法扎巴德的骯髒鄉下小女生怎麼會要求受教育？「你們家人是誰？」他問我。當我傲慢地回答我是瓦奇．阿卜杜爾．拉曼的女兒時，他訝異地揚起眉毛。自我父親死後，我們家在社會階級中墜落得何等快速！這個和藹的人說我可以上學，而且隔天就可以開始。我還記得跑回家告訴我母親時，圍巾拖在泥巴裡，把我絆了一跤。我小小的心裡滿是興奮，讓我忘了我父親的死、我們家的損失，還有我們貧困的生活。我，法齊婭．古菲（Fawzia Koofi），要上學了！

我十分有決心要充分利用在科嘉的學校裡的每分每秒，所以沒有花很多時間，就追上其他的女孩；我很快經常得到班上前一兩名的成績。我們的教育相當基本：我們有半天進行一般學習，然後另外半天在當地清真寺由回教教士（Mullah Imam）教我們讀《可蘭經（Holy Koran）》。我母親完全不識字，但是她對學習可蘭經很有興趣。

晚上我跟穆沁一起睡在我母親的床上。我們的作息都是一樣的。她會問我們讀了哪些，我們得告訴她我們記得的內容，並且對她複誦可蘭經，由她爲我們口頭更正。那是她參與我們教育的方式，她充滿了熱忱。

我進入帕米爾高中（Pamir high school）——法扎巴德的第一所高中——的時候，是一個有自信的孩子。我將頭髮剪短，看起來像其他女孩。我哥哥們氣壞了，但是我母親再一次讓他們平息下來，並且鼓勵我新發現的自信與進步。

有時候我們看得到電視，於是我學到了有關英國的瑪格麗特・柴契爾夫人（Margaret Thatcher）與印度的英迪拉・甘地夫人（Indira Gandhi）的事蹟；兩位女性直到今日都還是我心裡的女英雄。我當時張大著嘴巴看著她們的畫面，在心裡想著：一個女人怎麼有可能站在所有那些人面前，她又哪兒來的力量可以對他們演講？一個單純的女子如何能領導一個國家？

有時候，我和朋友會到學校屋頂上玩。慢慢地，我的視野開闊了。我幼時站在土泥宅的廚房裡，往上看著天空，心裡想著我全部的人生都被涵蓋在那裡。我就像當時，在屋頂上盯著環繞學校的街道。我已經開始相信整個天空是在法扎巴德周圍的山上，而全世界，我的世界，則是包含了那座城市與周圍的地區。

我在那裡非常快樂，但是我十一歲時，我哥哥賈馬沙陞遷，調職到喀布爾。我們必須和他一起去。我們搬家那天，是我人生中最興奮的日子之一。我不只因爲搬去一個令人興奮的城市——我只在電視上看過那個地方的照片，也因爲轉學到一間大的高中而激動。我也對於第一次開車經過城市興奮得開心不已。

喀布爾正如我所夢想：令人興奮與熱鬧。我讚嘆那些路邊有黑色條紋的黃色計程車，並且驚奇地看著擁有身穿時髦藍色迷你裙制服女司機的藍色米列（Millie）巴士。（那些日子裡，喀布爾有世界上唯一的電車系統，叫做米列巴士；迷人的女司機則被暱稱爲米莉

（Millies）。）我喜愛櫥窗展示最新流行式樣的炫目商店，以及從好幾百間餐廳飄散而出的美味烤肉香。這城市令我迷戀陶醉，我全心全意地熱愛它。如今我仍像從前那樣的愛著它。

我們停留在喀布爾的那三年，是我童年中最快樂的時期之一。我母親也愛這城市。對她來說，在大市場購物是一場美妙、令人興奮的旅程。聽起來可能沒什麼了不起，但這是她嫁給我父親時，絕對夢想不到的一種獨立。我也很享受從未夢想到的自由。我嘗試流行，而且和朋友們談論詩與文學。我們揹著書包，從學校沿著成排樹木的大道散步。

這些新同學在我看來，相當成熟迷人。她們家裡有游泳池，她們的母親時髦地留著鮑伯頭髮型，她們的父親既寵她們又和藹可親，擦身而過時，留下淡淡的鬍後水與蘇格蘭威士忌的香味。有一些女孩子甚至化妝、擦指甲油。我哥哥們禁止我用化妝品，但是有一天，我在一個朋友家裡化了一點妝，還借穿了長襪與短裙。賈馬沙開車經過我們時，我朋友和我輕鬆地在路上閒逛，因爲成熟的妝扮而感到開心。他見到我，將車速慢下來，從車窗向外盯著看。我沒有時間躲起來，於是一時鴕鳥心態，轉身面對牆壁。我的想法是，如果我看不見他，他也就看不見我。但是他當然看見了我。而且他還等我回到家。他作勢要揍我時，我跑去躲了起來。我聽見他大聲笑出來，還叫來我母親告訴她這件事。她也笑了出來，我感到羞愧，靜靜地溜回來吃晚餐。

在喀布爾的那些日子無憂無慮而且輕鬆。然而，再一次地，更大的世界就要猛烈地和我安全的小世界撞擊在一起。

親愛的蘇赫拉與雪赫薩德：

我年輕的時候，感覺生命總是在變動。每一次我們找到一個安全的地方居住或是片刻的寧靜的時候，戰爭就迫使變動發生在我們身上。

那些日子裡，我痛恨變動。我只想要待在一個地方、一個家，還有去上學。我有遠大的夢想，但是我也想要恬靜的生活。我也要妳們擁有同樣的東西。我要妳們自由地飛翔，找到妳們的夢想，但是我也要妳們有一個快樂的家、愛妳們的丈夫，並且有一天有自己的小孩。

在妳們短短的人生中，妳們已經必須經歷比我所希望的還多的變動。忍受糟糕的情況，通常比擁有被迫發生在身上的變動好得多。但是有的時候，我擔心我要求妳們忍受太多：我多次長時間的缺席、對於我被殺害以及妳們將沒有母親的恐懼。

有的時候，忍受糟糕的情況是錯誤的手段。所有偉大的領袖都有適應與重新開始的能力。改變並不總是我們的敵人，而妳們必須學習接受它成爲生命中必要的一部分。如果我們與變動爲友，並且歡迎它進入生命，那麼，它可能會選擇在下一次到訪時，讓我們不那麼痛苦。

深愛妳們的母親

〔第五章〕

又成了鄉下女孩

一九九一～一九九二

那是一九九〇年代初。南非（South Africa）種族隔離政策（Apartheid）已經結束，柏林圍牆（Berlin Wall）已經倒塌，而蘇維埃帝國（Soviet Empire）正在解體。冷戰已進入最後幾年。

聖戰士們現在是經驗豐富的老兵。他們和俄國侵略者打了一場消耗戰，並且在一九八九年成功將蘇維埃軍隊送回莫斯科（Moscow）。紅軍被迫在羞辱中撤退時，人群歡呼鼓掌。叛軍的士氣前所未見的高昂，許多人視他們爲英雄。在他們之中最受歡迎的是艾哈邁德・沙阿・馬蘇德（Ahmad Shah Massoud），被稱爲「潘傑希爾省之獅」（lion of the Panjshir）。他被認爲是聖戰士最傑出領袖中的一位，而且是打敗俄羅斯的幕後戰略者。他的形象仍然可以在全阿富汗的海報中找到。

紅軍走了，現在聖戰士急於一攬政權。他們派出軍隊掃蕩喀布爾。聖戰士痛恨他們眼中的共產黨傀儡政權，它仍然與莫斯科有密切的關係，即使俄羅斯軍隊已經不在。當時的政府由納吉布拉總統（President Najibullah）帶領，他是一位確實帶來一些經濟上的進步與發展的領導人，但是他因爲允許俄羅斯軍隊踏上阿富汗的土地，而不受人民歡迎。三年來，阿富汗軍隊一直在他的控制下作戰，壓制聖戰士的勢力，但是最終還是被推翻了，納吉布拉的政權也倒了。

人們希望這會帶來穩定與一個新的純粹阿富汗的政府。但是聖戰士在打敗政府後，幾乎立刻開始在他們之間自我鬥爭。共同的敵人被打敗之後，即將爆發的種族衝突緊張局勢浮上了檯面。雖然他們全都是阿富汗人，這些將軍卻說不同的語言，而且基於來自阿富汗的不同地區，他們擁有不同的信仰。他們對於如何共享權力意見不一。指揮官之間的打鬥與爭奪權力最終會轉變成爲阿富汗的內戰，一場維持超過十年的血腥、殘暴的戰爭。

我從收音機聽見，納吉布拉總統在試圖逃離阿富汗時被逮捕，那時我才十七歲。我們對於發生的事情都感到震驚，而且爲我們國家感到十分憂心。

我們還住在喀布爾，我在那裡讀高中，但是事情發生的那一個禮拜，我們正在家鄉巴達克珊省。我們連假時住在法扎巴德的親戚那兒。

納吉布拉總統被逮捕的消息後第二天，我們聽見從法扎巴德山上傳來的槍聲。阿富汗軍隊在圍繞城市群山的一側建立了據點，聖戰士則在另一側駐紮。兩方以步槍和機關槍以及偶爾的大砲交火。在我看來，聖戰士發射的火力比軍隊多了很多，軍隊不像它的敵人擁有那麼多的槍枝和火藥。

軍隊裡的軍人只防衛他們的駐點，沒有多少反擊。許多阿富汗軍人已經棄守，很多人不願意和國人爲敵，而且軍人們知道聖戰士在早期的戰爭中對所有俄羅斯軍人做的事：酷刑與殘殺。隨著時間演進，酷虐的創意愈發可怕。他們有時把人活活燒死。有時候會問囚犯的年紀，然後在他們頭蓋骨上釘上數目相同的釘子。有的時候，他們會砍下囚犯的頭，然後將滾燙的熱油倒進無頭的屍體中。當熱油碰到了神經末梢時，無頭屍就會活動好幾秒鐘，像在跳舞一樣。這項酷刑也因此被叫做「死人之舞」。

阿富汗軍隊知道自己是新的敵人，不能期待比俄羅斯人獲得多一點慈悲。許多軍人直接脫下了制服，回去過平民百姓的生活。

打了兩天之後，聖戰士宣布成爲新政府。投降與移交政權的和平談判早已經在兩年前的一九八九年在日內瓦開始。所以，當喀布爾的政府崩潰以後，沒有多少人感到震驚。突然之間，法扎巴德充滿來自山上駐地的聖戰士。我還記得看著他們，心裡想著，他們的臉看起來多麼有趣又斑白。這些人一直住在山上的營地，靠著稀少的配給過活，而且好幾年來，幾乎日日作戰。在我的想法裡，軍人是穿時髦制服的，所以看見這些穿著休閒的牛仔褲與球鞋的人感覺很奇怪。

我很想知道他們有些人如何能夠重新適應一般人的文明生活。而且不只有我這麼好奇。政府公務機關充滿了這些人，他們讓當地人嚇壞了；很多學校都關門了，因爲家長拒絕讓他們的女兒上學，害怕她們可能會被出沒在市區街道上的前戰士強姦。

但是整體而言，大部分阿富汗人很高興俄羅斯人走了，而且仍然希望聖戰士會解決紛爭，成立一個像樣的政府。

這些政治上的改變，代表了我人生中一段令人非常沮喪的時期。我當時只是個青少年；如果要在城市裡行動，我必須在人生中第一次穿上罩袍。聖戰士並非基本教義派分子，並沒有強迫穿著罩袍，但是穿罩袍是基於安全問題的考量。周圍有這麼多好幾年來沒見過女人的男性前戰士，年輕女孩當眾顯露美色不是一個好點子。

在往昔，穿罩袍是高貴的象徵，但是也有實際的用途。那是在嚴酷環境、烈日與滿是塵沙的強風中保護女性的一項設計。我知道今日在西方，有許多人將罩袍視為壓迫女性的象徵與宗教的基本教義主義。但是我不這麼認為。

我要有穿上我認為最好的衣服的權利，但是是在回教的限制內。以頭巾綁住頭髮，並且穿寬鬆長衫覆蓋住一個人的手臂、胸部與臀部，已經足夠滿足在真主面前維持端莊的回教規則。任何人說女人必須包覆住整張臉才算是真正回教規定，都是錯的。罩袍絕對不是回教的要求，而是因為文化上與社會上的原因才被經常穿著。

我也知道在一些西方國家，穿著蓋住臉的罩袍已經成為一種政治議題，有特定的政治人物與領袖想要立法禁止。但是我相信，所有的政府都有權利決定自己國家的法律與文化，我也相信選擇的自由，而且我認為西方政府應該讓回教女性穿她們要穿的服裝。

有一天我母親、姊姊們和我為了一場在阿姨家的宴會，換上了我們最美麗的衣裳。我化了妝，很喜歡自己看起來的樣子，並且很不尋常地，甚至覺得自己相當漂亮。在聖戰士到來之前，我出門前只會戴上一條頭巾包住頭髮。但是如今我母親堅持要我穿上她從親戚家為我借來的罩袍。我氣壞了。我一生中從沒有穿過罩袍，而當時我就穿著我最好的衣服，還爲宴會做了頭髮、化了妝，而她卻要我用一塊厚重的藍色布袋把我自己罩起來。

我拒絕了，然後我們嚴重吵了一架。我母親連哄帶拐地威脅我，堅持說這是爲了保護我。她爭論說如果士兵們看見我沒有以罩袍蓋住，不知會做出什麼樣的事，所以我應該將自己隱藏好，以避免不想要的麻煩。我哭了，而那只讓我更加生氣，因爲讓我的妝都花了。出於青春期的叛逆，我決定如果我必須穿罩袍，我就絕對不去阿姨家。我雙臂交叉坐在地板上不願讓步。最後，我母親說服了我。我眞的想去參加宴會，而且既然我都花了那麼多時間準備，不去的話太可惜了。所以，我不甘心地從頭套下罩袍，然後不情願地走上法扎巴德的街道和這個怪異的新世界。

我從藍色細小網孔的眼縫看出去，感覺一切東西都逼近我。山似乎坐落在我肩上，世界不知怎麼彷彿同時變大又變小了好多。我的呼吸在頭套中又大聲又悶熱，我感到幽閉恐懼，像是我被活埋一樣——在沉重的尼龍布裡透不過氣來。在當下，我覺得像是比人類低下的東西。我的自信消散了。我變得渺小、微不足道又無助，似乎光是套上罩袍的這個動作就將我一直努力開啓的門都關上了。學校、漂亮衣服、化妝品、宴會——所有這些東西對我都沒有意義了。

我成長過程中見過我母親穿罩袍，但是我認爲那只是屬於我母親那個世代的東西，一種正在慢慢消失的傳統。我從來不覺得有任何需要，也從未被我家裡要求過要遵守。我自認是阿富汗女性的新一代，罩袍的傳統不代表我對於我自己與我國家的雄心壯志。我不像我母親，我受過教育，而且迫切想要擴展我的學習。我有過各種機會與自由。其中一項自由曾是選擇要不要穿罩袍——而我的選擇是不穿。

我並不是與罩袍過不去。罩袍是一項傳統，而且在社會中提供婦女某種程度的保護。世上的女人偶爾一定會遇到她們不想要的、來自於男性的注意，而對於某些女人來說，穿罩袍可以是一種避免的方式。我反對的是人們強行決定女性應該穿什麼。我痛恨塔利班政府立法規定穿著罩袍。西方的女性對於強迫她們從青春期開始就穿迷你裙的政府政策會如何反應呢？在阿富汗，回教與文化上對於端莊的理想很強烈，但是沒有強烈到一個女人必須因爲她的性別而必須隱身在尼龍布袋裡。

我們到達阿姨家時，脫下罩袍讓我感到放鬆。這份經驗讓我對於我的人生與我的國家正在進行的轉變，感到十分震驚與害怕。我沒有辦法享受宴會，而是悶悶不樂，回想著步行時的恐怖經驗，在我移動式牢房的小牆之內感到窒息。我一直在計畫如何以最好的方式回家——我會如何衝回家並且希望避開所有我認識的人。我還沒有準備好對自己承認，更不用說對別人承認，罩袍已經變成了我生命中的一部分。

我懷念喀布爾以及在那裡的學校與朋友。但是喀布爾機場現在已經被聖戰士關閉。我們與首都隔離的感覺變得眞實。我極度擔心那裡正在發生的事。雖然他們已經是合法的政府，聖戰士卻在彼此戰鬥；不同的將軍控制了不同的部門，而且雖然不是全面的內戰，從喀布爾傳來的消息，是情況快速地成爲混亂。我特別擔心我的學校，如果它還沒有在戰火中被摧毀，也好不到哪裡去，而我將永遠無法返校讀書。

我們仔細聆聽收音機，留意任何風吹草動。很難知道該相信什麼。聖戰士政府十分聰明，沒收了廣播電台與電視台。發布者向我們保證一切平靜無事，但是我們知道我們看的聽的都是政治宣傳。我母親和我聽到收音機廣播員告訴我們學校已經開放，女孩子可以上學。但是事實上，父母們不願意送女兒上學，因爲他們認爲不安全。我從電視上看得出改變。漂亮、聰明的女性新聞播報員突然從螢幕上消失。而她們原本的位子，由衣著過時、戴圍巾的年老女性結結巴巴地報著新聞。

阿富汗曾經有備受尊崇的婦女播報晚間新聞。她們既時髦又迷人，以全然的專業執行工作。她們是我以及像我的女孩子們的模仿對象。我喜歡跟隨她們變換髮型，也同樣喜歡聽她們播報國際新聞。她們是阿富汗女性可以迷人、有教養又成功的活生生的證明。

有一天，我哭著跑去找我母親，對於正在發生的一切感到不安、害怕與沮喪。我滔滔傾訴衷腸的時候，她只是聽著我說。我講完的時候，她宣布我們要在法扎巴德找一間短暫入學的學校。

我非常想念喀布爾還有我朋友家的迷人魅力。但是我很高興可以回學校念書，即使這間在法扎巴德的學校——它曾經是那麼的寬廣又令人驚豔——現在看起來似乎又小又學風狹隘。

不過，我無法擺脫罩袍。我開始習慣封閉的感覺，但是我無法習慣熱氣。法扎巴德沒有公車系統，所以我要在大太陽下走路上學，汗水從我身體流下。我汗流得厲害，以至於因爲汗水與缺氧而長出黑斑。

儘管有身上的不舒服，我還是交了很多朋友。我很享受回到教室上課與隨之而來的機會。

我的老師們邀請我參加放學後的園藝課，我們學習植物、繁殖與土壤維護。巴達克珊省雖然有農業文化，但是甚至在今日，對於生物與農業科學的了解還只是相當初步。這堂課讓我感到興趣，但是我母親不讓我繼續上。即使我穿了罩袍，她還是害怕她十幾歲的女兒可能會吸引聖戰士的游移目光。我在外面的每一分鐘都可能導致一場不想要的提婚——而聖戰士的提婚並非拒絕後不會有嚴重後果的那一種。拒絕的話，幾乎一定會讓他們以武力獲得他們想要的。在我母親的想法裡，去上學是她允許我冒的必要危險；在放學後學習有關植物的事是她漂亮女兒生命中可以沒有的奢侈。

聖戰士的到來已經改變了家以外的世界許多面向。但是它也以無法預期的方式改變了我在家的生活。我返校讀書一個月之後，有一天，我同父異母的哥哥納迪爾出現在家門。自從他還是男孩的時候消失不見，去和俄羅斯人打仗以後，我已經十五年沒見過他。站在客廳的這個人，現在是個聖戰士指揮官。他和他的手下負責送進庫夫區的補給路線，確保那裡的聖戰士有足夠的兵力與軍火。對聖戰士來說，這是一個重要的角色，是將軍不會經常分配的角色。

當然，我母親很高興見到她的繼子，但是她對於他的工作與他在危機中沒有給予家人支持，並不怯於發洩她的不悅。我哥大可以在他權力範圍內——至少就聖戰士而言——因爲她如此無禮而揍她或殺她。但是他沒有。我母親在我們家裡贏得極大的尊重，所以他向她道歉。他現在是個男人了，他說，而且他分得清楚是非黑白。他最重要的事就是不再打仗。現在該是爲家裡做出最好的決定的時候。

他要帶我去他的村子裡，在那裡他可以保護我不受其他聖戰士騷擾。他在聖戰士中的軍階夠高，可以確保我在那裡的安全。他也說明了，我和我母親一起待在法扎巴德的期間，他的影響力不足以避免當地的持槍殺手強行娶我，如果他們有這種詭計的話。

那是我母親最大的恐懼，於是事情就這麼決定了，我會跟納迪爾到他住的亞夫塔區（Yaftal district）。到那裡去的唯一方法就是騎馬。那天稍晚，他牽了兩匹以羊毛繐裝飾馬勒的白馬，是在巴達克珊省常見的。我從小女孩時期就沒騎過馬。而且，一如以往，我的罩袍陷害我讓我日子難過。穿著罩袍試圖坐在馬背上是一種挑戰，更不用說在繁忙的交通中騎在一頭動物身上。每一次有刺耳的喇叭聲和奇怪的聲響，牠都會受到驚嚇。最後，我哥必須拉著馬轠帶領馬匹穿過城市，而我則盡力坐穩在馬背上。每一次馬兒踢腿或躍起，他都會拉住牠，而我都幾乎跌到路面。

我從來沒有像那天感覺如此退步。我在那裡，穿著罩袍坐在馬背上被人帶路。感覺倒退回到我母親或是我祖母的世代。當時，彷彿不論是我的國家還是我的人生都不會往前進。

我們騎馬離開了法扎巴德，前往我哥在村子裡的家。我們眼前還有兩天紮實的騎馬路程，但是路況十分差，幾乎都是泥土小徑。我已經控制住馬匹，所以對我自己感到很滿意。罩袍依然讓我騎馬很困難，尤其當我必須在轉角駕馭馬匹方向時。因為受限的視線，我方向感很差。而且如果馬匹踩進坑洞中，我很難保持平衡。

夜晚到來時，我們抵達一個可以休息的村子。雖然我們只旅行了一天，但是我已經可以在這些人之中看出不一樣的地方。村子裡的女人很熱情，而且熱切地與新來的人交談。我們說話的時候，我注意到她們的手有多髒，因為在田裡長期辛苦地工作與不頻繁的洗澡。她們的衣服是簡單的鄉村農民的穿著，我想這沒有讓我感到很驚訝，但是我就是無法擺脫回到過去的感覺。首先是罩袍，接著是馬，然後是和她們祖母或是祖母的祖母們過著差不多相同生活的髒兮兮的農村婦女——就像是看著我國家的未來在我眼前展開。

我醒過來的時候發現自己非常僵硬痠疼。騎馬可以在從來沒想過有可能的地方製造痠痛。但是我對於自己在沒有人扶助，沒有馬鞍的情況下騎過如此艱困的地形感到滿意。必須要有技巧才能騎在阿富汗的這一帶。有時候性命全繫於技術上。

我們去鄰村拜訪叔叔和遠房親戚的時候，我已經和納迪爾還有他的家人一起住了兩星期。我和一個認識我母親的女人坐在一起，她問我如果我住過喀布爾，是否知道我哥哥穆沁被殺了。我徹底嚇壞了。我還沒有聽到任何有關的消息。房間裡所有人都看得出我臉上的驚恐，知道我原本不曉得這件事。我叔叔是第一個反應過來的人。他直覺地轉移話題，暗示那個女人說的是有關我同父異母哥哥馬莫沙（Mamorshah）的事，他十五年前就被聖戰士殺了。

那位哥哥曾經加入一群村民，協助打跑攻擊哈萬鎮（Khawan）的聖戰士。他花了一整晚從他家浴室窗戶射擊，僅僅只有一把手槍。爲了讓他搆得著高高的窗戶，他可憐的妻子四肢著地蹲跪在地讓他站在背上。他和妻子逃過了那場戰鬥，但是在那之後他就被做了記號。他逃到塔吉克（Tajikistan）一陣子，但是他最終還是試圖溜回阿富汗。他們就是在那個時候抓到他的。我母親花了一個晚上，向每一個當地指揮官懇求釋放他。這是另一次展現大家庭力量的例子。他不是她親生兒子，但是她愛他一如親生，就像她愛所有其他太太們的小孩一樣。但是她失敗了。他像我父親那樣被處決，在黎明時被一槍打進腦袋。

我知道這個故事的全部。事情發生時我只是一個小女孩。所以她為什麼要問我在不在那兒呢？儘管這一家人說了不一樣的事情，我對於他們實際上說的是穆沁，而擔憂難過。他住在喀布爾，我擔心被殺的真的是他。我很震驚。我吃不下任何東西。我的心臟狂跳，身體覺得很難過。我想要長出翅膀飛回喀布爾，看看他是不是都安好。

納迪爾在回他家的路上，繼續堅持說那位女士弄錯了。我打從心裡知道他是在保護我，但是我選擇相信謊言，而不願接受可怕的事實。

也許是因為不確定穆沁是生是死，我在那之後發現村子裡的日子很難過。我開始非常非常想念我的家人，尤其是我母親。我也有適應鄉下生活的困難，很想重返城市裡的喧嘩與活力，最好是回到喀布爾。一切是如此不熟悉。我甚至發現最基本的熟肉與大圓盤烤餅的鄉下食物很奇怪又難以下嚥。我開始變瘦。最重要的是，我想念上學。

那裡沒有電視或收音機，所以只要晚餐吃完、收拾好之後，家人就會去睡覺——通常是在每晚七點之後。對我來說太早了。為了占據躺在床上的時間，我演算不同的數學問題與物理化學方程式。這讓我的腦袋保持忙碌，並且幫助我感覺至少與我錯過那麼多堂的課程有一些連結。我記起那些數字與符號時，有一部分的我希望可以回到喀布爾，然後發現那裡仍和我一年多前離開時一樣。

之後沒多久，我就要求納迪爾讓我回去法扎巴德。我非常想念我母親，真的需要在她身邊。我開始與我家人討論這件事，但是後來決定了我不回去法扎巴德，而是我母親、姊姊、姊夫和我全部一起回到喀布爾。莫夏凱，我母親的第二個兒子，現在是首都的警察將軍，他宣告喀布爾現在夠安全，我們可以回去。納迪爾和我騎馬回去法扎巴德，我們全部的人在那裡搭飛機到昆都士（Kunduz）市。

我很高興和我家人一起回去，尤其是我母親。我沒有告訴她有人告訴我的關於穆沁的事，因爲我自己仍然無法完全相信這是眞的。當我感覺讓人憂愁、難過的不安浪潮襲來時，我會將它關在腦海外。我母親很高興我回來，雖然我們都不知道在喀布爾能期待些什麼，但是我們都很期待能回去。

我們從昆都士必須搭巴士走三百公里的路程。比起阿富汗一般夏季的溫度，那個七月非常的熱。太陽把山都烤焦了，岩石在日正當中時燙得無法觸摸，否則要冒著被燙傷手的危險。風吹起塵沙，像迷你龍捲風一樣旋轉，捲進屋子、車子和機器，經常進到眼睛裡。我已經習慣了我的罩袍，但是當然我憎恨它。風沙對女性的端莊沒有半點尊重，經常會在藍色的布料內側，黏在我流汗的皮膚上，讓我發癢然後怪異地扭動身體。

至少騎馬去我哥家，與從那兒出發的路程上，我都身在微風中，但是這時我和家人和好幾十個其他要去喀布爾的人，擠在一輛動彈不得的巴士上，而我罩袍內的溫度讓人難以忍受。從昆都士到喀布爾的路上是阿富汗最危險的道路之一。過去幾年已經改善很多，但是即使現在它也是一條令人精神緊繃的旅途。滿是車轍痕跡的狹窄路面，呈螺旋狀繞著尖聳的山，高山的一側直指藍綠色天空，另一側直落好幾百英尺到下方峽谷巉巖、險峻的山岩。許多不幸的人在那裡死去。沒有任何安全路障，卡車與像我們巴士的大型車輛從不同方向會車時，輪胎顛簸地沿易碎的峭壁邊緣走，距離彼此只有幾公分地交錯而過。

我坐在震動搖晃的座椅上聽巴士引擎隆隆作響，駕駛猛烈地上下搖動排檔，偶爾按幾下喇叭對超前的機車騎士示威。好在，我有物理算式與方程式讓我分心，可以開心地遊蕩在一連串數字中。任何事都可以讓我的腦子遠離流下我的背讓罩袍頭套裡的頭髮黏成一團的汗水。

當白天的熱度開始消退時，山轉成了淡紫色。景色變得柔和，偶爾，我們會經過蹲坐在羊群附近的牧羊人，羊兒在河床邊與陰涼處吃著甜美的牧草。驢子在野罌粟田裡抽著鼻子嗅聞，每隔幾英里路就會看見棄置路邊的蘇維埃坦克或卡車殘骸。

我們到達喀布爾邊陲地帶時很疲倦，全身被汗水濕透，而且因爲搔弄我們鼻子又讓皮膚發癢的灰塵而煩躁不已。巴士在眼前大排長龍的車隊中緩緩爬行。數百輛車子摩肩擦踵，塞住了道路。我們在等待，不確知發生了什麼事。沒有風吹進車窗，車內又再度變得熾熱難耐。很多小孩在哭，想要他們的母親給水喝。

一個帶著AK-47步槍的男人靠近巴士，他濃密的鬍鬚與棕色的阿富汗煎餅帽（paqul）穿過了車門，傳統服飾滿是汗漬，髒兮兮的。乘客們豎起耳朵聽著對話。持槍者對駕駛說，塞車是因爲聖戰士指揮官阿卜杜勒．薩布爾．法里德（Abdul Sabur Farid Kohistani）被指派爲新政府的首相，首都裡的道路爲了讓他車隊通過，基於安全警戒原因而封鎖。我將這件事視爲未來的壞預兆。即使是俄羅斯人也從未需要讓整個城市停頓下來，好讓顯要人物活動。阿富汗受到聖戰士控制，他們是老兵，不是政客或是公務人員。的確，他們英勇地擊退俄羅斯侵入者，我因爲這一點而尊敬景仰他們。但是我很想知道，完全沒有任何一點政治經驗的人們如何有效治理這個國家。

道路終於開放時，我們成功地穿越了城市。那裡有一些新近戰鬥的徵兆——被毀壞的屋子與燒毀的車輛。聖戰士站在崗哨，持槍就緒。我們到我哥哥莫夏凱位於馬可羅利安區（Makrorian）的公寓，那裡有好幾個俄羅斯建築公寓的街區。他住在五樓。

莫夏凱被分配到一份內政部（Ministry of the Interior）的資深工作，他協助經營警力。我們進入公寓時，客廳裡都是客人，大部分是男人，等著和他說話。有一些是爲警方的工作，有一些是爲坐牢的朋友或親戚或其他事來求情，也有很多從巴達克珊省來拜訪的人。場面一片混亂。

我哥到三樓和我們碰面，我流下了眼淚。這城市自我上一次離開，已經改變太多。我害怕這些改變對我的家庭與我的國家的意義。但是我最擔憂的，是穆沁沒有來迎接我們。他的缺席證實了我最糟的恐懼，但是似乎沒有人準備好承認他死亡的事實。當我問他在哪裡的時候，有人告訴我他去了巴基斯坦，並且計畫去歐洲。「何時？」我問。大概四十天前，有人告訴我。但是我知道他們在騙我。然後我看見他的相片在客廳裡的架子上。相框以絲緞花點綴。那是一個不好的徵兆，是對穆沁命運的第一個外顯的確認。

「妳爲什麼用花裝飾相框？」我問我嫂嫂。她不安地支吾著。「因爲，妳知道的，自從穆沁去了巴基斯坦之後，我非常想他。」她回答。我知道她在說謊。在阿富汗，以花點綴相框是哀悼的象徵，以紀念死者。我的家人試圖保護我。但是我不需要保護——我需要眞相。我母親對眞相全然不知，還相信那個他去巴基斯坦的故事。

那天稍晚，我隨意在公寓裡探險，拿起放在我哥客廳裡的書籍與相片。我發現了一本日記，出於好奇而非懷疑，我打開了它。日記裡有一首詩。詩裡寫出了眞相。那是一首哀悼詩，由哥哥最好的朋友，一個叫做額敏（Amin）的人所寫，描述了穆沁如何被殺。我才讀了頭三行，尖叫聲就從雙唇爆發出來。那是極度痛苦的嚎啕大哭，不是憤怒。在我手裡的，就是穆沁被謀殺的有力證明。我母親和哥哥衝到客廳了解發生什麼事。我控制不住地哭著，泣不成聲。我就只站在那兒，手裡握著日記，對我母親搖晃。她顫抖的雙手接過日記。我母親不明所以地低頭看著那首詩的時候，我哥看起來嚇壞了。說謊的期間，不管用意多良善，已經過去了。我母親終於得知眞相時，哭喊的聲音令人心碎。尖厲的嚎哭聲在水泥牆間迴盪，竄入我們的腦子。我哥哥死亡的鐵證像一把榔頭，重重敲在我身上。對我母親來說，這是不可承受之痛。我家人聚集在屋裡，穆沁已死的祕密現在已經公開。

那天晚上，悲傷將我們連繫在一起——我、我母親、我姊姊、我哥哥和他兩位太太，還有我三位姑姑，都哭著問，爲什麼這麼好、這麼健康的年輕人會如此不公義地背離我們。爲什麼？我家中另一顆閃亮的星星已經離去。

親愛的蘇赫拉與雪赫薩德：

家……這是一個簡單的字，但是有可能是一個小孩學到的最重要的字之一。家是小孩出生的地方，是他感受到安全、溫暖與被保護的地方。不管風霜雨雪或甚至石頭子彈劃過夜空，家都應該在那裡保護小孩。在家中安全的小孩，應該在母親懷中熟睡，有父親守衛一旁。

可惜，許多小孩，包括妳們，並非雙親都在。但是至少妳們有一個愛妳們、試圖在妳們生命中塡補父愛的母親。有些小孩甚至連這也沒有。好多小孩在戰爭中失去了所有的人，沒有人留下來照顧他們。兄弟姊妹也是家庭中很重要的一部分。我有許許多多的哥哥姊姊，幾乎數不清。我們的大家庭中有敵對與嫉妒，尤其是在我父親的太太們之間。但是從來沒有小孩感覺不被愛。每一個母親都平等地愛所有的小孩，而且知道自己被那麼多母親疼愛是一件很棒的事。當我父親、妳們的外祖父死的時候，我母親扛起責任，試圖讓所有的小孩都待在一起，所以我們維持了一個像樣的家庭。

我的哥哥姊姊們有時也會與我打架與吵架，我們又踢又打，拉扯彼此的頭髮，但是我們從來沒有停止愛對方。或是爲彼此留心。我爲了繼續求學與獨立，和我哥哥們奮戰，但是即使他們不喜歡這樣，他們還是愛我，由著我。當然他們現在對於當上政治人物的小妹感到很驕傲。他們也對於自己有夠開明的頭腦，幫助我實現夢想，而感到驕傲。這麼做，幫助我們維持家裡的情況，還有我們政治上的榮耀。

我眞希望我能給妳們一個兄弟。一個美好、正派的年輕人，他會深愛他的兩個姊妹。我相信妳們也一定會和他爭吵與打架。但是我知道妳們會愛他。我會以我失去的哥哥爲他命名。

深愛妳們的母親

〔第六章〕

正義消逝

一九九二年五月

獻給蘇赫拉與雪赫薩德的一則小故事

那個星期五晚上，風雨從興都庫什山脈（Hindu Kush mountains）猛烈降臨喀布爾。灰塵覆蓋的道路很快地變成泥濘，在腳下又厚又滑。敞開的排水道灌滿褐色的污水，漲出骯髒的溝堤，形成不斷擴大、發出惡臭的池塘。除了陰暗處有些勉強可辨識的行蹤之外，街道一無人跡。一名男子在黑暗中沉重地呼吸，雨水滴在他的鬍鬚上，形成細小的水流，落入他站立處深及腳踝的水坑。他放鬆握住**AK-47**步槍的拳頭。這把俄羅斯製的槍沉重滑手。他刻意緩慢地走過黑色沼澤地，每一步都小心翼翼，在踏下步伐前以全身的重量探測。

接著他轉身面向六呎高的住宅圍牆，輕巧地舉起槍放在頂端。即使在這樣的夜晚，控制不佳的槍枝撞擊聲也會傳得老遠。他穩住身體，停下腳步，雙臂舉到肩膀高度，雙手俐落地抓住圍牆頂端，然後像貓一樣，縱躍而上。他將腳趾頂住磚塊，在潮濕的表面上尋找立足之地。手臂與背部的肌肉因爲使勁控制身體重量而緊繃。他右手肘攀上牆頂，臉抵著粗糙、冰冷的水泥，盪出左腿扣住高處。他將身軀拖上牆頂，安靜地喘氣，仔細察看黑暗的圍牆下任何警衛的跡象。什麼也沒見著，於是他跳到地面上，著地時發出濺水的聲音。他以拇指撥開**AK-47**步槍的安全桿，推到射擊位置。

他蹲低身體，以果樹的樹蔭作爲掩護，朝屋子走去。屋子裡一片漆黑。雨水模糊了他的視線，他摸索黃銅把手。喀嚓一聲轉開了。他屏住呼吸，輕輕拉開一條門縫，隨著慢慢打開的門縫適應漆黑的屋內。屋裡很安靜。雨聲被厚厚的屋頂磁磚減弱，但是他知道身上的水大聲地滴在磁磚地板上。他蹲低走過客廳，槍枝就緒。涼鞋打在地板上的啪答聲在廳堂距離相近的磚牆中被擴大。他找到臥室後停了下來。他準備好槍，以右手持手槍的方式握住，左手探測門把，轉開了一道門縫。

然後，這個人冷血地謀殺了我的哥哥。

殺手將子彈全數打在穆沁身上，穆沁當時正睡在床上。卡拉希尼科夫（**Kalashnikov**）步槍的彈匣有三十發子彈。槍手扣下扳機直到子彈用盡。然後逃跑。

我嫂嫂被槍聲驚醒。當時她和我哥正睡在屋子樓上另一側。我哥安慰他妻子，向她保證槍擊聲可能只是有人爲了慶祝婚禮或是打敗俄羅斯而對空鳴槍。接著一個嚇壞的鄰居從外面園子大叫，說穆沁中槍了。

他死時只有二十三歲。他又高又帥，又聰明，是擁有空手道黑帶——在當時很不尋常，即使是喀布爾——的法律系學生，是我最喜歡的哥哥之一。我們成長過程中一起玩樂、打架、相親相愛又拌嘴。他說的好聽話會讓我微笑好幾個小時；嚴厲的話會讓我立刻掉淚。他、恩那亞特與我是一生的玩伴。穆沁還是男孩時曾躲在一個女人的裙子裡，僥倖逃過被謀殺的命運。這一次，沒有人讓他躲起來或是保護他。

這是讓人十分心力交瘁的一擊。我感覺一部分的我已經死了。我父親死後，所有的哥哥在我人生中都扮演起更重要的角色。穆沁喜歡他新的家長權力，而且會指使我，叫我洗襪子或是清潔衣服。我是他疼愛的小妹，而且我並不介意他這麼愛差遣人。我只希望得到他的認同與注意。

大部分時間，他都會鼓勵我受教育，而且會對我說：「法齊婭，我要妳成為一個醫生。」知道他對我這麼有信心，總是讓我感覺自己很特別。但是有時候，如果他心情不好或沮喪，會禁止我隔天去上學。他會堅決地搖搖手指頭，對我宣布：「明天妳留在家裡。妳是女生。對女生來說，家就夠了。」

所以他的表象看起來很傳統——但是我總是原諒他，因為那似乎是他處理壓力的方法。他在那方面有點像我父親。通常在他禁止我上學的隔天，他回家都會帶一份禮物——也許是新書包或是鉛筆盒。然後他會要求我回去上學，並且提醒我他認為我有多聰明，以及我生命中將會完成哪些偉大的事情。如果我其他的哥哥們說不能上學，他們是眞的那麼想。但是我知道穆沁只是說說而已。

從他穿的衣服到他吃的食物，穆沁對於他要的東西總是非常挑剔。所以當他告訴我，他愛上一個在大學裡遇見的女孩時，我知道他是認真的。他是法學院的一年級生，而她才剛開始她的醫學訓練。當他告訴我她很漂亮的時候，我也不加懷疑。他曾指著我最漂亮的洋娃娃說：「這個女孩跟那個洋娃娃一樣漂亮。除了她有藍色的眼睛。」

他愛了她好幾年，但是在那些日子裡，他一直無法對她傾訴衷腸。他曾花好幾個小時在她家附近閒晃，只希望能看到她一眼。穆沁寄過信，告訴她心中的愛意，不過她原封不動地退回。她是很傳統的女孩，而傳統的女孩不會拆開未受准許的追求者的來信。但是他想要改變這個狀態。他期待我母親從喀布爾回來，因爲她會去這個女孩的家裡拜訪並且提親。如果我父親還活著，他早就已經這麼做了，不過現在這件事落到身爲女性家長的我母親身上。但他卻在採取適當又體面的做法之前被殺害。

面對摯愛之人的死亡總是很困難。失落感很龐大，而且缺席的人所留下的空洞讓人感覺將永遠不會被填滿。知道再也永遠見不到那個人的痛，像蛀牙的疼一樣陣陣抽痛。只是沒有止痛藥可以用來減輕那樣的痛楚。

聖戰士與政府之間的戰鬥，意味著警察沒有辦法進行什麼調查。即使我哥身爲警察指揮官的地位，對於讓殺穆沁的兇手受審判，能做的也有限。殺手唯一留下的證據是他逃走時，在牆邊掉下的一隻涼鞋。但那是所有阿富汗男人會穿的涼鞋，而且這件事是遠在ＤＮＡ測試與法醫證據被採用的時期之前發生。阿富汗在打仗，戰爭期間人民會死去。穆沁被謀殺的事實在這樣的情況下無足輕重。每天有好幾百人被殺，女人被強姦，房屋被搶劫摧毀。幾乎沒有食物和水。正義甚至更加短缺。

莫夏凱爲穆沁的死責怪自己。他不僅因爲身爲警察卻沒有抓到兇手而對自己感到失望，也認爲他個人要負起責任。他身爲警察將軍，有一隊保鑣。他們和他到各個地方，晚上他和家人睡在屋內時，他們會看守屋子。那天因爲是星期五，是禱告與儀式的前一天，而且在天氣如此惡劣又潮濕的晚上，我哥爲他的保鑣們感到不忍，所以讓他們提早解散，叫他們回家和家人相聚。穆沁大約在晚上十點從健身房回到家。他被雨淋得濕透，還抱怨他一隻發炎的眼睛。我嫂嫂從化妝包拿出塗眼線的化妝墨。在巴達克珊省，女人通常使用一種以山區草藥製成的眼線墨，據說對於治療眼睛發炎很有效。她塗了一些在他眼睛上，然後他就上床去睡。那是有人見到穆沁在世的最後一面。如果保鑣當時還値勤，槍手就不可能進到屋裡，穆沁就還會活著。莫夏凱因爲讓保鑣提早離開而對自己感到憤怒，他痛徹心腑。

我們在人生中經常問的重要問題之一，就是爲什麼。事情爲什麼發生？身爲一名回教徒，我有我的信仰。我相信它們是眞實的，而且代表很大一部分的我。我相信眞主決定了我們的命運。祂選擇我們何時生、何時死。但是即使這樣的確信，也沒有讓痛苦的事情與我人生中的失落變得比較容易承受。

隨著穆沁的死，我們這個爲什麼的問題得不到任何解答。爲什麼有人要殺死一個善良、聰明又溫柔的年輕人？他是一個努力創造自己人生的優秀學生。他想要一份職業、一個太太和一個家。他不構成任何人的威脅。但是他的生命卻被突然奪走。在回教裡，將死之人在過世前應該誦唸三次眞主之名。可憐的穆沁沒有時間這麼做。

我已經開始習慣於沒有時間和我摯愛之人道別。也習慣了詢問爲什麼其實是無濟於事的。我們的人生在那些日子裡就是如此。

親愛的蘇赫拉與雪赫薩德：

妳們長大一點，就會學到忠誠。對信仰、家人、朋友、鄰居與國家忠誠。戰爭的時候，我們的忠誠尤其會受到試驗。

妳們必須對妳們回教信仰眞實與善良的本質忠誠，幫助並且愛妳們身邊的人，即使在妳們可能覺得做不到的時候。對活著與死亡的家人忠誠很重要。我們家庭的聯繫不會因爲死亡而停止，但是我們也必須小心留意，不能因爲死去的人而讓活著的人付出代價。妳們必須對朋友忠誠，因爲那是眞正朋友的行爲。而如果他們也是眞正的朋友，那麼他們也會對妳們忠誠，並且在妳們需要的時候伸出援手。

妳們必須對妳們阿富汗的國人忠誠。阿富汗人並非全都相同；我們說不同的語言，以許多不同的方式過生活。但是妳們必須能夠超越種族與文化差異，並且記住，讓我們團結在一起的，是阿富汗。妳們必須對妳們的國家忠誠。對國家沒有忠誠，我們就會沒有國家。我們必須努力使國家進步，爲了妳們的小孩，也爲他們的小孩。

忠誠有的時候是一門很難學習的課程，但是很少有更加寶貴的功課。

深愛妳們的母親

【第七章】

內戰

一九九二～一九九三

我很高興回到喀布爾，急著想重拾舊日生活——或是在已成全面內戰之中僅存的生活。

我們仍然住在我哥在馬可羅利安區的公寓中，馬可羅利安大致可以翻譯成「居住空間」。這些公寓是俄羅斯人運用最新科技蓋的，例如供應十個公寓街區的公共熱水系統，每個街區有五十棟公寓。許多馬可羅利安的街區即使曾經過無數次的砲轟，即使今日仍倖免於難，就是對於蘇維埃時期的建築品質的證明；熱水系統甚至都還能使用。如今它仍然是極受歡迎的地區。

我在喀布爾得以重新開始英語課。它們對我來說太重要，不能放棄，雖然這表示有經常穿越街道的旅程，而街道已成爲聖戰士指揮官與他們的手下發展出致命權力鬥爭的戰場。

喀布爾分成好幾個區。中間的部分，也就是凱爾卡納（Khair Khana）區、馬可羅利安區以及國王皇宮周圍（the King's Palace），由聖戰士政府掌控，當時是布爾漢努丁・拉巴尼總統（President Burhanuddin Rabbani）帶領。他是來自巴達克珊省的前將軍，也是我家裡熟識的人——因爲我哥在內政部資深職位的關係。有名的「潘傑希爾省之獅」艾哈邁德・沙阿・馬蘇德擔任他的國防部長。

喀布爾的西邊由一位叫做馬薩里（Mazary）的人控制，他是被稱爲哈扎拉族（Hazaras）的領袖。（哈扎拉族據說是成吉思汗（Genghis Khan）的後裔，有明顯典型蒙古人種的樣貌、圓圓的臉、大大的杏眼。他們是獨特的什葉派回教徒（Shia Muslims）；這個國家主要的回教族群是遜尼派（Sunni）。）喀布爾的邊陲地帶帕格曼（Paghman）區由一位叫做薩耶夫（Sayyaf）的人和他的手下掌控。而另外一個區域，由令人畏懼的烏茲別克（Uzbeks）族領袖阿卜杜爾・拉希德・杜斯塔姆（Abdul Rashid Dostum）控制。城牆之外的南方屬於古勒卜丁・赫克馬提亞（Gulbuddin Hekmatyar），他是一個叫做伊斯蘭黨（Hizb-i-Islami）團體的領袖；而第二個伊斯蘭黨的領袖阿卜杜爾・薩布爾・法里德（Abdul Sabur Farid Kohistani）擔任首相。

基本上，除了有一個共同享有的政府，以及在攻打俄羅斯人的時候曾有過聯盟——當時被稱爲北方聯盟（North Alliance），因爲大部分人來自北阿富汗——之外，這些指揮官現在爲了權力而彼此戰鬥。隨著內戰越來越野蠻，短期的聯盟也隨著時間而轉變。

聖戰士政府最殘暴的對手是赫克馬提亞，他對於在政府裡的職位不滿，想要更多的權力與資格。每一天，他的手下都從位在城市邊緣較高處的駐紮地，發射好幾枚火箭砲到喀布爾。火箭砲在市場、學校、醫院與花園裡爆炸，許多人死亡或受傷。有時情況一夜之間驟變。原先支持政府的團體，可能突然反對它，然後開始開火。過了幾天，好幾百名市民死亡之後，這個團體可能會用國家電視台宣布那全是一場誤會，而它現在又開始支持共有的政府。大眾搞不清楚這一兩天內發生了什麼事。我們的領導人們大概也搞不清楚。

從家裡到英語課的路程曾經是單純的一趟計程車就解決的，但是這條路現在帶我穿過一些戰鬥得最猛烈的地區。有一些鄰近地區和街道可以被避免，但是其他的我沒有選擇，只能穿過，不管有什麼樣的風險。我會走一條迂迴的路線，這條路線依據目前由哪一個團體占據道路上段而改變。要成功地走對路的話，從街上的人們收集情報是必要的，計程車司機也是，他們必須經常尋找稀少的石油補給。

一群一群的持槍歹徒漫遊在街上，也經常有來自狙擊手的危險，他們對目標的選擇是不分青紅皀白的。步槍的爆裂聲與隨之而來的子彈經常會讓某個可憐的人喪命倒地，或是讓另一段迫切尋找食物、水或藥品的旅程提早結束。機關槍手駐點在重要路口附近被毀壞的屋子裡，他們的位置是精心挑選的，既能隱藏他們自己又能發揮最佳的射程——好在戶外抓到敵人。他們所有能被瞥見的部分經常是在瓦礫堆掩護中，從陰暗處露出的頭頂，但是所有的人都知道他們透過鋼製的瞄準器，在觀察一切動靜。車輛常常吸引最致命的注意力，但是大致上來說，它們仍然是最安全又最快的旅行方式。我的計程車不止一次地被火箭砲瞄準過。

有一些道路被砲兵指揮官當成目標。他們的偵察兵打信號指出駛近的車輛時，他們只需要開火，這輛轎車、卡車或是坦克極有可能就這樣被炸離路面。我還記得有一次火箭砲在街道上朝我急速飛來，讓我倒抽了一口氣。但是我們頭上的樹木枝椏像手指頭一樣，等著抓住那枚射出的砲彈。火箭砲打中樹枝後爆炸，街道上滿是砲彈與炸裂樹枝的碎片，我們加速走完那條路離開射程。如果不是那些樹枝，火箭砲早就炸爛了那輛脆弱的車子，還有在車裡的我和司機。

很少計程車司機願意在戰火之中冒險賺點微薄車資。那些夠勇敢出來載客的動機，都是因爲受到飢餓的威脅。不開車就表示他們和家人沒飯吃，比起在空中嗡嗡作響的子彈，沒飯吃還更快引來死亡。所以經常無法招到計程車載我去上課，在那樣的日子，我就得走路去，在掩護中快速移動，試圖避免我明知有槍手的地區，並且祈禱我不會無意中走進我不知道的道路。

下課後我也得走回家，在黑暗當中獨自躡手躡腳地走著。有時我要花上兩個小時才能到家。任何人在夜晚走在街上都非常危險，尤其是落單的年輕女孩。除了子彈與火箭砲，我還面對可能被強姦的危險。夜晚來臨時，槍擊變得更加無法預測。槍手在黑暗中因爲緊張，扳機上的手指會扣得更緊，只要大聲的腳步或是瓦礫的掉落聲就會引發一串槍響。

常常，我母親會穿著她的罩袍在公寓底下緊張地等待我，在黑夜中注視與搜索人影。偶爾從空中迴盪而來的槍響都會讓她嚇得心臟要跳出來。她等待女兒從戰火區的旅程中再次現身時，一定受到了想像力的折磨。她見到我回來時，顯而易見地放鬆，但是她從來沒有擁抱我表現出來。相反的，她隨即責怪我，一隻手放在我的背上，結實地將我推上階梯走進前門，對我碎碎唸：「就算那些英語課可以讓妳變成這個國家的總統，我也不管。我不要妳當總統。我要妳活著。」我哥哥和姊姊們不喜歡我冒這麼大的危險去上課，但是他們從來沒有直接告訴我。他們反而去對我母親嘮叨，要她別讓我去。他們不了解她爲什麼願意讓我夜復一夜，拿生命冒這種危險。

但是如果我母親將她的頭伸到機關槍前，可以讓我繼續上學的話，她大概早就這麼做了。

她藉由見到我受教育，也使她自己以某種方式教育了自己。她眞心高興地與我談論我的課程，她對我的承諾從來不曾動搖。她不理會我哥哥姊姊們的請求與唸叨，只以壓倒人心的微笑安撫他們。

不過，回首那些日子，我對於她容許我這麼做，也感到吃驚。當我想到我每一次消失在槍林彈雨的夜晚中所帶給她的恐懼時，就感到罪疚。這樣的恐懼，一定因爲才剛失去穆沁，而更加劇。他的死影響了整個家庭，被影響最大的，莫過於我母親。每天早上，她會探望他的墳，在上頭擺上鮮花。但是這個喪子母親單純的愛子之舉，對家人來說，很快地變成更加古怪而且令人擔心的行爲。

這個城市現在已成了殺戮區。我們從戰火最熾地區的鄰居們那兒，聽說每一晚都有上百名市民死亡。我們可以聽見槍枝的爆裂聲越過城市傳來。在安靜的夜晚，槍聲會在喀布爾四周的山丘上迴盪，以它見證的可怕事件驚擾整座城市。

火箭砲的火光最常看見。火箭隨意亂打，毫無預警地落地，有時摧毀了一戶人家的屋子，讓居民活埋在牆下，有時是一間商店或學校，或是一群在市場攤子前爲晚餐買菜的婦女。聽得見的聲響只有火箭砲飛越天空的呼嘯聲，聲音戛然停止，幾秒後掉落爆炸。你從不知它將掉落何處、何人身上。

對阿富汗婦女來說，對死亡的持續恐懼因爲伴隨性暴力而更加可怕。我朋友娜希德（Nahid）的悲慘故事就是證明。娜希德才剛滿十八歲，住在我們附近的公寓。一天夜晚，一些持槍歹徒闖入她家裡，強姦或綁架的意圖明顯。她不願面對如此的命運，於是從五樓窗戶一躍而下。當場死亡。

我們在其他的故事裡，聽見被人發現的女性屍體如何被截肢或是割除胸部。在一個道德至上的國家，很難相信我們已經墮落到如此的邪惡之中。

有天晚上，大約七點鐘，當我正在煮雞肉飯當家裡的晚餐時，發現我母親不在家。通常她會在廚房裡或是整理其他的家務。我有個很不好的感覺，我知道她去了哪裡，而且我必須去找她。我還在為穆沁服喪，所以我戴上黑色頭巾立刻出門。當靠近我們公寓的一名守衛告訴我她往哪個方向去時，我知道我最糟的懷疑是正確的。她在探望我哥墳墓的路上。

附近沒有計程車，也完全沒有公車，所以我步行往市中心去。一開始，街道安靜得很詭異。我所知的戰前的喀布爾在夜間因為車輛與機車而喧囂，人們走路去探訪朋友。現在街道杳無人跡，被橫在我與我哥墳墓之間的槍聲清得乾乾淨淨。

我繼續精神緊繃地走著，我知道我母親就在前方某一處。我開始見到街道上才剛被槍殺或被炸得四分五裂的屍體，那些屍體還沒浮腫。我嚇壞了。但是我並不那麼害怕死亡這件事，我害怕的是那些屍體曾經是人們的家人。而明天，有可能是我的家人躺在那兒。

我來到一個叫做德馬贊（Deh Mazang）的地區時，遇見一輛計程車。司機移開了後座。他將屍體塞進車子。他渾身是血，白色襯衫流著深紅色的血，口袋和鈕釦處有凝結的暗紅血漬。他的車子看起來像是屠殺室；戰爭中的受害者——男男女女、扭曲的四肢、碎裂的頭顱與身體——血流下駕駛座的腳踩空間，形成一窪血池，從踏板鏽蝕的孔洞滴下，落到灰塵覆蓋的道路。明顯受到驚嚇的司機，冒著汗費力地將另一具屍體擠上車。在回教裡，立刻埋葬至關重要，而且他可能還沒想到他的生命也處在危險中。他像裝載一袋一袋的米一樣，進行這令人膽戰心驚的工作。

我當時就只是站在那裡，盯著這副奇怪的景象。他和我是那個溫暖的夏夜街上僅有的兩個人。唯一的聲響是槍火爆破聲，以及這名勇敢的中年計程車司機使勁所發出的哼哼聲，他冒著生命危險，確保一群生平未曾謀面之人能被適當地埋葬。

他再塞了更多屍體到車子裡，感到滿意之後，他發動引擎，讓排氣管噴出一道藍煙，朝著醫院駛去。後座車門仍然開著，死亡乘客的四肢懸掛下垂，隨著每一次顛簸而舞動。死者與死亡的景象使我想起我的家人，而我必須和我的腦子奮戰，它將我家人的臉龐調換到那些不知名的受害者身上。我那時離目的地不遠，而且我知道我必須繼續走，才能找到我母親。

天色越來越晚，我正走過喀布爾大學（Kabul University），一群穿制服的男人對我大叫。他們要知道我要去哪裡。

我沒有回答，只是壓低了頭走得更快。其中一個男人舉起槍又問了我一次：「妳要去哪裡？」我停下、轉身，看著槍口。

「我在找我哥。有人說在轉角看見他的屍體。我必須去找找，」我騙他。他想了片刻然後把槍放下。「好，去吧。」他說。我加快腳步，心臟撲撲地跳。有一瞬間，我以爲他們會對我做出比對我開槍還恐怖的事。

墓地是灰土路面，有好幾個足球場那麼大。經年累月的戰爭與打鬥，已經使生命無可避免的最終站提前客滿，最新的墳墓都擠在一起，堆成長方形的小岩石與粗略砍劈而成的墓碑立穩在土裡。在較高處的有名望人家的墓地，墳墓經常以鐵欄杆圍起，如今孤居一方悄然鏽蝕。破爛的綠色旗子象徵哀悼，飛揚在墳墓上方。

我母親在墳墓上駝著背。我看見她將一束黃色絲緞玫瑰擺設在穆沁的墳墓上。她沉浸在思緒中，沒聽見我接近的腳步聲。她哭得身體發顫，手撫摸著我哥的相片。他在相片裡看起來如此年輕、帥氣。她轉身看著我。我因為找到了她而放心，又見到場面的悲淒，於是站在那兒哭了出來。

我承受不住，在她身邊跪下。我們抱著彼此哭了好久。然後我們說了關於我哥的事，以及我們有多想念他。我問她為什麼冒生命危險在夜晚出門到這兒來。難道她沒看見所有那些死去的人還有拿槍的男人，難道她不知道我有多擔心嗎?她只是給了我一個悲傷、布滿淚痕的表情，彷彿是說：「妳知道為什麼，」然後轉頭看照片。

我們在那兒坐了好久，我沒有注意到天已經有多黑。因為戰爭的關係，幾乎沒有路燈。我很害怕。我們不能冒險走來時路；太遠而且太危險，不能嘗試。所以我們決定再等一個小時到完全天黑，然後躡手躡足地走出墓地。我們成功走進一條相當熟悉的捷徑，可以通到另一棟我父親當國會議員時屬於他的房子。房子在城市邊緣，一個叫做巴格巴拉（Bagh-e-Bala）的地區，就在有名的地標洲際飯店（Continental Hotel）正對面。那一區住的是富有的喀布爾人，他們之中有許多人是前任的政治人物。我父親的一些親戚住在那裡為我們看守房子。我們今晚回不了家，但是如果我們到達那裡，至少可以遠離危險。我母親和我偷偷摸摸走出了分隔房宅的狹小巷弄。任何聲響或是慌張舉止都會引來以子彈為形式的注意，所以我們緩慢移動，爬上山丘往安全的地方去。

那棟房子是傳統喀布爾風格，以灰褐色大磚塊建造，十分方正，有小型窗戶可以在夏天散熱、在嚴凍的冬天保持溫暖。弧形磁磚蓋成的陡斜屋頂與山丘成平行。房子後方是種了果樹與花的小庭院。我們敲門時，我很想知道果樹還在不在那兒。親戚們前來應門，看起來很害怕。他們以爲是聖戰士前來搶劫或是殺他們。他們弄清楚之後，將我們拉進屋內關上了門。我因爲安全而放鬆，但是因爲在無預期之中回到這間屋子而感到相當悲傷。這裡就是我哥哥穆沁被謀殺時所住的房子。我母親也知道，於是她又開始哭泣。我們身心俱疲，這是我們唯一能做的事。

親戚們遞給我們茶和一些食物，但是我們兩個吃不下任何東西。在他們懇求之下，我們努力喝了一些茶。他們拿來了毯子，於是我們上床休息。在我母親的堅持下，我們睡在穆沁的房裡。我們兩人那個晚上都睡不著。我蓋著毯子想著我哥哥，還有我今天見到的恐怖的事。想著見到我的國家向內爆炸是什麼樣的感覺。想著計程車司機將屍體塞進車內如何會是我一整天所見到最文明又最人道的事情；想著一個女人如何從火箭砲的火焰中走過，去哀悼摯愛的兒子；想著曾經英勇地從蘇聯人手裡解放阿富汗人的持槍男人們，現在如何摧毀這個國家，滿足他們自己的權力慾望。

我母親哭了一整晚，膝蓋縮到胸前，爲失去的兒子感到悲痛。那個夜晚似乎永無止境。在某些方面，我眞的希望如此。黎明時，房間裡有足夠的光線看清從那名槍手的卡拉希尼科夫步槍射出、殺死穆沁的子彈所打出的彈孔。可怕的景象似乎只是更加強我母親的決心。她的決斷力與務實在復甦。那天早上，她為我泡了綠茶，然後堅定地宣布，我們要搬出馬可羅利安的公寓，搬到這裡，靠近墓地。我母親的邏輯一如以往的無懈可擊——如果一定要走在戰火區，最好將路程縮短。

但是眞正的理由是她想住在這間擁有對於穆沁實體回憶的房間。那裡有一張小床，床單滿是彈孔。衣櫃裡仍然掛著他的西裝和其他衣服。有一個小架子放著他的書和空手道獎盃。還有釘在書架上方牆壁上，他的空手道黃帶、棕帶與黑帶。所有這些讓人想起他的東西使人難過，但是也帶給我母親安慰，並且讓她感覺與他接近。

這棟房子有這城市的美妙風景。但是現在，我們看不到朝山區延伸、令人讚嘆的都市景觀，而是被迫見證在我們底下像恐怖片一樣如火如荼進行的打打殺殺。機關槍劈啪作響，火箭在嘶吼，轟聲隆隆地爆破在建築物上。我們從高處眺望，可以看見雙方交火，看見火藥的曳光彈照亮黑暗。我看著戰士們整軍，對敵方駐紮點採取新攻擊。

城市裡有些住家是以彩色的泥漿建造。有一天我正觀看戰火，一枚火箭砲直接落在一間漂亮的粉紅色屋子上。爆炸的火力使地面震動，並且讓石造工程的碎片在空中飛了超過一百公尺遠。幾秒鐘前原本是住家的地方現在成了一團粉色塵雲，飄在附近的建築物上空。我也看過同樣的事情發生在一棟藍色的建築上——當它像可怕的煙火一樣爆炸時，什麼也沒留下，只有一道在街道上滾動的藍色煙塵，慢慢消逝。住家裡可憐的居民被炸成了碎屍。

對我來說，最悲傷的時刻，是俄羅斯人蓋的優秀的綜合工藝學校在戰火中被擊中。俄羅斯人待在阿富汗的期間，建造了許多教育機構。所有阿富汗人都想要俄羅斯人離開，但是同時也感激他們的某些基礎設施與建築。很多年輕高中畢業生曾經在這所俄羅斯人離開之後仍然開放的綜合學校讀過書，學習不同的職業技術，如電腦、建築與工程。就連偉大的艾哈邁德・沙阿・馬蘇德也曾在那裡讀過。

我還是小女孩時，渴望有一天能去那裡。這個夢想在那間學校的圖書館被摧毀的那天結束了。那是那天稍晚，戰火開始平息下來的時候。我不知道是否有人意圖將火箭砲朝那所學校發射，想毀掉它還有它所代表的一切。雙方都未將它當作基地，所以也許是個意外。不管怎麼樣，結果都是一樣的。當火箭砲在圖書館那兒爆炸時，我輕輕倒抽了一口氣。接著，就像看場恐怖片一樣，不想看到可怕的地方，卻又無法轉頭不看，之後我看著煙霧變成火光吞噬被炸壞的建築，越發感覺作嘔。裡面有好幾千本曾經幫助教育過許多阿富汗年輕人的書。那些書如此助長了不斷增強的火勢。當然，那時沒有消防隊。沒有人前去解救那些可以幫助改善國家與教育人民的知識。甚至除了我以外，似乎沒有人注意到。我看著它燃燒，直到睡覺時間。我上床時身體都麻木了，想著這麼多的文字、這麼多的文獻與知識，都已灰飛煙滅。但是我也感到罪惡，因爲當人們也被焚燒時，我心裡關心的卻是書本。

我母親很快就在那間屋子裡進入她的例行作息。每天早上，她會醒來吃一份簡單的大圓盤烤餅與綠茶當早餐，然後進行一趟危險的旅程到我哥墳上。她會走山丘上的捷徑，穿梭在巷弄與山坡上布滿岩石的小徑，然後悄悄地穿越開放的路面到墓地上。稍晚之後她會回來，因爲哭過而眼睛浮腫。

這條路線讓她不安，但是似乎也帶給她力量與激勵，儘管有風險，而且她回到家之後通常都緊接著快速地做一堆家事。我的親戚們一直住在那裡看守房產，但是沒有讓它有家的感覺。我母親開始著手進行這件事，她整理房子、重新安排裝潢。家具洗過晾過、地毯撣過、鍋碗瓢盆擦過刷過直到黑色與銅色的部分發亮。院子裡的廢物已淨空也已經清掃過。

有時她會坐在我哥房裡悲傷慟哭。但是她從來沒有清理過。房間還是當初我們見到的樣子，殘破又布滿彈孔。大家都了解，不管我們在那裡住多久，那間房間都會保持原樣，至少到我母親決定改變的時候。我哥死後要像他在世一樣被想念：像他墳上明亮又美麗的絲緞花——而不是他生命最後時刻的暴力。

我哥哥莫夏凱盡量每天來探望我們。他對於我母親住在這棟房子的決定感到很不高興，委婉一點說的話。但是他了解她的理由，而且準備好讓我們暫時留在那裡。有時候他會帶我姊姊們或他太太來，在那些夜晚，我們會坐下來享用我們在過去比較太平的時期會有的那種晚餐。我們會閒聊說笑，但是儘管有這些談笑，我們還是逃離不了那底下對於我們的未來共同擁有的恐懼。

對城市裡的中產階級來說，這似乎是個轉捩點。直到現在，大部分人都準備好坐等戰爭結束，看看會發生什麼事。提早離開代表敞開大門任人打劫。但是當內戰沒有顯現出結束的跡象時，許多知識分子與專業人員都逃到了巴基斯坦。他們爲不確定的生活裝載了必需品到車上——多數是衣服、藥品與珠寶，努力保住家，然後在戰火鬆懈時逃出這個城市。大部分阿富汗人和大家庭住在一起，所以通常是父親和他的太太或是太太們，加上小孩子們，開車到巴基斯坦。老人或是更遠的親戚會被留下來看守房子，或是盡他們所能地求生存。

沒有人責怪那些決定離開的人。許多留下來的人如果有機會的話，也會離開。而且當戰爭情勢變得激烈的時候，選擇離開似乎是正確的。有天早上，一個我知道是我哥哥莫夏凱友人的男子出現在我家門口。他開車穿越了一些戰爭激烈的地區，看起來很害怕。他堅持要我們立刻和他一起走。我哥派他來接我母親和我回到馬可羅利安區的公寓。我母親拒絕離開，這名男子懇求她依照我哥的意思時，她和他爭吵了一陣子。但我母親執意不願留她兒子的墳墓無人照料，這位灰頭土臉的信使再沒有方法讓我母親改變心意。我母親的意志堅定不移，而且她已經下定決心，我們要留在這棟房子裡，不管有什麼風險。

她那時是這樣說的。但是幾個小時之後，我們聽到的消息立刻讓她改變心意。我母親出門買食物時，聽見一個故事。前一天夜晚，一群聖戰士搗爛了隔我們幾戶遠的一間房子，強姦了屋裡所有的婦人和女孩。我母親不太關心她自己的安危，但是她女兒的童貞與聖潔比任何一切都重要。

在阿富汗的文化中，強姦是被鄙視的。但是在戰爭時期，那是十分普遍的罪行。雖然強姦犯可以被處死，但是婦女卻必須承受更長久的懲罰，甚至在她的家庭裡成爲一個被蔑視與排擠的人。強姦的受害者像妓女一樣被逐出社會，彷彿是她們做了什麼事煽動了攻擊，或讓因慾望而發狂無法自制的男人的性器官更加激動。沒有一個阿富汗男人會娶曾經被強姦過的女人。任何一個追求者都會確認他的新娘是純潔的，不管她被摧殘的境遇有多麼暴力與不義。

我母親的心意從堅決留下變成堅決離開。她沒有告訴我那次攻擊事件完整的細節，只是吩咐我收拾東西，然後她也著手打包。我眞的嚇到了，但是我也明白最好不要跟她在這件事上爭論。我們要離開。就是現在。

我哥的信使已經開車走了，於是回到公寓的唯一方法就是步行。第一次穿越這城市的旅程回憶仍然使我心有餘悸，一想到要再做一次就讓我覺得想吐。我們必須走在有狙擊手的大馬路上、經過崗哨、冒著看見前一晚因爲砲擊而留下的屍體的風險。

我母親留下了看守與維護房子的指示給我們的親戚，然後我們緊張地走上街道。我們開始奔跑。我們彼此都知道有好長的路要走，而且我認爲我們只想盡快把路走完。我們從一棟房子跑到另一棟，小心翼翼地不敢在空曠的地方停留。一邊巡視著門口和陰暗處的風吹草動，一邊傾聽著可能代表前方有機關槍或狙擊手的砲火聲。

我們還沒有走遠，就看見一個女人朝我們跑來。她定定地站在我們面前歇斯底里地哭著：「我的女兒，我的女兒。」我從她的口音聽得出她是哈扎拉人（Hazara）。

我害怕得說不出話，我母親問她發生了什麼事。這個女人因爲無法克制的情緒不斷搖頭，藍色罩袍的頭套隨著因悲傷而來的抽動而搖擺。淚水在陽光下閃閃發光的繡花網孔上凝成了細小的珠子。這女人的家在幾天前的戰鬥中被摧毀了。她和她女兒別無選擇，只能逃跑。她們在一間什葉派的清眞寺裡避難，那裡躲藏了大約一百五十名其他的婦女，她們的丈夫不是在戰鬥中死亡就是被抓走。

這個女人告訴我們清眞寺如何被火箭砲擊中而著火，我記得那時我靜靜地透過我父親房子的窗戶盯著看，見到遠方一棟建築物起火燃燒。清眞寺很快地被燒毀。逃過爆炸的人們衝向出口，但是在煙霧、塵土和尖叫聲中，一定有好幾十人被踐踏或是死於濃煙與火燄中。這女人告訴我們，火箭砲擊中時，她和她女兒在靠近爆炸點的位置。水泥和屋頂磁磚被炸開時，她們也被震飛到空中。她們甦醒的時候，建築物已經燒起來了。女人和小孩們驚慌失措地尖叫、哭喊、奔跑。唯一的照明就是來自那越竄越高的火舌。一些女人拉她們的孩子往安全的地方，踩到了其他小孩的身上，而有數不清的女人努力尋找在黑暗中與她們分離的孩子，她們在倉皇中哭喊的聲音震耳欲聾。

這女人的女兒發現牆上一個被炸出的洞，於是她們兩人又爬又鑽地躲到安全的地方。她們躲了一整晚，到了隔天早上，她們既疲乏、也缺水、又挨餓。她們走進一個聖戰士的崗哨，請求讓她們安全通行。她告訴我們，聖戰士指揮官已經同意讓她通行，所以她們可以逃跑。這女人很謹慎，她叫她女兒在她獨自靠近崗哨時先躲起來。士兵告訴她可以自由通行時，她便呼喚她女兒上前。那女孩就從她的藏身處出來。

而那正是那些男人一直在等待的時機。他們抓住了那個女孩。指揮官將她拖到權充他外地辦公室的鋼製運輸貨櫃。將她抓到桌子上，當著她母親的面強姦她。那些男人對她施暴的時候，女兒哭叫著向她母親求救，但是其他人抓住這個女人，強迫她觀看。

有些聖戰士軍人強姦女人是不用受懲罰的——那是每個女人最大的恐懼。但是在這種情形裡，軍人可能有其他的理由。有些實例中，哈扎拉女人被當成強姦的目標，或被割除胸部。對這世上一百五十億回教徒而言，遜尼派回教是這個宗教最主要的派別。遜尼派回教徒和其他回教派別最大的差異，和歷史上對於先知穆罕默德（Prophet Mohammed）繼承人的爭論有關。

遜尼派相信最早的四位哈里發（Caliphs），或稱精神領袖，是眞正的繼承人，而什葉派相信先知的表親與女婿阿里（Ali ibn Abi Talib）才是正統的繼承人。這是幾乎和回教一樣久遠的意見分歧，而隨著歷史演進，成爲世界宗教史中悲苦、血腥的一頁。在內戰期間，哈扎拉人常常因爲這個理由而被屠殺，而在後來的幾年，他們也被塔利班視爲不信奉正統宗教的人而被當成箭靶。在今日，哈扎拉人仍然感覺其他的族群將他們看作是較低階層的人。

女孩的苦難結束時，指揮官只是掏出他的槍將她射死，好像丟棄一個食之無味的東西。然後他讓這個可憐的母親離去。

她告訴我們這個故事之後，我母親說不出話來。她緊緊抓住這個可憐母親的手，然後另一隻手抓住我的手，開始奔跑。我們三個手牽著手跑過被戰火蹂躪的街道，跑過屍體，跑過被燒毀的汽車與粉碎的建築。

我們就這麼跑啊跑，對於可能遇上的事十分恐懼，但是更害怕的是我們努力逃離的東西。我們繞過一個轉角，看見我們所能夠盼望的最棒的東西——計程車。

我母親懇求這位哈扎拉女人和我們一起走，住在公寓裡，但是這女人拒絕了，她說要去找一些遠住在城外的親戚。她們又爭論了一會兒，但是這個女人心意已決。最後，計程車司機告訴我們快一點。我們上了車，到了馬可羅利安的家中。我哥見到我們的時候，不知道是該大叫還是該開心地笑。他對於我母親拒絕早點坐上他信使的車，相當憤怒。當他發現我們是一路走回來，而且聽到了那位可憐的哈扎拉女士的故事時，他瞪了我母親一眼，因爲她讓我冒了可能會發生相同事情的風險。但是他不追究。因爲我們現在安全到家了。

然而我母親的狀況起了變化。在我們回來之後的幾個月內，她變得越來越虛弱。她開始呼吸困難。她一生都爲過敏所苦，但是症狀開始惡化，最輕微的東西——廉價香水、炸食物的味道，甚至風沙——都可能誘發並且影響她的呼吸。她努力說服我們說她沒事、不用擔心，不過我們看得出來她越來越孱弱。但是她仍然對我關懷備至，在我讀書的時候爲我做飯，堅持要我上英語課而且等我回家。

隨著那年時序從夏天轉換到冬天，我感覺世上其他地方開始對阿富汗失去了興趣。西方似乎很高興蘇維埃被打敗滾回家，而那就是他們對阿富汗需要知道的一切了。對巴基斯坦和伊朗來說，這些對國界外發生的事情興趣高昂的鄰國，將不同的聖戰士指揮官當成了代理人，被利用來在中立的國土上爲他們打仗。但是就在聖戰士爲爭權而戰、與鄰國政府解決宿怨、達成交易時，一股新的權力正在阿富汗另一處成長。一項運動正在這個國家南部的伊斯蘭學校（madrassas）——宗教學校——裡成長。那是以塔利班爲名的運動，有朝一日不只震撼了阿富汗，也震撼了整個世界。

親愛的蘇赫拉與雪赫薩德：

生命是眞主給我們的奇蹟。有時候，生命可以感覺既像是恩賜又像是詛咒。有的時候，幾乎讓人無法應付，但是我們應付得來，因爲人類忍受磨難的能力很強大。

但是我們人類並不偉大。只有眞主才偉大。人類在這個廣大的宇宙中就像渺小的昆蟲。

我們的問題，有時候似乎大得不能克服，其實不然。

即使我們活很久，我們在地球上的時間仍然很短暫。重要的是，我們如何在這裡花費時間，以及我們爲留在這地球上的人留下了什麼。妳們的外祖母爲我們所有人，留下了她在世時從來不知道也無法了解的相當偉大的東西。

深愛妳們的母親

〔第八章〕

痛失慈母

✉一九九三年十一月

我第一次見到我會嫁的男子時，我母親已經病危。前三個月裡，她的情況日益惡化，如今幾乎無法呼吸，虛弱得無法行動。她已經住進醫院，但是大家都看得出她來日無多。

我一直聽見傳聞，來自我們家鄉巴達克珊省附近哈萬區一位名喚哈密德（Hamid）的男子，想要向我提婚。我從未見過他，對他所知甚少。只知道他是知識分子類型的人，而且是個教師。

有天晚上，幾位來自巴達克珊省的男子來拜訪我母親時，我正坐在她病床邊。我很難為情，因為文化上不允許女人在訂婚獲得同意之前見到有意娶她的男子。而且我才十七歲。我不確定要不要結婚。

他們一群十個人，雖然我從來沒見過他，卻立刻知道哪一位就是哈密德。他很年輕，身材精瘦，有張聰明又帥氣的臉。沒有書呆子氣，而有好奇與同理心的表情。他是你會立刻感到溫暖的人。

我私下對於我的追求者吸引人的外貌感到滿意。我很努力試著不要直接看著他，那樣很不好。但是在醫院有限的空間裡，我免不了瞥看到他。

我母親坐在輪椅上，虛弱得無力言語。但是她仍然努力扮演天生屬於她的優雅女主人角色，體貼客人、詢問他們是否舒適。她的樣子讓我心碎。她一度要我移開蓋在她膝蓋上的毯子，將她推到陽光下。哈密德跳起來靠上前，幫忙移開她的毯子。他對她如此輕柔，十分體貼關懷地在她頭後擺好枕頭，讓我措手不及。我瞬間就明白，這是一個少有的阿富汗男子，他也可能會待我以同樣的溫柔。

我母親一定也有同樣的想法，因爲當這些人離開之後，她握住我的手，看著我的眼睛。「法齊婭將，我要妳在婚後過得幸福。我喜歡這個人。我想他對我們來說已經足夠。我復元了以後，我們兩人都和他一起住。」

她看著我的眼睛，搜尋我的反應。我微笑點頭的時候，她開懷地笑了。她淚汪汪的蒼白雙眼仍然閃現堅強的意志與力量。我轉過頭，忍住淚水。我多麼想要母親和我，與這名男子一起生活，讓我可以照顧她，像她從前照顧我那樣。但是她的身體每分每秒都更加孱弱。

我不想離開我母親，於是睡在醫院裡。第二天，我聽說哈密德已經提婚。依照請求女子下嫁的傳統禮儀中，他家裡的男性成員來到我家與我哥談話。但是我哥那晚也和我們在醫院裡。所以他的求婚只能親自提出，與往昔做法不同。

隔天早上，醫院裡的醫生，一位灰髮碧眼、爲人熱誠的女士要求和我私下談話。她是要告訴我她前一晚已對我哥說過的消息。「法齊婭，」她溫柔地說，「花開花落，是生命的自然過程。該是帶妳母親回家的時候了。」

我了解她話裡的意思。我母親已在垂死邊緣；沒有希望。我哭叫著懇求讓她留在醫院。他們可以試用新的藥物，一定有希望的，他們可以採取一些方法……醫生抱住我，無聲地搖頭。一切都結束了。

我們帶她回到家，試著盡量讓她舒服一點。如同往常，她不願意休息也不願坐著不動，而是堅持做家事。有一次，我哥戲謔地告訴她，如果她不休息，他就要將她綁起來。有一陣子我與她同睡一張床。像往常一樣，我輕撫她的頭髮，告訴她學校裡的事。她告訴我她多麼爲我感到驕傲，爲一個不識字女人的女兒竟成了受過教育的人感到多麼驚奇。她玩笑地提醒我說，有一天我可能會當上總統。

通常，我很喜歡她這麼說，被她對我的夢想與信心鼓勵。但是那一天，我只看見一個越來越大的黑洞，命運無可避免的空虛就要到來。我睡著了。凌晨兩點左右，我聽到她在叫我。我看見她在廁所外面地板上，她跌倒在那兒。她不想叫醒任何人，試圖自己上廁所。我半抱半拉地將她拖回客廳的床上。她在我的雙臂中，感覺就像一隻小鳥。她的樣貌是烙印在我腦海裡的痛苦回憶。見到那樣有力量與尊嚴的女性，一個在生命中承受過如此之多——毆打、死亡、悲劇、失去丈夫兒子——的女人，虛弱到無法如廁，令人相當難受。

她躺回床上睡覺時，呼吸開始出現雜音。後來，我帶她回她的臥房，將她放在地板的床墊上。她現在有自己的床，不像她婚後的日子裡，不是必須和我父親共用一張床，就是得睡在廚房的地板上。但是她太虛弱，無法上下床，所以她睡在床墊上。我也覺得她心裡比較喜歡地板，因爲在過去那些年裡已經很習慣了。

通常她睡在那裡的時候，喜歡讓一個孫子陪她。那天晚上，她讓我六個月大的姪女卡塔雲（Katayoun）睡在她身邊。我笑著看寶寶的小手指在我母親的頭髮裡彎著。我還是小孩時也曾經那樣。我一直等到確定她睡著了，才爬上她的床睡覺。

那天晚上，我做了一個很不尋常的夢，在夢裡我什麼也看不見，只有一團漆黑與恐懼。我試圖逃離，在驚嚇中醒來。

我看了看睡在床墊上的母親，發現她的毯子沒有起伏。沒有呼吸的跡象。

我掀開毯子，看見她幾乎已經離去，她的呼吸微弱得無法察覺。我的尖叫聲驚醒了家人。我哥才正要開始禱告。他抓著《可蘭經》跑進屋內，好爲她誦讀作爲道別。我尖叫著要他停下來。我不願相信我母親已走到人生的最後時刻。

我對我家人大叫，要他們找醫生來。有人跑到住了一位醫生的隔壁屋子。他們幾分鐘之內返回，但是醫生只重複說了每個人都知道的事。她此生將盡，我們無能爲力。我聽見了他說的話，但是無法接受。「我很抱歉，」他繼續說。「我很抱歉。她大限已到。」

我想從五樓高的窗戶跳下。燈光已經熄滅。星星已脫離天空中的位置。我想要跟隨它們。我不知道失去她我要怎麼活下去。

她死後四十天，我都過得混混沌沌。震驚與重創使我的身體幾乎完全停擺。在那之後至少有六個月，我的心理狀態不佳。我不想和任何人說話或是去任何地方，沒有人可以和我說上話。我甚至不確定是否想活下去。我的家人極爲支持我。沒有人強迫我加快腳步；他們讓我以自己的步調去哀悼。他們自己也很悲痛，但是他們都知道我母親和我有特殊的連結。

我一輩子和我母親共用一張床。只有她在我身邊，我的手指在她髮絲裡彎著，我才睡得著。我夜晚醒著，努力想像她在那裡。爲她哭了又哭。嚎啕大哭得彷彿像個剛出生的孩子。

我家人看著我這樣難過了六個月，擔心我好不了。於是他們開了一個家庭會議，決定唯一可能幫助我的，就是我返校上課。我母親在秋天死去，如今又是春天。新的學期正開始，於是我哥建議我回學校上英語課，並且修電腦課。那時，即使那些哥哥們反對我受教育，也知道那是我唯一會選擇賴以生存的事。

我母親病發時，我正要參加高中畢業考。我太過擔憂而無法考試，但是老師們如今爲我安排考試。如果我不去，就自動成爲不及格。所以我必須去。而這當然有所助益。我慢慢地，再度進入了這個世界。

我十九歲生日就要到了。我自己報名了大學考試預備班；我決定讀醫學，成爲一個醫生。哈密德知道我在那個班上。有時候，他會開車過來停在街尾，雖然他不應該這麼做。他以爲我看不到他，但是我認得出他的車，還有坐在車裡的他。我從沒走近他或是揮手。這麼做，在文化上並不恰當。

就這樣，過了幾個禮拜之後，他變得比較勇敢，會在我下課時走過來打招呼。是很正式的問候，我們從沒有談論任何私事或是我們對於彼此的感覺。他會詢問我的家人，我會禮貌地回答，如此而已。在阿富汗的文化裡，沒有追求或是約會這樣的事。我們甚至不准講電話。那時沒有手機，而且因爲電線在戰爭中被損毀的關係，電話線不能使用。我們遵守彼此都尊敬的文化規則。但是這些和他相處的短暫時光對我來說已經足夠：即使他只對我說了三個字，我會整個禮拜都沉浸在回憶裡，在我腦子裡不停地倒帶。哈密德的笑容減輕了一些我對母親的哀悼。我記得她的話；「這個男人對我們來說已經足夠，法齊婭將。」

那時，戰火開始平息。不同的聖戰士派別已經開始促成協議。喀布爾仍然是一座被分割的城市，不同派別掌控不同地區，但是他們已經開始彼此談判，並且開始起草新的政府憲法。大部分人民將此視爲戰爭已經過去。軍人不再巡視街道，而且不穿罩袍也安全。當然，我一直以圍巾罩住頭，但是我也得意地穿上牛仔褲與時髦明亮的繡花長袖外衣。

街道上如釋重負的感覺相當明顯。因爲戰爭而關閉的電影院重新開張，放映最新的印度片，小孩子們回到原先狙擊手駐紮的公園玩樂。路邊攤販和顧客認爲出門是安全的，因此喀布爾市中心附近喧嚷的街道，又傳來了烤肉串的香味。喀布爾市再度揚起不屈不撓的精神。

我的生活也重拾規律。但是我還是深受創傷。我最喜愛的物品之一是個漂亮的洋娃娃，她坐在一輛推車裡，帶著一隻狗玩偶。我年紀已經太大，不再玩洋娃娃，但是我需要安全感與慰藉，而這個洋娃娃似乎可以滿足我這兩樣東西。我會花好幾小時幫她梳梳頭髮、穿上漂亮衣服，著魔地爲她替推車旁的花瓶插上花。

哈密德並非當時唯一向我提親的人。幾位聖戰士指揮官也來見我的哥哥們，要我下嫁。好在哥哥們從沒有強迫我違反自我意志而結婚。我必須要同意婚事。我越比較這些人和哈密德，越明白他就是我要嫁的人。我不要當軍人的太太，我要當擁有和藹眼神的知識分子的太太。

哈密德是受過訓練的工程師，但是他經營一間小型金融公司，做貨幣兌換之類的業務。他也在大學兼職教化學。嫁給有自己事業的講師遠比嫁給靠槍過生活的人要來得浪漫多了。

他家人來過好幾次和我哥哥們談話與提婚，但是我的家人每一次都拒絕。我哥哥們最大的擔憂，是哈密德家裡不如我們富有，而且兩家的生活方式差異太大。哈密德靠他的薪水維持開支，沒有其他收入來源。我哥哥們想要我嫁給於政治有益的人家子弟，好繼續我家裡拓展政治人脈的傳統。哈密德的家庭並非此類。

我哥哥莫夏凱開誠布公地和我討論這件事。他告訴我他知道我喜歡這名男子，但是他試圖藉由反對這門婚事以保護我。「法齊婭將，如果他失去工作，妳要怎麼辦呢？妳是在沒有人必須依靠薪水過活的家庭裡長大的。想想看每個月都有必須付的房租與飯錢，而且不知道錢會從哪裡來的壓力。」

但是我不為我哥的考量而擔憂。我一直都想要工作。我的教育給予我職業觀。我們兩人都會工作，為家用做出貢獻。我們會是一個團隊，眞正的夥伴。我要一個可以和我丈夫一起做出決定的人生。遺憾的是，這不是我能向我哥解釋清楚的事。在文化上，我不能告訴他我喜歡哈密德，或是我們兩人如何在大學校園之外交談。這是絕對不被允許的。不過，在我哥給他負面評價時，我的安靜不語，以及臉上的痛苦表情大概已經告訴他需要知道的一切。

我試圖獲得我姊姊們的支持，心想她們可以幫我改變哥哥的心意，但是她們也反對我嫁給哈密德。他們全都要我擁有最好的——而在他們眼中，擁有財富與地位的人生才是最好的。他們告訴我，在那些他們與上千賓客一同參加的婚禮中，穿戴金子首飾的新娘多麼有分量。他們試圖讓我對於嫁給最富有的追求者之一而可能擁有的婚禮產生興趣。但是那對我沒有意義。金子有什麼用處？我要的禮物是自由。在他們想要給我的人生中，我將會覺得自己像一隻被困在金子打造的籠子裡的小鳥。

我來自一夫多妻制爲常態的家庭裡，但是我知道我自己不要那樣。我的父親有七位太太，我兩個哥哥各有兩位，所以我見到太多那些女人所受的痛苦與嫉妒。許多追求我的人都已經結過婚，我會成爲第二號或第三號。我見過我父親新娶的太太摧毀我母親的人生，我不想以同樣的方式去破壞另一個女人的生活。而且我將永遠無法應付隨之而來的缺乏獨立。我想我在那樣生活一個星期之後，可能就會想殺了我自己。

下一個冬天已來臨。那時，我已擁有英文文憑，而且開始當起英語教師志工，教導各個年齡層的女人。看著我學生領悟某件事情之後臉上的表情，對我來說是令人感到驚奇的經驗。我愛那份工作。

我沒有要求薪水，但是有一天課程的主管給了我大約兩千元阿富汗幣，相當於美金四十元。那是我賺到的第一份薪水。我自豪得幾乎要哭出來。我沒有將錢花掉，而是保存在皮夾裡，經常拿出來看一看。我想要永遠將它保存在那裡。

開始下雪時，我終於感到開心。我通過大學入學考，在醫學院取得一席。我在教書，獲得某些獨立。我心中因爲缺少了母親而有的令人刺痛、憤怒的空洞仍然存在，但是痛苦已經減弱到可以控制的程度。

戰爭越來越零星。拉巴尼政府終於達成某種程度的平靜。在一九九五年的夏天，談成了一份和平協議。赫克馬提亞同意放下兵刃，換取拉巴尼政府裡的首相位置。和平協議背後的動機，是塔利班在南方日漸坐大的影響力。

沒有人熟悉塔利班，只知道他們是曾在阿富汗與巴基斯坦國界地區宗教學校讀過書的宗教學生。傳說的內容多數是這些年輕男人身穿白衣自稱「拯救天使」（「angels of rescue」）。住在南方的村民，像全國的阿富汗人民一樣，對內戰、缺乏法治以及懦弱的中央政府感到厭倦。戰爭肆虐喀布爾時，住在較平靜省分的人民感覺受到輕視與忽略。令人難以承受的貧困沒有消失，反而在混亂中更加惡化，於是他們迫切想要一個可以幫助他們的政府。

這些自稱天使的男人坐在小卡車後座來到村裡，開始在社區裡重拾秩序與安全。他們差不多像是自封名號的維安隊，但是對於害怕被打劫而不敢開店，或是不敢送小孩上學的百姓來說，這些維安隊員讓個別的鄰里變得安全。這已足夠讓他們產生信心。

諷刺的是，聖戰士最新的和平協定，首次允許拉巴尼政府有效運作。內戰結束了，聖戰士政府終於和平共享權力，而且在經營國家上做得還算像樣。但是已經太晚了，來不及安撫絕望的人民。平靜已經降臨，但是阿富汗的平靜就像蝴蝶的生命一樣短暫與脆弱。阿富汗人民已經在找尋可以相信的新英雄。塔利班的地位已經上升。

我溫柔的母親比比將。

我的父親——瓦奇．阿卜杜爾．拉曼。

有家人相伴的
幸福少女時期。

父親位在庫夫區的
房子，它已有一百
多年歷史！

哈密德抱著女兒。

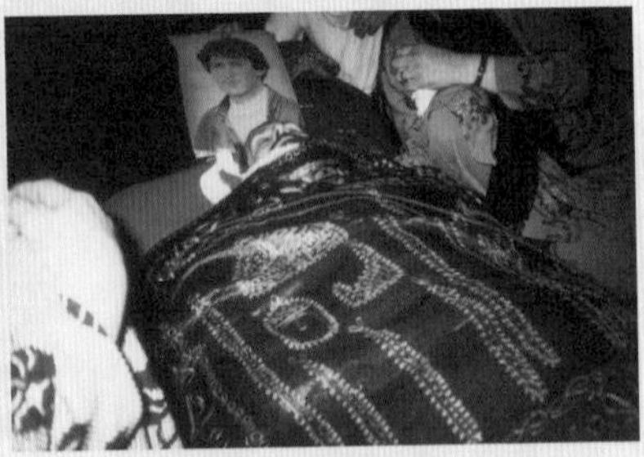

二〇〇三年，對抗肺結核病魔，
哈密德輸掉了最後一役。

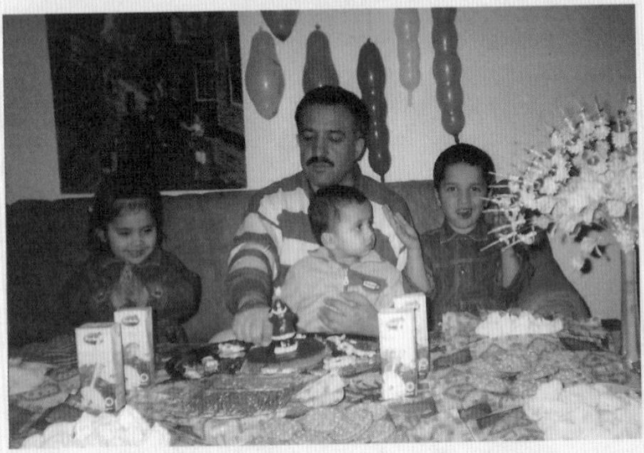

我哥哥莫夏凱（Mirshakay）
一直是我最忠實的支柱之一。
這張照片，
是他在某次慶生會上
享受天倫之樂。

去麥加朝聖。
我的信仰，
伴我度過了人生中
最艱難的一些關卡。

與哈密德婚禮的第一部份證婚儀式（nikah），我選擇了玫瑰。那玫瑰秀麗明亮，用喜悅片刻照耀了塔利班政權下的民不聊生。

證婚儀式前夕的傳統散沫花儀式。
哈密德把散沫花塗抹在我手上。

哈密德是我專屬的了，他是個堂堂阿富汗男子漢。

二〇一〇年九月，從事競選活動時，到巴達赫相鄉村地區，和一群不識字的婦女進行意見交流。

二〇一〇年，發送原子筆給小朋友。

我很喜歡和巴達赫相族的勞工朋友們到戶外實做……

……還有庫西族人也是，他們都是游牧民族。

二〇一〇年九月，某次競選活動時，我對巴達赫相鄉村區的民眾發表演說。

我兩個很棒的女兒，蘇赫拉和雪赫薩德，她們總是盡可能陪著我……照片中是前往競選活動的飛機上。

我故鄉小村的庫夫溪邊。

居家溫馨時刻。

與加拿大總理哈珀合影。
在我右側是國會最年輕的議員
薩賓娜・薩吉。

To Fawzia Koofi
With best wishes,

與美國小布希總統及
第一夫人蘿拉合影。

For Fawzia Koofi
Best wishes

在我右側是美國國務院
國務卿萊斯。

與英國首相布萊爾合影。

如今，在眾人眼中，我的身分不僅僅是女人，更是政治人物。
對此，我非常驕傲。

典型的阿富汗更衣間！

第二部

我親愛的母親：

我仍然在等待，希望妳會回來。即使現在，當我想起妳已經不在世上陪伴我，也會哽咽。我現在是個政治人物。但是有的時候我只是個犯錯的傻女孩。我做錯事的時候，會想像妳在那裡溫柔地斥責我、糾正我。如果我比平常晚到家，我仍然希望妳穿著罩袍在院子裡等我，推著我的背直到我進了前門。

我仍然好想窩在妳身邊睡覺，就像我在妳生前最後那幾天做的。我想躺在妳身邊，摸著妳的髮絲，聽妳告訴我妳的人生故事。那些關於妳的快樂、悲傷、折磨、耐心與希望的故事。

母親，妳的故事教會我如何生活。

那些故事教會我，身爲女性，我應該學習忍受與耐心。我還記得孩童時期不開心時——哥哥叫我不要上學，或是我的心思不能專注在課堂上，或是我看見同學父親開著體面的車來學校接送，或是當我朋友努麗雅（Nooria）談到關於她父親的時候。那些時候，我對於失去自己的父親感到很悲傷，心被憂傷占據。那些時候，我認爲自己是世上最軟弱又最可憐的女孩——但是每當我想起妳的故事，我就變得更堅強。當妳告訴我，妳如何在十六歲就嫁人，如何經常忍受新的女人嫁給我父親，以及儘管有那些痛苦，又是如何留下來與我父親和他其他的太太們一起生活，好讓妳的小孩有好的未來時，我怎能軟弱？

我父親必須是世上最棒的人，這對妳來說很重要；所以妳總是努力爲他的賓客做出最好的食物，也總是讓院子乾乾淨淨。所以妳總是願意善待家裡其他的女人，讓她們不會嫉妒、惹是生非。我想起妳如何在父親離家時，運用天生的智慧，努力解決大家的問題，以及在我父親犧牲之後，妳如何知道讓他的孩子們——不管男孩女孩——上學是很重要的，並且與他們住在同一間屋子，好讓妳知道他們的問題、陪伴他們。對妳而言，我哥哥們必須長成爲具有良好品性的男人，並且成爲可以爲國家做事的人，是很重要的事。妳忍受折磨、讓自己挨餓，好讓我哥哥們可以讀書上大學。

當我記起所有這些事的時候，我仍然訝異，在妳經過所有這些問題與沉重的責任之後，妳還能笑。妳總是在笑。

我眞希望能夠像妳一樣笑著面對我的問題。

母親，我全部的世界就在這些故事裡。

有趣的是，當我年紀越大，我越想聽這些夜間故事：它們讓我在床上覺得平靜安全。也許我是想逃離身邊的戰爭。

妳是我生活周遭的避難所。我人生中最好的時光是在妳說完了故事，將注意力轉到我身上的時候。妳向我保證我會成爲一個重要的人。妳告訴我，我出生之後，我父親說的話，說我會像妳。漂亮、聰明、有智慧又熱誠。那些都是些簡單的字眼，但是它們成為我掙扎、努力過更好的生活的靈感。

我問妳我會變成什麼樣的人時，妳會笑著回答：「也許，法齊婭將，妳會成為一個老師或是醫生。妳會有自己的診所，會讓來自不同省分的人免費看診。妳會是一個善良的好醫生。」然後我會笑著說：「不，母親，也許我會是個總統。」我這麼說是因為妳曾經告訴過一個鄰居：「我女兒在學校很認眞。我相信她會當上總統。」

我從那些故事學到了許多人生的課程。

而且我從沒有在任何其他人身邊，感覺像在妳身邊一樣平靜安全。母親，我從妳那裡學到自我犧牲的眞正意義。我從妳那裡，學到了光是識字不足以教出好孩子，智慧、耐心、計畫，與自我犧牲才是眞正有價值。像妳一樣的女人是阿富汗女人的楷模，她們會餓著肚子走好幾哩路，確保孩子們能上學。

我從妳那裡學到，任何一個人，即使是個「可憐的女孩」，只要她有正面與堅強的態度，也可以改變一切。

母親，妳是阿富汗婦女中最最勇敢的一個。我很高興妳沒有在這裡見證下一個來到我們生命中令人恐怖震驚的事——塔利班的時代。

妳的女兒法齊婭

第九章

一個平凡的星期四

✉ 一九九六

我永遠忘不了塔利班來到喀布爾的那一天。那是九月的一個星期四。我那天沒去大學，在家看書。我姊姊莎然（Shahjan）必須去買麵包，而我需要一雙新鞋，所以下午我們一起走到市場。

我戴了一條最喜歡豔麗的頭巾，穿了長袖套衫。我姊姊告訴我一個笑話，所以我咯咯地笑出聲。一個店員微笑對我們說：「女士們，明天起不能穿成那樣來這裡。塔利班快來了，這會是妳們在市場玩樂的最後一天。所以好好享受享受吧。」他笑著說話，綠色的眼睛帶著笑意，眼周的紋路皺起。我想他是在開玩笑，但是他說的話仍然讓我感到生氣。我憤怒地瞪著他，告訴他把這個想法帶到墳墓裡去吧，因爲永遠不會實現。

我只模糊地知道塔利班是什麼人——形成一股政治運動的宗教學生——但是我們仍然不知道他們代表什麼。在我們和俄羅斯人打仗的那幾年，好幾千名阿拉伯人、巴基斯坦人和車臣的鬥士加入了阿富汗聖戰士。他們由其他國家提供資金，例如美國、巴基斯坦和沙烏地阿拉伯，以幫助攻打蘇維埃。每一個國家對於幫助我們都有自己感興趣的利益與政治上的原因。當他們在我們戰爭中的協助開始受到歡迎時，這些外國阿富汗戰士帶來了他們自己基本教義派的回教版本，瓦哈比教派（Wahabism）。那對於阿富汗來說是新的東西。瓦哈比教派源自於沙烏地阿拉伯，形成一種特別保守的遜尼派回教分支。在巴基斯坦與阿富汗邊界的宗教學校，向年輕的阿富汗人推廣這一類型的回教，他們許多人還只是小孩子，而且許多都是脆弱、受過創傷的難民。

但是在當時也有很多訛誤的資訊。喀布爾裡有些人認爲塔利班是天使，而其他人認爲他們是重新僞裝再返回的共產黨人士。但是不管他們究竟是誰，我無法，也不會相信，他們或是任何人打敗了聖戰士。聖戰士打敗了強而有力的紅軍；區區幾個學生怎麼可能打敗像這樣的人？一想到隔天他們就會接管我當時所在的商店，眞覺得荒謬。

在那樣的狀況下，我看不出塔利班和聖戰士有多少差異。小時候，我很害怕聖戰士。現在我是個大學生，很害怕塔利班。在我的看法裡，他們全都只是手上有槍的男人。想打仗不想講道理的男人。我對他們所有人感到噁心與厭倦。

但是那天晚上，我們從ＢＢＣ廣播聽到令人震驚的消息。我們整晚聽著新聞，懷疑我們聽到的內容。ＢＢＣ播報說艾哈邁德・沙阿・馬蘇德的人馬已經從喀布爾撤離，回到他們在潘傑希爾省山谷的據點。我仍然不能接受這就是被打敗的意思。戰略性的撤退並非馬蘇德不慣用的軍事手法。我眞的以爲他在早餐前會回頭作戰，重拾和平與支持政府。大部分在喀布爾的人也都這麼想。

突然間，前門打開了，我當資深警察首長的哥哥莫夏凱一臉驚恐地進門，迅即說出他沒有太多時間。他命他太太收拾包裹。他，像許多資深的政府官員，要到潘傑希爾省加入馬蘇德的陣營。

我對於未來有一肚子無法解答的疑問。我開始和他爭論。他太太哭了出來。他對我們大吼，要我們安靜下來，別讓人聽見。

莫夏凱有兩位太太，一個會留在喀布爾的公寓陪我，而另一個會在當晚由她的家人帶到巴基斯坦，我哥在巴基斯坦的拉合爾市（Lahore）有一棟房子。

一切發生得這麼快，我們簡直不敢相信這是眞的。我哥哥走出門口時，我姊姊在他身後潑了一鍋水。這是文化的一部分：如果水流向那個人，表示他很快就會回來。

莫夏凱走了之後，我們女人圍在收音機旁。最新的報導宣稱拉巴尼總統和他的部會首長也逃跑了。他們搭飛機到潘傑希爾省，從那裡再到拉巴尼的故鄉巴達克珊省。接著新聞報導，被視爲莫斯科的傀儡與共產主義支持者的前總統納吉布拉，被殺了。納吉布拉曾經受到美國政府的保護。但是在聖戰士政府崩潰時，艾哈邁德・沙阿・馬蘇德前去與他會面，提議帶他回到潘傑希爾省山谷。但是納吉布拉同樣不信任聖戰士與塔利班，他害怕前者設了陷阱要殺他。在他的立場，那也許是可以理解的，但是在那個關鍵時刻，不相信馬蘇德卻是他致命的錯誤。馬蘇德撤退後的幾個小時內，納吉布拉就死了。

那天晚上八點，直升機飛過上空。我家人嘲笑我：「即使在打仗，法齊婭還是把頭埋在書裡。」我並不特別喜歡拉巴尼政府，但是它至少是一個政府。至少有某種體制。但是現在，像我哥一樣的官員，離開了他們的職務去逃亡。對於我們的領導人如此輕易地放棄，我感到十分憤怒。

我們那晚幾乎沒睡。當這個國家在我們周遭再一次被破壞時，我們只能聽著收音機。早上六點，我看向窗外，見到人們戴著白色的祈禱小帽。突然之間，所有的人都戴著一樣的帽子。我立刻拉上窗簾，回到我的功課裡。我想要關上這一個新世界，關上這一個我不了解的喀布爾的新化身。

之後開始有傳言。那是星期五祈禱日。開始有消息流傳，說他們毆打人民，逼他們上清眞寺。現在我們明白他們不是共產黨也不是拯救天使。那麼他們是誰？我們在阿富汗的歷史中從未經歷過任何像這樣的事。很明顯，他們是一股奇怪的勢力，不受阿富汗人控制。他們那樣的行爲，也不可能受阿富汗人控制。

我們聽說他們強行將納吉布拉從他受庇護的美國建築物拉出。塔利班猛烈攻擊這棟美國建築，將他拉出來處死。他們將他和他弟弟的屍體吊在圓環路口讓所有人看見。他們被吊在那裡作爲警示的三天裡，屍體慢慢發黃、浮腫。開車經過的人嚇得啞口無言。沒有人敢將屍體取下。

然後他們打劫博物館，毀壞代表我們這塊土地的數千份文物——古老的佛教雕像、昆丹（Kundan）鑲嵌飾品、亞歷山大大帝時代流傳下來的食具、可以追溯到最早的回教國王時期的古物。這些暴徒假眞主之名，毀壞我們的國家。

當他們炸掉巴米揚的佛像（Buddhas of Bamiyan）時，世人注意到了他們的文化暴行。這些古老的石像被視爲世上的奇景之一。回教被引入阿富汗之前，在西元六世紀偉大的藝術贊助者貴霜王朝（Kushans）時期，被建造在偏僻的巴米揚。巨大的石像不只代表阿富汗歷史文化的重要，也是過去我們多元宗教的象徵，更代表著住在巴米揚的哈扎拉族的存在。佛像長久以來吸引了來自世界各地與阿富汗其他地區的旅客，因爲它們，巴米揚發展出了強健的觀光產業。在這個相當貧窮的地區，觀光業爲當地人民帶來不可或缺的生計。

在全世界播放的令人震驚的悲慘電視畫面中，塔利班以火箭推進的手榴彈與重型火力炸毀雕像，直到這些偉大的歷史遺跡倒塌、粉碎。

之後，塔利班開始摧毀我們的思想。他們焚燒學校與大學建築。他們焚燒書本、禁止文學。我才剛開始我喜愛的醫學課程。那個週末，我本該有一項考試，而且我很努力地準備。但是有人告訴我不用去了，因爲我的醫學院已經關閉。女人不再被允許在大學裡讀醫學，更不用說當醫生了。

一時之間，被大家視爲理所當然存在的許多在喀布爾的生活，就這樣沒了。即使是在戰爭中，如拜訪朋友、在市集喝杯茶，或是從收音機聽聽音樂這樣的小小娛樂，到像結婚宴會這樣較大型的活動，也曾經是可以進行的。但是在塔利班的統治下，它們在一夜之間全部消失。在我們的文化裡，如同在世上大多數其他的文化裡，婚禮是一種儀式，讓全家人與朋友圈子結合在一起。傳統的阿富汗婚禮很浩大；從五百到五千人來參加都有可能。經營一家婚禮會館或是飯店是很有賺頭的生意。最好的餐廳可以開出最高的價碼，而且結婚的家庭預付全數兩萬到三萬美元的現金是很常見的。

塔利班掌權的第一個周末，他們禁止所有在公開場所的婚禮。好幾百對新人必須取消他們的大日子。他們不只失去了世上所有小女孩都夢想的結婚日，他們在戰火蹂躪的經濟下掙扎的家庭也損失了金錢。塔利班命令民眾在家裡舉行私下的儀式，沒有賓客，沒有音樂，沒有趣味。在那一天結婚的新人的結婚紀念日，也是塔利班統治的紀念日。那不是他們期待的結婚日，但卻是他們到老死都會記得的日子。

當然，有許多人試圖違反禁令。驕傲的父親拒絕讓這些橫行霸道的人破壞這麼重要的家族日，於是試圖依照計畫進行。有些飯店老闆無視於新的規定，繼續像往常一樣做生意。但是纏著頭巾、帶著槍與鞭子的塔利班，開小卡車巡視城裡；他們聽到結婚宴會的音樂，就襲擊場地。所謂的拯救天使已經成了暴力使者。他們衝進婚禮會館大吼大叫，打爛麥克風、扯壞錄影帶、撕裂照相底片。然後無情地毆打民眾。他們在新娘子面前毆打新郎，在驚嚇不已的賓客眼底，將年老的祖父輩打倒在地。我不斷地聽到這些故事，但是我仍然無法相信是真的。我想我是在抗拒。

隔天，我姊姊照往常一樣穿著罩袍走去市場買蔬菜。她從市場回來時，淚水不住地流。她看見塔利班毆打所有沒穿罩袍只戴頭巾的女人——穿得像我一樣的女人。我聽了十分震驚。

她一邊啜泣一邊告訴我們，她看見一名男子和他太太牽著裝載購物袋的腳踏車走在街上。那個女人甚至沒有穿時髦的牛仔褲或裙子。她穿著傳統服飾，並且以大圍巾罩住頭髮。塔利班從他們身後靠近並且攻擊這名女子時，這對夫婦正在聊天。他們三個人壓制住她，拿電線抽她，用力捶打她的頭，讓她摔到地上。他們動手打這名男子時，他否認她是他太太。爲了拯救自己，他休了自己的妻子。

一個阿富汗的男人可以如此輕易地休掉自己的太太，令人感到可怕。在傳統的阿富汗文化裡，男人必須以性命保護妻子與家人，但是塔利班帶來了這樣的恐懼與邪惡，腐蝕我們國家裡的男人。雖並非全部，但是有一些男人——他們曾經是好人與體貼的丈夫——已經受恐懼與暴民心理的興奮所影響，相信這種扭曲的意識形態。

之後的一周，我哪裡也沒去。電視被禁止。廣播電台已經被塔利班接收用來宣傳。即使是聖戰士偏好的又老又醜又沒化妝的女性播報者也被禁止了。一名受歡迎的年輕男性新聞播報員，在一次報導塔利班指揮官死亡的消息時用錯了字眼，被抽打腳底，然後棄置在運輸貨櫃裡三天，沒食物沒水。他一時緊張，在描述死亡時將「悲痛」誤說成了「高興」。現場播報時，拿鞭子的人就站在身後，他犯這種錯誤是可以理解的。誰會不緊張呢？

我甚至聽不進他們稱爲新聞的宣傳內容。我要可以讓我感覺與外面的世界有關聯的眞正新聞。缺少眞正的新聞讓我感覺形同坐監。不過，當地挨家挨戶相傳的小道消息無法被阻止，而我聽見的每一個故事都比先前的更加恐怖。

喀布爾外的戰爭還在持續。馬蘇德的潘傑希爾省據點與這城市之間的舒馬里平原（Shomali Plain）成了新的戰線。大部分人民仍然期待馬蘇德的軍隊回來。我們無法相信塔利班的存在會成爲永久的事實。我可以和其他年輕女孩見面的唯一地點，是打掃家裡時在公寓的共有陽台上。我從陽台望出去，可以看見其他女孩在其他的公寓大樓裡。年輕、漂亮的女孩被剝奪了呼吸新鮮空氣、沐浴在陽光下的基本權利。這些女孩子只要一聽到塔利班的聲音，就一溜煙地逃跑，盡快跑回屋裡。

我必須和我母親有所連結。我非常非常地想她，但是也爲她感到欣慰，因爲她不必見到這些發生在她國家身上，令人厭惡痛絕的事。

我想探視她的墳墓，但是我沒有辦法讓自己穿上罩袍。我甚至一件也沒有。所以我向我姊姊借來一套阿拉伯式罩袍（Arabic-style niqab）。那就像一件把整張臉都蓋住的大斗篷。於是我想，穿成這樣應該就安全了。街道上什麼人都沒有，氣氛恐懼肅穆，濃得幾乎無法劃開。

很少男人，甚至更少女人敢出門；出門的女人都穿著藍色像羽毛球一樣的罩袍，那是阿富汗女人的新制服。

她們安靜地快步走著，盡快買好東西，然後安全回家。沒有任何人和別人說話。店員不發一語遞過袋子；女人接過袋子頭也沒抬，也沒有眼神接觸。偶爾會有塔利班的小卡車經過。裡面的人面帶威脅，兇惡地怒視，尋找毆打的受害者，卡車上的擴音器大聲播放著宗教訓示。我那時以爲自己已經明瞭恐懼的一切樣貌與型態，但這是新的一種。我因爲一股凜冽的憤怒而感到冰涼、濕冷。我的憤怒。在那之後，我有兩個月再也沒有離開家門。

自從塔利班取得控制之後，我們再也沒有我哥哥莫夏凱的消息。許多聖戰士與政府的官員都像他一樣帶著家人逃走。舒馬里平原與潘傑希爾省山谷——在喀布爾東北方的省分——戰火頻仍，但是仍然完全處於艾哈邁德・沙阿・馬蘇德的控制之下。不過，逃走的不是只有他的手下。前共產黨員、大學教授與醫生也逃跑。他們帶走能帶的——少許衣服、珠寶、食物補給——裝上了車開離城鎮。他們留下原先工作上追求的一切。幾個星期前因爲屋子逃過戰火而爲自己的好運感到慶幸的人們，現在鎖上屋子將它們留在身後，頭也不回地離開。

並非所有的人都安然逃離。我們聽聞了車子被攻擊與打劫的故事。人們僅有的財產被奪走，金子項鍊從女人的頸子上被拉下，耳環從耳垂上被扯下。打劫的人是趁亂搶劫的罪犯。人們靠近前線時——另一端有比較安全的可能——許多人被殺，他們的車子被火箭或是街道上的砲火打中。

我不停地祈禱讓馬蘇德回來。我每天晚上睡覺前都祈求他、用意念促使他將戰線推到城市中央。我想要一覺醒來之後，發現塔利班和他們扭曲的思想都已經消失不見。

終於，我們收到來自我哥的一封信，說他躲在他司機在帕爾旺省（Parwan）的家中，就在喀布爾北方——是一個有河流的美麗地區，豐饒的山谷滿是樹木。夏天時，人們在那裡野餐。傳統的阿富汗野餐是一件令人愉快的事——有水煮蛋、果汁和剛從樹上採摘下來的肥美桑葚。

我哥要他太太和小孩去他那裡。我決定和他們一起動身。即使在那時，儘管有危險，我還是沒有辦法讓我自己穿上罩袍，所以我只好穿上黑色的阿拉伯式罩袍，確保我的臉完全地遮住。我也戴了一副眼鏡加強僞裝自己：即使我的臉罩住了，我還是害怕有人會認出我就是警官的妹妹。

帕爾旺省就在喀布爾旁，直達的路線只要開一小時的車，但是這樣距離聖戰士和塔利班的戰線太近了，不能走。我們不想冒著被火箭砲打中的風險，所以我們先開往南方，從薩羅比（Sarobi）到塔格布（Tagab），再到卡比薩省（Kapisa）的尼吉拉（Nijrab），幾乎是一整天顛簸的路程。這完全是我們要去地方的反方向，但是直達的路線太危險。所以我們只得迂迴地走、然後繞路、往回走，然後前進、再往回一次抵達帕爾旺省。其他逃難的人在田地裡發現了令人困惑又迂迴的小徑，有些去到茫茫不知名之處，有的引人繞更多路。這是一段非常糟的旅程。十二小時的車程中，我非常害怕會碰到地雷、被搶劫或是遇上戰火。我們不敢冒險停下來休息或取水。

又一次地，我駛離自己的夢想。我每一次試圖開啓新的生活，都受到阻撓。經常搬家、經常逃命、神經緊繃地過日子，而剩餘的希望越來越渺茫，這不是人生。

我也駛離了哈密德。我沒有辦法聯絡他，告訴他我要離開。自從我上一次在大學裡看見他走過來和我打招呼後，再也沒見過他。我想起他回到車子裡時，我看著他的後腦，心裡很喜歡風吹起他絲緞般的頭髮，讓髮絲捲起的樣子。我幾乎沒跟他說過幾句話，但是我真的覺得開始喜歡上他了。如今我與家人一起離開，不知道還能不能見到他。

戰爭現在已經正式結束，世界也開始向前進。冷戰結束了，強大的蘇維埃帝國正在解體。阿富汗與俄羅斯的戰爭對於西方世界來說已經沒有關聯。再也不會在國際間的晚間新聞中播報。我們的內戰結束了，如同世人所理解的，塔利班如今是我們的政府。我們已是昨日新聞。其他的悲劇現在占據了新聞頭版。

但是我們的悲劇還沒有結束。就許多方面來說，它才剛開始。而在接下來的幾年之間，這世界遺忘了我們。那是我們最危急、困窘的淒涼歲月。

親愛的蘇赫拉與雪赫薩德：

如果我們阿富汗人在戰爭的那些年裡，是活在黑暗中，那麼即將隨之而來的歲月，會眞正將我們拋到地獄裡最深最漆黑的地方。那是一個由自稱是眞主的信徒與回教的信徒們所創造的人間煉獄。但是這些人完全不能代表那個我和上百萬阿富汗人所信奉、作爲生活依據的回教。我們的回教是一個和平、包容、愛人的信仰，符合所有人類的權利與平等的價值。

我要妳們了解，妳們身爲女性，眞正的回教賦予妳們政治上與社會上的權利。它給予妳們尊嚴，以及受教育、追求夢想與過自己人生的自由。它也要求妳們對所有的人都行爲得體、謙遜與和善。我相信這是一種活在塵世裡眞實的導引，我也很自豪地稱自己是一名回教徒。我已經將妳們教養成虔誠、堅強的回教徒女性。

這些人自稱塔利班。他們回教的型態對我們來說十分怪異，簡直是來自另一個星球。他們對於回教的許多想法來自不同的文化，大部分來自阿拉伯國家。他們帶著槍在卡車上移動，向阿富汗人保證維持街上的安全、重拾秩序並促進強而有力的正義與當地的和諧。一開始，許多人相信他們，但是那份希望很快地轉變成恐懼與厭惡，尤其是爲了阿富汗的婦女與小孩。

妳們很幸運，不是那些日子裡的年輕女性。眞的很幸運。

深愛妳們的母親

〔第十章〕

退居北方

✉一九九六

在帕爾旺省裡，我們和我哥的駕駛一起住。這個人和他的家人並不富有，但是他們讓我們住在緊鄰住家的小屋。他們拒絕讓我們做飯，爲我們準備所有的食物。我哥和他家人還有我被當成貴賓一樣款待，並非不受歡迎的負擔。

喀布爾的情況繼續惡化，我姊姊和她丈夫也前來投靠我們，他曾是警官，面對塔利班有風險。我們決定這對夫婦要繼續往前到更北方的普里昆穆利（Puli Khumri）找一間房子，然後我們全部會去與他們會合。帕爾旺省現在雖然安全，但是離喀布爾不夠遠，維持不了多久。對我來說，重要的是，在北方，沒有人強迫你穿罩袍。這個理由對我而言已經足夠。

我姊姊和她丈夫已經到達普里昆穆利，在大約兩百五十公里遠的地方。他們已經到那裡快一個星期了，但是還沒有辦法爲我們安排房子。塔利班在帕爾旺省外，開始取得進展，離我們現在待的地方越來越近。莫夏凱將我搖醒時，我正熟睡。他大叫著說我們必須現在上車。聖戰士已經封閉沙蘭山隘（Salang Pass）。那是世上第二高的通道，這個隘道是由俄羅斯人從山的中間炸開了一條五公里長的隧道建造而成，是工程上不可思議的一項功績。它是一條單車道的山隘，只在乾季通行。它也是通往北阿富汗的門戶。

聖戰士擔心數以千計的民眾現在會試圖逃往北方，因而帶來更多危險與隨之而來的塔利班。所以他們下令封閉隘道，很殘忍，但卻是戰略考量的軍事措施。這項措施困住了兩方的所有人。也代表我們無法與在普里昆穆利的其他人會合。

我哥從北方聯盟的指揮官那兒弄來了一份文件，允許我們連同兩輛車通行，一輛載著我們，另一輛載我們的護衛隊。隊伍中一位女性既沒有阿拉伯式罩袍也沒有一般的罩袍，所以我將我的阿拉伯式罩袍給了她。我只能在頭上戴上一條豔紅色圍巾。現在戰火十分接近，如果塔利班追上並且抓到我們，我會被打得很慘。

護衛隊的車子也是紅的，是一輛豐田Hilux小卡車。這種反諷讓我笑了出來；我很想知道我們讓自己看起來有多顯眼，尤其是我。我們將車開出房子走上主要街道。每一個地方的民眾都在努力逃難。一輛大巴士朝我們開來，車上擠滿了滿臉驚嚇的人們，三、四個人攀在車窗外，車頂上還有更多的人。他們看起來像擠滿蜂巢的蜜蜂。

我們離開村子開往主要道路，然後進入了一列車隊。好幾千名民眾試圖逃離正在侵入的塔利班。他們的車子塞滿了衣服、廚房配備、毯子和動物。所有他們擁有的東西。也有人掛在車子的側邊，以及任何他們能夠容身的地方。

我看見一個男人掛在一輛計程車的門上。他的樣子是烏茲別克人，有圓臉和杏眼。看起來像是聖戰士。血從他腿上流下，他往下一跳，明顯是因爲再也抓不住計程車的門。他拿槍走到我們的車子，揮揮槍桿要我們停下來，但是駕駛不理會他。接著他朝輪胎射了一槍。輪胎爆掉時，車子快速旋轉，幾乎撞上那個人。我坐在前座，非常害怕他會走過來將我拉出車外，但是我們的司機穩住緊張的情緒繼續開車。那個人走到後面那些車子拚命地開槍。我不敢回頭看他是否殺了某個可憐的家人。

大家都不知道他們要去哪裡。他們只是想出去。那是冬天的開始，我們朝著沙蘭山隘駛近山裡，寒風刺骨。海拔高度使呼吸困難，即使是車裡的冷空氣也讓手指和腳趾凍僵。隘道已經封閉，那些沒有許可文件的家庭必須留在嚴寒的山上，或是開車返家進入塔利班的前線。即使有文件，也要好幾個小時才能通過。指揮官不想讓難民逃難的樣子驚動他們在山隘另一端的戰士，因爲難民會告訴他們打輸了，所以他們只讓一些車輛通行，讓情況看起來盡量正常。

我嫂嫂在排隊的車輛中看見她表親，她是一個剛結婚的女孩，和在車上的丈夫有一個六周大的寶寶。他們看起來十分驚恐；他們沒有許可文件。天寒地凍的，小寶寶一定會死掉。所以我們同意將我們的護衛車壓後，讓他們取代護衛車的位置。我們擁有的一切都在護衛車裡：包包、錢、珠寶。有人向我們保證，晚一點就可以通行。

一旦安全通過沙蘭山隘，我們必須走一條不是在山上，而是環繞山區的路。我們的車小心翼翼地沿著路邊走。通常我對這樣的高度和容易損壞的道路非常害怕，但是那一天我因爲塔利班並未抓到我們而感到放鬆。

我嫂嫂成功地爲我們安排了一個地方停留。那裡只有幾間房間，但是已經住了六十個人。

他們是我哥的手下，現在無處可去的前任警察。那就是我們在阿富汗會有這麼多非法持械團體的原因。當體制崩潰的時候，他們別無選擇，只能投靠曾經是他們長官或是首長的人，然後形成一個民兵部隊。不過，我哥不想被那麼多人圍在身邊，所以他要求他們回去家人身邊。

午夜時分，有人說載著我們所有家當的護衛車已經被允許通行，而且到了。包包一被送進來，我立刻抓起。我想我早知道我們的珠寶已不翼而飛。那些應該看守我們安全的人，拿了很多東西去。這些人屬於另一個當地指揮官，他們護送我們是幫我哥一個忙，所以我們無能為力。我嫂嫂一遍又一遍地檢查她的行李，一邊啜泣一邊急躁地搜尋所有的口袋找她的珠寶。我認為她歇斯底里。不過接著她抽出手帕大聲擤鼻涕。我笑了出來，她也跟著我笑。除了笑我們還能做什麼呢？那條手帕差不多就是她僅剩的了。但是至少我們又安全了。就目前來說。

又一次地，國土的創傷逼迫我的生命加劇脫離我的掌控。我成為一名醫生的夢已經粉碎。塔利班現在禁止所有的女性念書或上大學。所以即使喀布爾對我們來說夠安全可以回去——現在明顯並非如此——我也沒有任何希望可以回去讀書。我反而在普里昆穆利過起日子，煮飯、清掃、在園子裡喝印度茶（chai）。那是我母親和姊姊們曾忍受過的無聊苦悶日子，是我一直努力奮鬥逃離的日子。我非常沮喪。白日進入薄暮、進入無眠的夜晚與不情願醒來的早晨，我會緊閉雙眼將太陽與另一個新鮮的日子帶有嘲諷意味的光亮黎明，都關在視線之外。

那時有很多男學生、教師和教授逃出國，大學的存在幾乎沒有意義。塔利班的統治將阿富汗從戰火蹂躪的城市，轉換成為死城。我真的說不出何者比較糟。

人民因為輕微的小錯，動輒被逮捕、毆打。塔利班一家一家上門要人民交出武器。他們拒絕相信不是所有在喀布爾的人都有武器，不肯接受否定的回答。如果有人拒絕交出槍枝或是根本一把槍也沒有，他就會被逮捕關進監牢。有些家庭必須出門買槍交給塔利班，好釋放被逮捕的人。

民眾會被帶去的最糟的地方就是善惡部（Department of Vice and Virtue）。僅僅提到這個名字就可以讓最勇敢的人嚇破膽。漂亮的白色灰泥別墅坐落在叫做雪爾諾（Share Naw）的地區——新城（New Town）。裡面有種滿肥美葡萄與芳香薔薇的花園。被控訴了違反宗教的罪名，或是犯了道德罪刑的民眾被帶到這裡審判。鬍子長得不夠長的男子，以及被抓到沒有穿罩袍的女人都被帶到這兒，在屋子裡面以電線抽打腳底板，而外面的塔利班警衛則在薔薇花下啜茶說笑。在這裡，遭控不道德罪名的驚恐婦女，由南方阿富汗保守鄉村裡蓄鬍的回教教士爲她們的「罪名」審判。喀布爾和那些村子一直以來都是在文化與社會上分隔的世界。幾個月前得意地穿著最新流行服飾、帶著書本上大學的婦女，如今由不能讀寫的無知男人審判。

奧林匹克運動場，一座曾經在板球和足球賽爲英勇表現歡聲雷動的大型圓頂建築，已成爲新運動——公開處決——的場地。通姦者與小偷被處以石刑，或是在鼓動的人群前面被割下雙手。在令人聯想起羅馬競技場的可怕場景中，囚犯由卡車載到競技場中央，拖出來走動以娛樂人群。接著他們被爆頭或是被活埋至腰際，然後被亂石砸死。對於那些審判他們的人，或是那些丟出第一顆石頭的殘暴之人而言，偷竊者可能是爲了養挨餓的小孩而偷了那條麵包，或是通姦者其實是被強姦，都不重要。

所有這些都以眞主名義而爲。但是我不相信這些是眞主的作爲。我相信眞主也會轉頭哭泣。

好幾千名塔利班的支持者湧進了喀布爾。極端保守的家庭從南部搬到喀布爾，從那些尋求逃跑的人手中以盪到谷底的價格買下房子。瓦茲阿卡巴爾汗（Wazir Akbar Khan）曾經是喀布爾裡最時髦最受歡迎的地區之一，擁有建築師設計的現代房屋、美麗的花園與游泳池。現在已成爲人稱的「賓客街」（street of the guests）。與塔利班領導階層有關係的阿拉伯與巴基斯坦戰士會被贈與那裡的房子。如果房子是空的，他們就會直接搬進去占有；如果是有住人的，他們就會拿槍強迫人家搬出，讓「賓客」搬入。

有些家庭至今仍未取回他們在戰時失去的房產。當塔利班在二〇〇一年被美國和北方聯盟的武力擊敗時，很多曾經在歐洲和美國當過難民的人，返回阿富汗重新取回房產。但是既沒有文件，又在戰後的混亂與政府蔓延的腐敗中，這簡直是不可能的任務。我發現很多人請求我協助追溯房產的所有權。有少數人成功。過去一、二十年間的建築潮不幸毀掉了——通常是非法的——好幾百間美麗、優雅、擁有果樹與葡萄藤的別墅。它們被所謂的「罌粟宮殿」（Poppy Palaces）取代。那是醜陋的巴基斯坦與伊朗風建築，有華麗俗氣的裝飾、霧面玻璃和火紅的磁磚——與阿富汗文化沒什麼關係的建築，但卻要大大歸功於衝突後的利益，因爲資金總是來自貪腐或海洛因交易的過程。

在今日，不同類型的賓客已經占有了瓦茲阿卡巴爾汗地區。這些房子已經逃過了戰爭與開發者，它們通過時間的考驗，看起來就像當年被建造時一樣的優美。如今由國外援助人員或是來自ＢＢＣ、ＣＮＮ、France24等全球傳播網的國際記者所居住。從鄰近地區大片區域被設置路障封鎖，可以看出居民對於在經常有自殺性炸彈的首都居住與工作，所感到的不安。在一個稱爲「綠區」（green zone）的地方，街道設有水泥路樁與檢查哨，是爲了擋住自殺炸彈客。那些沒有身分證明或沒有正確通行證的人被禁止進入或開車通過，這項措施帶來了交通混亂，而且經常在許多喀布爾居民中引起挫折感，以及對於這些新客人的怒意。

英國大使館最近占據了一整條街的房子，拿來當作圍牆，在道路兩端封住入口。曾經有小孩在街上玩球的喧鬧、富有的街坊地區，如今成了大部分喀布爾人禁止進入的要塞，除了那些必須到那裡上班的人才可以通行。

在普里昆穆利，我們的日子過得很漫長。我時時刻刻都希望回去喀布爾。戰線與塔利班或馬蘇德的人馬控制的地區不停轉變。但是明顯令人難過的是，塔利班慢慢取得優勢，而馬蘇德則節節敗退。

我不知道哈密德是不是還住在喀布爾，或是他和家人也已經逃跑。我常常想起他，但是我也知道我哥哥們仍然很反對我們的婚事。有一天，我坐在院子裡享受溫暖我臉頰的陽光，看著雪降在遠方的山上。我盼望回城市，正想著喀布爾的天氣會是如何，而哈密德的姊姊、她的小孩和一位叔父，來到了我們家門口。

原來是哈密德去過我們的屋子，發現窗簾都拉上，而且沒人在裡面。他四處打聽，才知道我們已經走了。然後他想到，也許這樣對我們有利。如果我在聖戰士控制的地方，周圍都是民兵與指揮官，這樣一來，被強姦的風險更高。哈密德明白我哥應該已經做了很多安排，讓他兩個太太安全，也不用擔心我的名譽。這樣可能最後會讓他比較願意接受我們的婚事。

所以，他的姊姊來到我們家提親。她和她叔父，還有她三歲和四歲的小孩，一路從喀布爾前來，再次要求莫夏凱讓我下嫁。沿路旅途很危險。除了有戰火，他們還因為一次山崩險些擊中他們的車輛並且堵住了前面的道路，而被困住；在天寒地凍中待了一個晚上。他們可能會被殺，我對於哈密德因為我而向他們提出要求感到相當生氣。雖然如此，對於他重新下定決心要達成我們的婚禮，我私下裡感到很高興。

在哈密德的想法裡，我哥已經不再像他在喀布爾那麼有權力。他已經筋疲力竭而且處於壓力之下。但是他仍然不太願意讓步。在我們的文化裡，如果你要對某人的提親禮貌地拒絕，你並不是眞的說不要，而是給那個人一串做不到的要求清單。我哥知道哈密德的家人冒了生命危險前來提親，所以他無法一點希望也不給，無禮地拒絕。但是他還是不想讓這門親事談成。所以我們吃完了晚餐之後，他平靜地告訴他們這樁婚事要能成功的話，他們必須要買下一棟房子（在我的名下），而且必須給很多金子與珠寶，還有兩萬美元的現金。

那是很大筆的錢，尤其是在戰爭中，而且尤其是對這個家庭來說。他們雖然並非一貧如洗，卻也不富有。當然，我不被允許參與談判。哈密德的姊姊和我在隔壁房間，我們隔牆拉長了耳朵，努力跟上談話內容。我聽見我哥的條件時，嚇得倒抽了一口氣。但是令人驚訝地，哈密德的叔父同意了。他聽起來有些震驚，並不是很高興，不過他將自己克制得很好，沒有顯露出慌張。他心裡一定氣炸了，但是他將纏頭巾從頭上取下，放在我哥的面前，表示感謝他接受這段關係。

哈密德的姊姊召集她的小孩，帶著溫暖的微笑與我擁抱道別，然後她自頭上罩下她的罩袍。那些男子在離開前纏上頭巾。塔利班將纏頭巾與蓄鬍變成所有男子必須做的事。

幾天之後，我哥被要求到潘傑希爾省山谷，協助策劃一場由政府領導的對於喀布爾的新攻擊。他走後，沙蘭山隘再次被封鎖，他被困在山隘的另一邊。我們有四十天都沒有他的消息。緊張情勢令人難以承受。我們不知道如果他被殺了，我們該怎麼辦。

終於，我們收到消息，說他一直在巴達克珊省。指揮官命他暫時回到那裡，為聖戰士創立一個據點，並且協助組織一條新的防衛線。塔利班逐漸逼近，指揮官們害怕他們會取得更多中部與北部的省分。最後，他終於安全返回。

春天的嫩綠新芽穿透積雪冒出，而我又開始感到意志消沉。春天對我來說，代表一個新的學期，我迫切地想要回大學讀書。

有一天，我嫂嫂要我為家裡的晚餐買點東西。我因為某種原因，一直想像我在市集各個地方都見到了哈密德的臉。每一次離開店家或在轉角轉身，都以為看見了他。然後他就消失。我開始以為自己可能發瘋了。我回到家時，有一位訪客。他是個十來歲的男孩，是我們的遠親，與哈密德有姻親關係。我再次感到沮喪，於是禮貌地告退回到我的房間。那男孩跟上前來說再見。他道別時，將一小張紙條塞到我手裡。

我關上房門，打開紙條。那是一封信。我的眼睛掃視信紙最底端，看來信人是誰，但是我心裡早已經知道。是哈密德。他在普里昆穆利這裡。我在市集裡並沒有發瘋。我真的見到哈密德。他偷偷地跟著我。這封信告訴我他在這裡，而且他隔天會來和我哥談我們的婚事。這一次，他要確保婚事會談成。

我那一晚幾乎沒睡。第二天，如同他在信裡保證的，哈密德來到我們家裡要求見我哥。當哈密德拿出兩萬美金的現款，以及證明購買房屋的文件時，莫夏凱很驚訝，而且可能有點嚇一跳。雖然如此，莫夏凱仍然不打算讓我嫁給哈密德。即使在那個時候，他仍然無法讓自己說出哈密德一直在等待的直截了當的最後許可。

他們家雖然不富有，但是在巴達克珊省擁有土地，於是賣了一些換錢。他們並不是什麼都沒有，不過我哥在喀布爾擁有四間房子，在拉合爾市擁有一間，當然眼光不同。

再一次地，談判是屬於男人間的事，我們女人坐在另一間房間裡。那對我來說，是種很奇怪的感覺，安靜地坐著、伸長了耳朵傾聽我的未來像一樁商業交易那樣被爭論。在某些方面，它讓我想起我的童年，我躡手躡腳地到我父親賓客房裡偷聽裡面的談話。我傾聽時，心裡摻雜了驕傲、好奇與無能爲力的感覺，五味雜陳。

我聽見他們有那一筆錢時，無意中發出一聲驚呼。我在普里昆穆利的生活很沒有意思。沒有大學，沒有刺激，無事可做。我不知道婚姻會是什麼樣子，但是我想一定會比現在這樣不無聊。

阿富汗的訂婚是很有約束力的，而且像婚約一樣嚴肅。只有在特別情況下才能毀婚。我突然想起這件事的重大。我開始考慮我哥給我的所有警告。他的聲音一直在我腦海裡重複著：「法齊婭將，不要嫁給這個窮小子。妳可以嫁給妳要的任何人。妳沒有辦法靠他每個月的薪水過活。嫁個有錢人，有權力的人。」

我必須承認，我開始三心二意。很難想像在自己的國家已成斷壁殘垣的時候，做個新嫁娘的生活。安全地活著比沉浸在夢想中還重要。我不知道將會發生什麼事，塔利班還會在這裡多久，戰爭會不會結束，我們要住在哪裡，我是不是能再讀書或是去工作。

我姊姊見到我臉色慘白。她看著我，堅定地說：「法齊婭，妳必須決定。現在。就是現在。如果妳不要事情繼續進行下去，這是妳可以說不的最後機會。妳了解嗎？」

幾天前，莫夏凱最後一次試圖勸我不要嫁給哈密德。他承諾我可以到巴基斯坦，和他第二位太太住在拉合爾市的房子裡。他說我可以報名巴基斯坦的大學。在不受戰火蹂躪的國家中再次讀醫學，對我來說很棒。但是，雖然我不太了解哈密德，從我們見過的幾次面裡，我相信我們的婚姻會成功。我知道他是一個不尋常的阿富汗男子，會平等地對待我，並且眞誠地支持我對工作的想望。他不富有，未來也充滿不確定，但是他對我來說仍然是正確的選擇。因爲他是我的選擇。

如同我家裡往昔的慣例，這件事需要一位女士採取決定性的行動。我姊姊瑪莉昂告訴我要做決定的時候，我點頭表示默許。然後她敲門進入男人們的房間要求和我哥談話。在房間外，她勇敢而堅定地告訴他停止挑戰那些可憐的人。他們依約帶了錢來。該是他做下決定的時候。接受，或是拒絕。他噘起雙唇，骨碌碌轉動著眼珠，戲劇化地大嘆一口氣，然後同意了她的說法，雖然他並不情願。

我姊姊準備了一碗糖果，在碗裡放了一些鮮花和一條手帕。手帕上擺放了一朵紅花。我仍然保存著那條手帕。碗裡的物品表示我家裡終於接受提親。那只碗，依照禮儀，被送進哈密德所在的房間。我眞希望我可以看到他見到那只碗，知道他的夢想終於成眞時，臉上的喜悅。分享糖果是阿富汗讓訂婚成爲正式的傳統做法。新郎的家人在那之後會將錢放在碗裡負擔婚禮費用。哈密德拿起一顆糖，小心翼翼地拆開包裝紙，吃下，然後將另外五千美元放在碗裡。他也準備了這一筆錢。

第二天，他們回來吃午餐。我一大早就在廚房裡。我洗米、削小黃瓜皮的時候，想到我在做飯時放進了多少的愛心而微笑。爲心愛的人準備食物時擁有的單純快樂，是所有女人在某個時候都會感覺到的事。那一定是自古以來就存在我們身上的事，是與生俱來的。我想起了我母親爲我父親做飯時，總是爲了他而要求一切完美。我如今也做了同樣的事。我剁菜的時候，確保菜剁成可愛的小方形，讓他吃的時候會感到高興。

我仍然不被允許見到我未來的丈夫。我唯一見到他的面，是當他與他家人離去的時候。我在窗邊，躲在窗簾後方，在他走向大門的時候偷偷看了他一眼。我想他應該知道我會偷看他，因爲他停下腳步假裝搔頭。我想他是想偷偷轉身看我一眼，但是他明白這樣太冒險了，因爲我哥可能會發現。

哈密德走向他的車子時，我心裡十分激動。自從他第一次求婚到現在已經將近四年了。他從來沒有放棄娶我的請求。我那時二十一歲，終於要成爲一個新娘。

親愛的蘇赫拉與雪赫薩德：

這麼多次，我和我們家裡其他成員得以存活，都是因爲其他人的善良。人們冒著他們的生命危險幫助我們，提供我們避難的地方躲過危險。而且不只是我們。在全國，平凡的男男女女都爲有需要的人敞開家門。小女孩們急急忙忙在黑暗中尋求掩護，跑到地下室的祕密女子學校時，鄰居們睜一隻眼、閉一隻眼。這些學校是由勇敢的阿富汗婦女所經營，儘管她們自身有危險，她們仍然不願意讓塔利班毀掉整個世代的女子的教育。

在那些日子裡，我們有許多因爲戰爭而成了寡婦的人。成千上萬失去了丈夫與父親的婦女，如今挑起家庭生計，負起確保塡飽小孩肚子的責任。但是塔利班卻拒絕給予女人工作的權利。所以這些女人，這些曾經失去了如此之多的女人，被迫乞食，被迫依賴陌生人的善心。許多人無法存活，許多寡婦的孩子因爲疾病與挨餓而死去。不過，有些人活了下來。因爲在街上見到他們乞食的人於心不忍而停步，即使他們自己擁有的不多，他們仍然盡可能獻出僅有的。這就是回教的眞正意義。救濟窮困是回教主要的信條之一，而《可蘭經》指導我們不只在像開齋節（Eid Festival）開啓時的那般盛大慶典上要這麼做，就是在平日的生活裡也要做到。

我知道妳們有的時候因爲門外經常有人排隊而感到沮喪。這些是要和我說話或需要我協助的人。每天從清晨到黃昏，我們家外面都會有一小排的隊伍。有的時候，在我們吃早餐之前，就有十幾個人在等了。我知道妳們感到不安，因爲這些陌生人從來不預約時間，在妳們也需要母親的時間與注意時，他們用去我許多的時間。尤其是在早上，當我爲了國會裡的事情而出門之前，幫妳們整理書包，享受和妳們在一起的短暫片刻時。但是女孩們，儘管它令人很沮喪，也請試著了解我無法對這些人別過身去。

這是我要妳們學的一課。永遠不要在自家門口拒絕任何人，因爲妳們永遠不知道自己何時會需要他人的憐憫與慈悲。

深愛妳們的母親

〔第十一章〕

白旗滿天飛

✉一九九七

自從塔利班最初成功攫取喀布爾之後，就逐漸在阿富汗北方獲得進展。聖戰士雖然試圖阻止他們，但是曾經全面受聖戰士政府控制的地區，開始零零星星輸給了塔利班。在政府控制地區的中間地帶，村子裡會突然插上塔利班的白旗。

他們在當地人士中擁有支持者或是種族關係的任何地方，都會出現旗子。在原先屬於政府據點的地方——馬薩爾（Mazar）、巴格蘭（Baghlan）、昆都士（Kunduz）——這些白色旗幟不斷出現。隨著塔利班在北方取得權力，他們也大肆毀壞文化。他們禁止女人穿白色褲子或甚至白色襪子。他們將身穿白色視爲輕蔑他們的旗幟。但是在許多北方省分，普遍的罩袍顏色就是白色。只有在南方以及喀布爾，罩袍才是藍的。大部分穿罩袍的北方婦女所擁有的是白色罩袍，但是塔利班仍然爲此毆打她們。她們因爲沒有穿罩袍被打，然後又因爲穿錯罩袍的顏色再被毒打。眞是荒唐。

那時，塔利班在國內迅速推進。他們完全控制了巴格蘭和昆都士。塔哈爾（Takhar）與巴達克珊省是他們唯一無法取得立足之處的兩個省分。他們一拿下某個省分，就立刻關閉學校、逮捕人民。這是野蠻行徑。他們折磨人民，沒有任何司法審判。似乎他們到達一個地方就立刻創立規矩。北方普遍擁有比南方更開放的民風，現在那裡呈現出集體震驚的狀態。

另一方面，有些北方聯盟指揮官（原本是聖戰士）開始與塔利班達成協定，以保護他們自己。他們從來不曾意見一致，因爲塔利班在思維與想法方面比聖戰士在任何時候還要更加基本教義派。此外，塔利班的資源來自海外。他們並不是眞的需要內部聯盟。甚至有些前共產黨員也試圖與塔利班聯盟。不過，塔利班通常都只是利用人，之後不是背叛就是暗殺他們。在塔利班眼中，只有你是或者你不是他們的一分子這兩種分野。

當時，我們原先緊密連結的家庭，已經分成小部分，分散在國內。我姊姊們大部分仍然住在巴達克珊省，因爲嫁給當地村民的關係。我非常想念她們。莫夏凱自從穆沁死了之後，就不再像原來的他。他決定再也不願忍受阿富汗了。他計畫到巴基斯坦接他第二位太太，然後從那裡去歐洲。

在他動身進行計畫之前，馬蘇德與拉巴尼的人傳話給他，說他必須到塔哈爾省協助建立那裡的武力，以對抗塔利班。所以我們跟著他去那裡，然後又開始另一段在另一間租賃房屋中的短暫生活。幾個星期之後，馬蘇德自己從塔哈爾省到潘傑希爾省組織軍隊，於是我哥取得機會，請求允許讓他帶家人經過喀布爾，安全通行到巴基斯坦。馬蘇德同意了。

莫夏凱脫下制服換上尋常百姓衣裝，我們女人則倉促將物品盡量丟進行李。然後，我們搭了一輛計程車駛向喀布爾。我們來到從前居住的普里昆穆利，因爲時間已經很晚，我們決定和莫夏凱的朋友在那待一夜。到了早上，這一家人決定和我們一起去喀布爾。

除了我，所有的女人都穿著一般罩袍。我仍然穿黑色阿拉伯式的罩袍，像一般罩袍那樣蓋住我的臉。女人們很早起，爲旅途準備水煮蛋和馬鈴薯。路程並不遠，但是因爲戰爭，我們不知道要走多久。

我們在黎明前出發。太陽升起時，我們聽見交戰的聲音。我們開車穿越前線。主要道路因爲有重型火力所以不安全，於是我們走小路。破曉時，我們看見前方有一條橋連接兩邊的村子，戰火聲似乎更加接近。當我們快到橋頭時，迫擊砲擊中了橋，將它炸成金屬與木頭的小碎片。

我們別無選擇，只好下車步行。我嫂嫂剛生下一個寶寶。她帶著剛出生的嬰兒，沒有預料到會步行，所以選擇穿一雙高跟鞋上路。也許不是很明智。我們一天內大部分時間都得走路。不是走筆直的路徑。我們必須攀爬山岩、穿過種有薔薇與桑葚樹的花園、然後走一條沿著河邊的道路。大馬路因爲兩側都有重型火力砲擊，太危險了不能走。否則我們會成爲標靶。有時很多火箭砲從頭上呼嘯而過，我們必須停下來在叢林裡找掩護。偶爾會有計程車載我們走一段路——不是眞正的計程車，而是開價載客的一般民眾。他們因爲需要錢用，所以冒生命危險。

有一輛車載我們到塔利班和馬蘇德的人馬廝殺的前線。這是一條在舒馬里平原上穿越加布薩拉（Jabul Saraj）區的馬路。我們已經靠近喀布爾市郊。這條路通常很繁忙，但是現在沒有計程車敢開在上面。我們加入了也在趕路的人群。我對於這個反諷感到好笑：這些是塔利班拿下喀布爾當天，我們見到逃離城市的同一批人。現在，曾經較平靜的城鎮成了戰爭的現場，而喀布爾又再次成爲比較安全的選擇。飢餓的野狗在平原上對人們吠叫。我走上草地時，差點踩到一條蛇，牠就和火箭砲一樣嚇人。

我嫂嫂開始哭了起來。她穿高跟鞋費力抱著沉重的男寶寶伊爾沙（Irshad）。我穿平底涼鞋，所以提議和她換鞋。不知道爲什麼，我穿高跟鞋總是走得很好，即使是在戰場裡。我喜歡打趣說那是我獨特的天賦之一。

我們停下來換鞋的時候，更多的火箭砲逼近我們，於是我們又躲起來。我坐在一棵樹下休息幾分鐘。我們找到一些蘋果，飢腸轆轆地囫圇吃下肚，突然間我的樹開始搖晃。然後我聽到一陣呼嘯聲。一枚火箭砲正落在我上方。它在離我幾呎遠的地方，將樹木和所有樹葉全炸掉。

事情發生得太快。一秒鐘前我還坐在樹下，下一秒我發現樹已經不在了。我在生命中又一次僥倖躲過死神。

我們繼續趕路，經過了女人和小孩的屍體，火箭砲打中時，他們沒有那麼幸運。我哥見到那些屍體，大叫著要我們繼續前進。走了兩個多小時之後，我們來到薩亞得河（Sayad River）邊一個曾經很受歡迎的野餐地點。是個恬靜宜人的地方，有激湍流水，也有涓細的瀑布。

我們累壞了。高跟鞋開始磨腳。有一家人看見我們，從屋子裡走了出來；他們揮手要我們進屋，提供我們茶、麵包和桑葚。他們甚至給我一雙涼鞋穿。我永遠不會忘記這些來自陌生人的細微善意之舉。

恢復體力之後，我們向這家人道謝，然後再一次前進。如今我們必須穿越這條河流，而唯一的方法就是走一條搖搖晃晃的手造人行橋，粗糙地以鐵絲和繩子將木板綁在一起。有些木板之間有很大的縫隙，整個橋看起來像隨時都會崩壞。我哥的一名保鑣在口袋裡帶著我們所有人的護照與文件。他站在橋邊幫助我們一個個過橋。

他抓住我的手鼓勵我踏上第一塊木板。當時已經是傍晚，風很強，光是要站穩都很困難。我抓著那名男子的手成功地通過。我嫂嫂也是，她還抱著寶寶。不過她一下橋，就掉了一隻我給她的涼鞋。她又哭了起來。很大聲。終於，保鑣自己開始過橋。但是沒有人扶他的手。我看著他走到橋中間，他腳下的一塊木板一滑動，他就掉了下去。

我們驚恐地看著，我腦子閃過一個讓人害怕的想法：如果他淹死了，我們所有的護照都會和他一起溺水。但是這個可憐的人突然將一隻手伸到水面上。他將我們的護照舉在空中。他不知用什麼方法，成功地到了岸上，我哥將他拉起來。他讓護照完全保持乾燥。我們全都捧腹大笑，那名保鑣也是。我哥擁抱他，並且謝謝他。

這名保鑣一直都是我哥最喜歡的其中一位。他非常忠心。令人遺憾的是，我哥離開這個國家之後，他加入了塔利班。他沒有薪水，別無選擇。數以千計的阿富汗男人因爲相同的理由，加入了塔利班。他們可能不認同意識形態，但是如果塔利班是唯一願意付薪水的人，而他們必須餵飽家人，他們就加入。

又走了三十分鐘之後，我們來到塔利班控制的地區，發現了另一輛計程車。我倒在後座睡著了。醒來的時候，天已經黑了，車子正開過我喜愛的喀布爾街道。莫夏凱要司機載我們到馬可羅利安區的公寓。他的姻親在我們離開時一直在那照料房子。公寓溫暖又熟悉。我難以形容洗熱水澡和吃頓像樣的一餐的那種感覺。花了一天穿高跟鞋躲避火箭砲和子彈之後，即使最簡單的食物都特別好吃。

親愛的蘇赫拉與雪赫薩德：

我愛我們母女之間擁有的親密。

聽著妳們聊天的內容，讓我想到我的世代與妳們的世代有多麼不同。妳們談論在電視上看到的野生動物紀錄片，並且秀給我看妳們從最喜歡的印度片學到的寶萊塢（Bollywood）舞蹈。妳們告訴我關於電腦以及妳們在網路上學到的事情。妳們以我從來沒有過的方式，擁有進入更廣大世界的門路。

我愛妳們告訴我關於妳們朋友的故事，即使是悲傷的事。例如蘇赫拉那位和她父親與繼母一起住的朋友。那位繼母對這個小女生很不好，蘇赫拉爲她朋友感到十分難過，甚至流下淚來。

我愛妳們讓我分享妳們的故事。我從來無法告訴任何人關於我的故事，因爲沒有人感興趣。我的哥哥們對於聽我的事、我的夢想還有每天發生的那些瑣碎小事沒興趣。也許他們唯一聽到關於我學校裡的事，是在我拿成績單回來，說我在班上考了前一、二名的時候。然後他們會顯露出爲這個妹妹感到的驕傲。

每當我在學校裡的朋友談到她們的生日禮物，或是邀請我參加她們的宴會時，我會感到痛苦。我總是希望我也可以慶祝我的生日，然後告訴我朋友；有時候我很想對我同學撒謊，假裝我有一場有音樂與舞蹈的大型派對。但是我害怕我同學會要我邀請她們參加，而我無法做到，因爲那是永遠不會發生的事。慶祝女孩的生日不是我們家裡會發生的事。

那是我要爲妳們改變的一件事。當妳們有人生日的時候，我們會花上好幾個星期計畫妳們的派對。妳們有氣球和蛋糕。妳們甚至有特權可以派家裡的車去接妳們的朋友。我喜歡能爲妳們做這些，因爲我要妳們喜愛慶祝。我要妳們慶祝大事，也慶祝小事。

妳們要知道：不管我們的狀況如何，生命中總有值得慶祝的事。

深愛妳們的母親

〔第十二章〕

塔利班婚禮

✉一九九七

每個女孩子都渴望自己的婚禮，我也不例外。

我總是認爲人生就是一連串重要的時刻。那些時刻決定了我們每個人的人生。而且我們珍惜生命中最美好的時刻，不管是一場快樂的宴會、雨後的鮮草香、河邊的野餐，和深愛的人一同說笑的傍晚、珍愛孩子的誕生，或是大學的畢業典禮。

新娘子選擇結婚禮服的那一天應該也是其中之一。但是當我穿上外套去市場的那個早上，我覺得自己像是一個活死人。

由於我是最小的女兒，我姊姊們和我母親總是非常喜歡談論我的婚禮最終會是什麼樣子。那些日子裡，她們老是咯咯笑地閒聊著關於我婚禮的一切，從我可能穿什麼衣服、我的髮型、到我們上的菜。在那些戰前歲月中，我們是比較富裕的家庭，所以我們總是設想會有一場浩大的婚禮，人們會從老遠的地方來看我結婚。我還小的時候，一直都不喜歡這一點，但是現在我終於要結婚了，我非常想要那個夢想的日子。我想要再一次聽見我母親談論她的計畫，勝過一切。失去她仍然是沉滯又持續的痛。

我也從來沒有想像過我生命中最重要的一天，會在塔利班的統治下進行。因為他們的規定，婚禮不會有音樂、不會有影片，也不會有人跳舞。所有的餐廳與婚禮會館都關閉了，歡樂的儀式也被禁止。我想，任何女人——不管她住在世界上哪個地方——都想要一場完美的婚禮。我知道這聽起來又傻又女孩子氣，但是婚禮前大部分夜晚我都哭到睡著。我既為了我母親哭，也為了失去當一個美麗動人的新娘子的機會而哭。

雖然現在穿罩袍已經是法律強制規定，我還是一直沒有辦法讓我自己買下一件。我必須出門的時候，我就穿上我母親那件舊的。比起那些如今十分普遍、在巴基斯坦設計的大量生產廉價藍色尼龍料子，她的罩袍好看多了。在我母親的年代，女性視這些罩袍為身分地位的象徵，而我母親有一件相襯她身為有錢有勢男人的妻子的罩袍。這件罩袍是深藍色絲綢做的，有柔軟的皺褶，會隨著她走起路來，輕輕地波動，罩住臉的布面上繡了一些花樣，眼縫的地方是精美的銀色網孔。罩袍髒了的時候，她會送去給專門洗罩袍的人，以蒸氣將每片皺褶熨回原位。對她來說，這是一件代表她的自豪的物品。對我來說，穿上它，卻讓我覺得羞恥。即使在婚後，我還是繼續穿我母親的罩袍：如果我一定要穿罩袍，那麼至少應該是一件能讓我想起她的罩袍。

我們去購物的那天，我的未婚夫陪伴我們。那是我好幾個月來第一次見到他。我上一次真正看見他的臉，是塔利班掌權之前，我在大學裡的最後一天。他到普里昆穆利拜訪我們，最後我哥同意婚事的那一天，我只有站在窗邊瞥見他的後腦。在大學裡的那一天，仍然在聖戰士的控制下，他留著修剪整齊的小鬍子。但是在塔利班統治下，他的頭髮和鬍子都變長了，看起來不是很帥。我透過令人厭惡的罩袍，一直側眼偷看他的鬍子，想著我很不喜歡他鬍子在他臉上的樣子。我又再次沉重地感覺到阿富汗在退步。再也沒有進步，只剩下如今統治我們國土那些鄉間野夫所帶來的愚昧。

塔利班帶來了另一條新規定：任何走出家門的女性，不管是爲了什麼原因，都必須要有一名男性親戚——穆哈蘭（muharram）——陪同。這條規定就像其他許多塔利班的規定，比較近似阿拉伯的文化，不像我們阿富汗的文化。在我祖母的年代，女人不會獨自出門，但在阿富汗，這些事情隨著每個世代而變化，如同任何文化的自然演進。現在，塔利班讓我們的時光倒流。

如果他們在全國到處都有的塔利班崗哨前將你的車子攔下，他們會盤問你，質問你姓什麼、你父親還有親戚的名字，問一堆沒完沒了的問題，直到他們認爲這個男的和這個女的有親戚關係，而不是只是朋友，他們才會滿意。善惡部負責執行這些政策——特別偏好毆打女性。在結婚用品市集，他們毆打像我一樣想買結婚禮服的女人。有一個可憐的女孩穿了被禁止的白色長褲。也許是因爲這個女孩不知道禁令，也許她很貧窮沒有受過教育，或者也許她太害怕了直到今天才敢出門。不管什麼原因，我聽到以阿拉伯語對她大叫的聲音（現在已經有很多阿拉伯戰士加入了塔利班，住在喀布爾）。那些人將她壓倒在地，拿一條橡膠纜繩抽打她雙腿。她痛苦地大叫。我轉過身，將嘴唇咬到流血。我對於無法阻止這種不正義的事感到憤怒。

我永遠忘不了善惡部的車子。通常是豐田Hilux小卡車，在街道上穿梭，車頂總是大聲播放《可蘭經》的祈禱文。女人聽見車子的聲音，會盡快躲避。即使為了最輕微的過錯或是閃失，他們也會毆打妳。有時候，他們只是看著妳，然後毫無理由就以電纜抽打妳。有一天我看見一個女孩子被打，然後見到她母親和她姊姊護在她身上保護她。塔利班便這麼繼續毆打她們三個。眞是瘋狂。

這一天，我們有四個人：我、我嫂嫂、我未婚夫和他姊姊。幸運的是，塔利班沒有理會我們。我們買了結婚戒指，至少藉著戒指可以創造出一點小小的快樂回憶。哈密德透過罩袍網孔，知道我在看著他為戒指付錢時，開懷地笑了。現在對於婚禮的規定這麼嚴格，市場裡大部分服飾店都懶得進新貨了。貨品很少，我得費力才找得到喜歡的東西。我一直想要一件蓬蓬袖的結婚禮服，但是露出手臂的衣服現在已經禁穿。

阿富汗的新娘子在結婚儀式中連續穿三到四件不同的禮服，每一件都有不同的顏色，代表不同的意義。我為婚禮前的玉手繪花之夜（henna night）選了亮綠色。通常人們都為婚禮第一部分的證婚儀式（Nikah）選擇深綠色，但是我想要不一樣的東西。我選了粉紅色。那是美麗的玫紅色，感覺像是對抗所有塔利班帶來的悲慘的一抹喜悅。光是看著那件禮服就讓我覺得開心。在證婚儀式之後，新娘會再次為結婚宴會換裝。通常會穿白色結婚禮服與頭紗，類似西方新娘子的穿法。

在正常時期，我的婚禮會像一般習俗那樣浩大。家人與朋友都會被邀請，還有政治上的盟友、支持者，與來自巴達克珊省的村民。在我們的文化中，尤其是在像我們一樣的政治家庭，一場婚禮就是一次大型的人脈連結活動。但是現在因為婚禮會館都已經關閉，我們沒有場地舉辦大型宴會。在我們有限的經濟條件下，我也懷疑我們能不能負擔得起這樣的宴會。即使如此，我家裡還是邀請了超過一千名客人參加我的儀式。最後來了將近一千五百人。

阿富汗婚禮通常都是隔離的，女人和小孩在一邊，男人在另一邊。在婚禮會館，通常是一個性別使用不同的空間，或是以幕簾從中隔開。我們的解決方法是在兩棟屋子裡舉辦婚禮，一場在我哥的屋子裡，一場在他鄰居家。男人去鄰居家，女人來我們家。結婚前一晚，我們舉辦了傳統的玉手繪花儀式，新娘子雙手會以散沫花（俗稱指甲花）染劑（henna ink）彩繪。我們爲這個儀式上美容院。通常我很喜歡上美容院，但是現在這件事沒有讓我感到開心。這個婚禮的一切，包括禮服的品質或甚至我的髮型，都不是我的選擇，或甚至不是我要的樣子。我已經盡力了，但是我內心深處還是感覺廉價又將就。

玉手繪花的儀式持續了大半個晚上。通常是在眞正的婚禮前幾天就做好了，這樣新娘子在前一晚可以好好地休息。那一整晚，婦女們會拍打鈴鼓（daira）——長得像鼓的樂器，還會唱歌。到了早上，我已經累壞了。但是老實說，即使玉手繪花之夜在一個星期前就完成，我在婚禮前一晚也是睡不好。

我的婚禮甘苦參半。我母親已經死了，還在世上的姊姊們散落在國內各地，沒辦法來。我出生時希望我死的母親，後來費盡千辛萬苦讓我擁有未來。死前成功地爲我挑選了丈夫的母親，沒有在那裡。沒有她在身旁牽著我的手，輕聲爲我加油打氣，準備起婚禮來既痛苦又不安。

清晨六點，美髮師爲我上了髮捲。她嘖聲連連說我看起來很糟，需要補眠。我在椅子上打起了盹，在那裡睡到大約十點半，然後她開始幫我做頭髮。她還是對我的狀態不太滿意。我看著鏡子，知道她說得對，我看起來眼眶紅紅、滿臉粉刺，糟糕透了。我們進到屋裡時，我眞的覺得很沮喪。另一件令人失望的事，是我想偷偷用錄影機或是請攝影師拍下婚禮。塔利班禁止錄影，但是有些攝影師仍然在工作；他們只是開價三倍以彌補風險。但是我哥不准。我哥有些老朋友在低階政府部門工作，他擔心他們會向塔利班當局告發我們。我沒有婚禮的紀念，只有一些朋友們以私人相機拍下的畫質不佳的相片。

婚禮上很多人我都不認識。賓客們是我哥的朋友和他們的太太，或是他同事。我開始覺得有點生氣，想著他們是不是只爲了食物而來。感覺上他們絕對不是爲了我而來。

哈密德和我還有兩位證人被帶去另一間房間，進行婚禮中眞正屬於宗教的部分，由一位回教教士（mullah）主持。那是我那一天第一次哭了出來，但不是最後一次。而當然，唯一讓我看起來吸引人的妝，就這樣開始流下我的臉頰。我擦了擦眼睛，然後忘我地不小心將睫毛膏抹到美麗的粉紅色禮服上。好在，儀式過後就是換穿白色禮服的時候。我喜歡我在白色禮服的蕾絲袖還有長頭紗裡，看起來比較漂亮一點。

傍晚時分依據傳統，家中的長輩，父親或哥哥，會拿一塊包住一些糖果與布料的布，綁在新娘的腰間。象徵新娘被送去她丈夫家中。那是非常感動人的私人場面。莫夏凱拿起總帶將布綁在我腰上時，我哭了。他也哭了。我們彼此抱在一起，哭得很悲傷。我想那不只是因爲那個時刻。我們是因爲所有不在的人而哭：我母親、我哥哥穆沁、我父親。我們爲所有失去的家人而哭，也爲我們的狀況、我們的家還有我們的生活而哭。在那私下的幾分鐘，我哥和我無聲地抱著哭泣，我們兩人都明白失落的重大、前進的喜悅，與改變的痛。最後，他振作起來，堅定地說：「走吧，法齊婭將。」他溫柔地碰碰我的鼻尖、微笑著帶我走出房門。

親愛的蘇赫拉與雪赫薩德：

妳們的父親是我一生的摯愛。對於這個「可憐女孩」來說，他非常非常好。能夠嫁他爲妻，我眞的很幸運。

婚姻是女人生命中重要的儀式，但我眞的相信婚姻不應該阻止女人活出她的夢想。不如說，她的夢想應該成爲她丈夫的夢想，而她丈夫的夢想也應該成爲她夢想的一部分。新婚夫婦應該攜手打造他們的世界。

有的時候，我盼望見到妳們結婚的那一天，但是有的時候，我不希望它發生，因爲我知道在那一天，妳們將不再是我的小女孩，而將會成爲女人。我不希望它太快發生。

但是當然，我希望有一天妳們找到眞愛。愛情很重要。然而不是所有人都這麼想。很多人相信責任、尊重、宗教與規則比愛情重要得多。

然而我眞的認爲這些須得有所區隔。愛情可以與責任並存。因爲責任，也因爲尊重，愛情，才得以強大茁壯。

深愛妳們的母親

【第十三章】

開始前的結束

✉一九九七

我的大喜之日象徵了我人生中另一個嶄新的章節，也就是嫁為人婦，只是我從沒料到這個章節注定會如此短暫、如此悲哀。

我先生住在馬可羅利安四號一間特別的三房公寓，簡單、穩固，機能良好。他真的很盡力地（我懷疑他妹有偷偷幫忙）妥善布置我們的新房，購買粉紅色的新窗簾、粉紅色的床單，甚至在床頭邊擺了個粉紅色花瓶，還在裡頭安插了幾朵高雅又細緻的粉紅色絲花。這一切的舉動都別具巧思、溫柔貼心，不過一切看起來都太……粉紅了，我剛看到時還得忍住不笑。新婚之夜前，我有整整一夜沒有闔眼，好在我先生整天下來也疲憊不堪，並未向我求歡，以致我倆才能快快入睡。

隔天一早我先醒來，有一剎那間還驚惶未定。我睜開雙眼，看到粉紅色窗簾若隱若現地透進了窗外的陽光，還有自己正和一個男人躺在陌生的床上。我登時努力想找出自己人在何處，於是回想起來我嫁給了哈密德，嫁給了這個在身旁熟睡的男人。他輕輕打鼾，而我在輕撫他臉頰時向他微微一笑，一臉陶醉。這就是我展開新生活的第一天。

哈密德的弟妹和她兩名子女也與我們同住。她近日喪夫，無處可去。對於她與我們同住，我感到非常開心，因爲在這地方有其他女人的存在讓我心安。她過去當過老師，人不但聰明，也很活潑。我們很快就非常要好，最後我對自己的人生感到心滿意足。哈密德人很和善、貼心，但我一直很懷疑這點。在彼此的陪伴下，我倆容光煥發，從容自在，一邊開懷大笑，一邊規劃未來。從我七歲入學以來，我就從來沒有這麼開心過了。人生終究還是按照我的方向走。

新婚後一個禮拜，我們舉行了另一種叫「takht-jami」的儀式，此時新人得雙雙坐在裝飾、鮮花與緞帶下接受訪客的恭喜與賀禮。年幼時只要聊到我的takht-jami，母親和姊妹們就會說得天花亂墜，說那時我會收到一堆像是新車啦山間別墅啦或一整桶黃金之類價值連城的東西來哄我開心。不過想當然耳，在塔利班政權的統治下，生活可沒法過得這麼揮霍，親友來是會來，但會帶來他們能力所及的心意，像是桌布、幾只新碗盤、五十元現金等等。

我們送客之後，哈密德一古腦兒就鑽進辦公室半小時確認事情，而我和他弟妹正打算泡茶來喝的時候，有人敲起門來，我的妯娌前去應門，發現門外站著一個滿臉鬍鬚、纏起黑色頭巾的男子，他就是毛拉．奧馬爾（Mullah Omar），塔利班政權的領導人。他聽說莫夏凱已經回到喀布爾，手上握有他的逮捕令。他們過去三天以來都在搜捕我哥，他早就躲了起來，而家人之所以沒通知我這件事，純粹是因爲他們希望我好好享受蜜月。

現在我家門前來了一群塔利班人，他們宛如危在旦夕的公羊群，就這麼胡亂闖進了我所沉浸的新婚喜悅中。他們連問都沒問，就直接走進我正戴著花冠、頂著可笑妝容、穿著華麗衣裳而乖乖坐著的客廳。他們一看到我的時候，我嚇得臉色發白。我此生中已歷經諸多困境，以致我相當清楚，這群人的到來正意味著這幸福的篇章即將劃下句點。他們朝我們大吼，要我們待在原地，才接著走進我的臥房。他們開始扯下床上的床單，也就是哈密德不久前才和我一同展開新婚生活的那張床。

這番行徑不但有失禮儀、侵犯到他人隱私，更公然侮辱了我們的文化。但這些畜生對此才不屑一顧，他們不發一語，往床底探去，開始翻箱倒櫃，快把整間屋子掀了過來，甚至用起骯髒、沒洗的雙手把舒適的家具給劃了個稀巴爛。

接著他們開始朝我大叫：「莫夏凱呢？」「警長呢？」他們在我面前揮舞著逮捕令。當我意識到他們要抓的人是誰，我這才感到反胃，並冷靜地告訴他們我不知情。到了那時，他們已經把我家從頭到尾掀了過來，因此也相當清楚我並沒撒謊。然後我的心又瞬間停止跳動。哈密德！「你先待在辦公室別回來呀！」我默默透過念力向先生傳達訊息。「你就繼續工作，先別回來，拜託，別回來呀！」

他們離開。隨後他們走下五段樓梯到了主要建物的門口，我一路聽著自己的呼吸聲逐漸平息；聽著他們的靴子「喀喀喀」踩在踏板上的聲音，我的呼吸也越來越慢——還有四層樓，三層，兩層，接著一樓到了，然後我居然聽到了開門聲，嚇得倒抽了一口氣。「不，拜託，哈密德，求你別在這時候回家。」他差點兒就能逃過一劫。他回到家裡，開心地走過前門，帶著要給我的巧克力，就這樣和他們迎頭撞上。要是他可以在中途買點水果，和鄰居串串門子，甚至蹲下來綁綁鞋帶，這樣都可能會與他們擦肩而過。

由於他們未能抓到我哥，便遷怒於人，抓起哈密德當替死鬼。他沒犯法、啥也沒做，但他們就是把他抓走。我一邊跑下樓，一邊尖叫道：「我們才新婚七天而已，他什麼都不知道。這是我先生的家，我們才剛剛結婚，我們都是無辜的，求你放過我們吧！」我哀求他們。

他們只是又冷冷的問我一遍：「莫夏凱呢？」接著就替哈密德上了手銬。他瞠目結舌，幾乎動彈不得。他捧在手上要送我的花就這麼掉落在地。有些鄰居就這麼聚集在外，看著這番場景，全都悶不吭聲。我一把抓起罩袍尾隨丈夫而去。哈密德很懂我，他知道與其要我待在家裡乖乖等著，還不如就讓我跟著他去。

他們把哈密德押進一輛塔利班人所用的紅色小貨車，把我推到一邊，還在我試圖跟著哈密德上車時放聲大笑。我招起計程車，司機卻搖下窗戶對我說：「小姐，不好意思，妳有沒有男親戚陪同？」我厲聲斥道：「什麼？讓我上車，我得跟上那輛車！」他搖了搖頭，「小姐，妳得有男親戚陪同才能上車。這群白癡，也就是這群妳想跟蹤的人要是看到妳和我孤男寡女坐在一輛車裡，他們可是會把我們關進大牢的耶！」說完便揚長而去。

我的目光一路隨著那輛車子在街上轉彎，沿著主要道路開去，再左轉開往新鎮。我深怕自己跟丟，趕緊招了另一輛計程車，這回我在司機還沒機會開口之前就搶先一步，千拜託萬拜託的說道：「先生、先生您行行好，拜託您幫幫我。他們正帶走我先生，我得要跟上他才行，但是我孤家寡人，無計可施，所以可以請您載我一程嗎？」

他叫我上車，而就在我坐上車時，他匆忙說道：「要是他們攔下車子，妳就說我是妳哥，然後我叫……，住在……」這個和我素昧平生卻心地善良的男人向我簡單扼要地交代了他人生中所有重要的細節，如此一來，我這個中途殺出、須得佯裝成他親妹妹的乘客才不致穿幫。這實在是荒誕不經，但這位司機的所作所爲卻也在在顯示出當權者無論對我國老百姓做了什麼，阿富汗行爲得體與仁心助人的價值依舊存在，且隨處可見。

他們把哈密德帶到情報局，那是一棟位在市中心且靠近內政部的大樓。我不知道自己付給了司機多少錢，只知道付了不少，因爲我只想感謝他置個人生死於度外，願意做好準備去協助一個陌生女子。我想，要是我付給他的價錢夠合理，那他或許也會願意再去幫助其他和我處境相同的女子。

我走向大門，但他們拒絕讓我進去。如今我以身犯險，對門口的塔利班人撒了個謊，說另一名塔利班人將我逮捕、要我進到這棟大樓，只不過我不能搭他們的車，所以只好隻身前來。我還說他們要是不讓我進去，那就等著受罰吧，於是他們隨即放我通行。

我一進到主要大門，就找到了那棟大牢建築。哈密德就站在那裡，左右各站了兩名塔利班人，而他幾乎一點反應都沒有，我想是被嚇呆了吧。前一秒他帶著想要送給新婚太太的巧克力急忙返家，而到了下一秒他居然就慘遭逮捕。我朝他直奔，抓起他的手，透過面罩直盯著塔利班人看，同時說道：「你們看，看著我的雙手，這就是我初爲人妻所畫上的圖騰，你們口口聲聲說要奉行回教教義，但你們的所作所爲根本就不配當個回教徒。我們才新婚不久。要是你們把他關進大牢，我再也不會有更多的（回曆正月），這下子沒人照顧我，又沒人上街採購用品，那我要怎麼度日？又要怎麼活下去呢？我只不過是個年輕女子呀，我感到相當無助。」

我深盼自己得以激起他們的同情心、讓他們放他離開，但有些男人對於單一女人的請求就是能夠不爲所動。在與哈密德走往另一扇大門的同時，他們對於跟在身後、仍舊緊握他的手且苦苦哀求的我根本就不屑一顧。當他們打開大門，我一看到裡面數以百計的囚犯有些戴著手銬，有些遭人捆綁，有些默默站著，就這樣全部擠在發臭的中央院落，我便心下一沉。

當我打算握起哈密德的另一隻手，其中一名塔利班人卻抓起了那隻手。我們才要開始展開新生活，他們就要把他活生生的帶走、把我倆硬生生的拆散。因爲先前他們毫無罪名就直接將他逮捕，所以我很害怕他們也會不經審判就直接將他處死，這種事情是很可能發生的。我於是緊握住他的手，並且哀求道：「我也要進去！我怎麼可以丟下他不管？我是個女人，無法獨自在外求生，你同樣是個回教徒，你怎麼可以這麼做呢？」

那名塔利班人用普什圖語回答我，用那種未受教化、鄉間野夫的口音對我說：「死女人，給我閉上妳的鳥嘴！妳話也太多了吧！」接著用力把我推開，力道大到讓我跌進了發臭的水窪。當時的我還穿著高跟鞋和華麗的衣裳，不到一小時前我們還在接待賓客呢。哈密德轉過頭來，試圖扶起我的身子，但塔利班人把他往反方向一推，直接推進了大門裡。就在我掙扎站起身子時，我見到了我先生最後一面，緊接著大門就關上了。

如今哈密德已不幸被關進大牢，我的思緒便轉移到我哥身上。他們原本是來抓我哥的。那他是否安然無恙？還有他人在何方？我已經沒錢搭計程車，所以即便穿著高跟鞋，卻還是拔腿狂奔，穿越這座城市，回到我哥他家。嫂嫂在家，說我哥輪流躲在不同的親戚家避避風頭，而且過去三天以來，唯恐被人發現，他都在不同的地方過夜，然後現在人在卡德施爾（Karte

Seh），也就是喀布爾西方一個曾遭內戰蹂躪的地區。現在我無法爲哈密德做些什麼，卻還可以試著幫助我哥。

我一抵達，就貿然進到屋裡，連停下來問個安、行個額手禮（salaam）或和親戚打聲招呼都沒有，一心只想親眼看到我哥。這棟房子的男女屋主都是老師，先生是喀布爾大學的經濟系教授，太太則是一位勇敢的阿富汗女子，在當地禁止女子從事教職的時候，居然願意以身犯險，偷偷地把家裡當成學校，春風化雨。他們夫妻倆膝下無子。

這房間沒有沙發，只有四面牆壁排起了一堆靠墊。我哥莫夏凱就躺在面對牆壁的床墊上。他一看到我，隨即顯露出驚慌的神色。這是他自我大喜之日以來第一次見到我，在我即將邁入新人生的同時，他緊抱著我、淚流滿面，但如今我們又重回一片混亂之中。

我很快地告訴他哈密德遭人逮捕，還有他們現在是怎麼四處搜捕他的行蹤。他待在這裡安全堪慮；他們會一間又一間搜起所有親戚的家，全都不放過，他就連搭計程車也很危險，因爲到處都有塔利班人的檢查哨，他們要是攔下我們的車子，很可能會因手中握有我哥的照片而認出他來。我們開始散步，而我仍舊穿著壞掉的高跟鞋，雙腳奇痛無比。

這是我第一次穿著罩袍走了這麼遠，我本來就不擅長穿著罩袍走路，如今我不但如此，兩腳還穿著高跟鞋、心裡惶惶不安，搞得自己寸步難行，甚至被人行道上像是石頭啊裂縫之類的東西給絆了一跤。

我們走出城外，朝郊區而去。雖然我們能去的地方已經不多，但還是有些不錯的選擇。太多人潮或者太過熱鬧的地方都設有檢查哨，而郊區應該會有我們可以藏身的建物，人也不會太多，於是我們就往那裡出發。我們邊走邊聊。我哥問起哈密德，還問他是否符合我對於丈夫的期待。就某些方面，我很樂於告訴我哥，是，哈密德是符合我對丈夫的期待，而且我嫁給他眞的是正確的決定。

我告訴他哈密德是怎麼和我討論要在哪定居，還有我們該不該離開阿富汗。哈密德是提議過到巴基斯坦展開新生活，但我告訴他只要我哥還在喀布爾我就不能離開。接著我們討論到搬回法扎巴德，也就是巴達克珊省的首都，以及我最初就學的地方。巴達克珊省並不在塔利班政權的控制下。我的姊妹都在那裡，哈密德的家人也是，加上我倆都很想念那個地方，搬到那裡就成了我們的計畫。我們會搬回鄉下，然後我在那教書，哈密德則在那創業。

告訴我哥這些計畫要比我腳跟表面破皮流湯的水泡還要痛。如今所有新婚的夢想與計畫都已化成泡影。在漫無目的花了四小時之後，我們招了輛計程車。我想起了哈密德的某一位親戚，一位和兒子獨居的女士。關於她確切的地址，我並不清楚，我只知道是位在馬可羅利安四號，也就是哈密德和我家附近。途中我們行經檢查哨，我們坐在車裡，害怕他們會搖下車窗然後看到我哥，但很幸運的，他們並沒往車裡看就揮手讓車子通過。

我哥以前見過這名女子。她是哈密德的某個親戚，過去曾因結婚的事來找我幫忙。我哥對她並不太友善，劈頭就說她妝化得太濃、指甲留得太長。在莫夏凱眼中，只有懶女人才會這樣，然而如今他卻得靠她救濟。我四處問人，問到了她家公寓在哪，然後火速地向她交代一下來龍去脈，並詢問能否替我哥備好一間房讓他過夜。她說好，但顯然不太樂意。她心存恐懼，這點情有可原，因爲要是被人逮到包庇一個毫無血緣關係的男人，她不但會遭到逮捕，還會被帶往「善惡部」（Vice and Virtue Department）。對於讓她陷入這種處境，我個人感到非常良心不安，但我也是人在江湖身不由己。

我把我哥留在那裡，然後步行回家。等我一到家，便感到雙腳有如火燒，眼皮和耳際都是聚結成滴的汗水，就連頭髮都有如一團凝結的油脂黏在頭上。我自頭上取下亂七八糟的罩袍，衝進臥室，然後背負著悲傷和挫折的情緒嚎啕大哭。

親愛的蘇赫拉和雪赫薩德：

「失去」乃係生命中不可承受之重。

然而失去我們所愛的人不但是人生中的一部分，也是成長中的一部分，無人得以倖免。也許因爲我已經死去或遭人謀殺，妳們儼然失去了我，所以才會讀到這封信。人人皆知死亡是遲早的事；我們談論過此事，而我希望妳們能做好心理準備，不致措手不及。

戰爭爆發時，我們曾多次痛失家園，這也是一件可怕的事。痛失家園對孩子來說最是難熬，光是阿富汗就有數以百萬貧窮的孩童經歷這種遭遇。請務必切記，妳們是何其幸運才能擁有自己的家、溫暖的爐火、就寢時柔軟舒適的床、閱讀時身旁的檯燈以及用來寫功課的桌子。這聽起來或許稀鬆平常，但有些孩子就是無福享受。

但也許對任何一個女人來說，她最悲慘的遭遇就是失去自我，失去對自我的了解，又或者失去對夢想的期待。這樣的失去，都是身爲一個女人最悲哀的遭遇。這些事情實非必然，但那些不願女人做夢或成功的人卻逼得我們只好認命。我默默祈求，深盼妳們莫忘初衷。

深愛妳們的母親

〔第十四章〕

昏天暗地

✉一九九七

那一晚我幾乎沒有闔眼。我感到忿忿不平又擔心受怕，腦袋轉個不停，迫切地想要找出誰能幫我擬定計畫。當我一早站在鏡子前刷著牙，我霎時靈光一現。

我想起有位朋友說過她一直都在教導某位塔利班的官夫人刺繡。我披上罩袍直奔她家。當我敘述起哈密德的遭遇，她一方面瞠目結舌，一方面滿懷同情。即便我們不知道這麼做管不管用，但她還是說要帶我拜訪那位官員，並做些必要的引見。

我們雙雙走過了這個曾經喧囂一時，如今卻靜得異常詭異的城市街道。汽車和計程車三三兩兩開在路上，顯得有些嘈雜，空蕩蕩的路邊攤和隔起木板的店家內充斥著灰塵，其間晨曦迴盪飛舞。我看見有個女人身穿藍色罩袍，彎腰駝背，看來垂頭喪氣。乍看之下我還認不出來，後來才了解到我所看到的正是自己。我從一家無人照相館外髒兮兮的玻璃看到了自己反射的身影。罩袍下的我實在太不像我，以致就連自己都認不出來。

這番不可思議讓我大吃一驚，於是我往店裡探去。這店閒置已久，牆上掛著一排排褪了色的照片，照片上的年輕人頂著瀑布的背景擺出有如寶萊塢（Bollywood）明星的架式，沉浮在氣球堆的嬰兒滿口無牙、朝著就站在照相機後逗著他們的父母親微笑，身穿蕾絲洋裝和短襪的小女孩害羞地咧嘴一笑，戴著白色面紗的新娘則喜氣洋洋地站在西裝筆挺的先生身旁。

我盯著這些照片，心想頂著這些微笑面孔的人們現在不知怎麼樣了？他們是誰？現在人在何處？在塔利班政權接掌阿富汗之前，原本一千八百萬的人口中約有三分之一死於戰爭，三分之一逃亡海外，而今只剩下大約六百萬人。我所看到的這些笑臉早已成了故人嗎？然後照相館的老闆呢？如今塔利班訂定了戰敗協定，要求國人全面禁止照相，而他既然無法以此維生，也許就關門大吉，另覓他途。又或者他可能冒著違法的風險，私底下偷偷進行，然後現在已被關進牢裡，成了哈密德的牢友。一想到牢房裡有位不知名的照相館老闆就躺在哈密德身旁，這瞬間將我拉回了現實。我朋友輕輕觸碰我的手臂，然後我們一路走著，直到抵達了附設大門的公寓區，也就是塔利班人的官宅。有個小男孩在外玩耍，而門外飄著一陣陣燉羊肉的香氣。

男人和夫人都在家，那女人有著綠色雙眼，看來和藹可親，似乎和她先生一樣同情我們的處境。他們邀請我們進屋，並奉上熱騰騰的綠茶，那男人頗爲年輕，約莫三十上下。他說自己不確定使不使得上力，只是承諾會盡力幫忙。等到辦公室一早開門，他就會動身前往，加以關切。我很挫折，但卻心存感謝。我很驚訝一個塔利班人，任何一個塔利班人可以如此博愛、如此人道。這個男人，一個和我素昧平生的陌生人，他正試著幫我，而他大可不必如此，因此這改變了我對多數塔利班人的觀感。我這才了解到他的理想、政治理念雖和我並不一致，但未必就會讓他成爲一個壞人。

過去很多阿富汗人都會因爲共通的種族、文化，亦即一種共通的地理觀念或經濟需要而和塔利班人站在同一陣線。至今也是如此。要是塔利班人在一個毫無工作機會的村落中給付工資，那麼窮人還能有什麼選擇？許多阿富汗的男人，特別像是坎達哈（Kandahar）、赫爾曼德（Helmand）等南方省分的男人，他們都會同意回教文化中這些較爲強硬的部分。當然，這和我個人的信念恰好相反，但我向來都相當了解並尊重建構起阿富汗這國家許許多多的不同意見、種族、語言與文化。西方國家中知道阿富汗全國上下共有三十多種方言的人並不多。對我來說，這種多樣性正是我們的強處——至少風平浪靜的時候如此。然而到了戰時，種族分化不但成了我們最大的弱點，更是造成諸多毫無意義大屠殺的主因。

當我們離開塔利班人的家時，他禮貌周到，陪我和朋友走到了公寓區的大門，然後再次澄清他不確定自己使不使得上力。走路回家的路上，我開始替自己做好最壞的打算，也就是得知哈密德遭到處死，或在被冠上莫須有的罪名後遭判無期徒刑的消息。我不想去想，卻很清楚得要做好聽到壞消息的準備。我試著不去想哈密德被人綁起雙手、拖進大牢院落等候槍決，又或者躺在髒亂不堪又寒冷難耐的牢房裡日漸消瘦，且因挨餓受凍而逐漸失去理智、進而發瘋。光想到這點也是足以讓我發瘋。

就在我回家的同時，我滿腦子都是那些折磨人的念頭，此時我從浴室看到了一張熟悉的面孔。

哈密德就站在那。汗水仍在他凹陷的雙頰上閃閃發光，鬍鬚也垂落著滴滴汗珠。

我心想自己是在做夢，還是已經瘋了。

我先生就站在走廊對我微笑，彷彿那是世界上再平常也不過的事了。他走向前來，叫出我的名字，然後虛弱的雙腿一軟，我便直奔向他，趁他還沒跌倒就一把將他抱住。他以往的男性雄風早因遭獄卒刑求而消磨殆盡。他突然出現所帶來的情感衝擊教我始料未及，我倆也因鬆了口氣而開始啜泣。哈密德，我的哈密德，我最愛的哈密德回家了。

自他被捕以來已經超過整整一天，但他們毫無通知就直接放他回家。我替他準備早餐，餐點是蛋和蜜茶，接著他躺下身子稍作歇息。我雖有如坐雲霄飛車，心情急速起伏，感到筋疲力盡，但我卻騰不出時間休息。既然他們已經釋放哈密德，那麼他們定會再次嘗試把我哥給關進大牢，所以我們得再去找別人家供他藏身，而且越快越好。

我還記得以前上英文課時有個極為剽悍的女子就住在附近，就在幾個街區外。她有一條腿不良於行，而且自她丈夫過世之後，她就得努力獨自扶養兩個女兒。他們可不是什麼政治世家，而只是試圖在愈益失控、日漸瘋狂的喀布爾中力求生存的平民百姓。沒人會在那找起莫夏凱。我很清楚他們家會是我哥用來避避風頭、直到我們能夠想出法子讓他出境的最佳場所。

我穿上罩袍，往那女人家直奔。她家一點都不虛華，因為戰時物料短缺的關係布置得相當簡樸。幾條破爛的地毯就這麼鋪在客廳地上。裝飾性的奢侈品則是少之又少，我猜其他東西長久以來也已經過變賣拿去買米、食用油以及點燃烤爐所需的瓦斯。那女人在客廳來回跛行，一邊命令大女兒替我們沖茶，一邊急忙請我們稍坐。我向她解釋希望我哥可以待在她家，但塔利班人如果在這逮到他，她或許會有性命之虞。後來她的語氣瞬間變得有點衝。她生氣的不是我走進她家客廳對她提出這種離譜的請求，而是就阿富汗人的處事風格來看，這種請求還用說嗎——他當然可以待著啊，這麼問眞是太蠢了！

我喝完了茶，趕著去接莫夏凱。我們收拾了些換洗衣物與額外的食物。我很清楚要是我帶吃的過去，那位女士很可能會微嗔帶笑，佯裝不受尊重，但她已經甘冒此險收留我哥，而且我哥差不多也已彈盡糧絕，我要是替他多準備一個月的食糧，這應該可以讓他撐久一些。後來我們一起回到那位女士的家，而我非得和我哥同行不可，其中不是因爲他不知道路，而是因爲要是有陌生人獨自進入別人家裡，這最是容易讓人起疑。男人和身穿罩袍的女人連袂現身就像正打算進行禮貌性的拜訪，但男人若隻身一人卻像正打算進行道德犯罪，鐵定會引發當地人議論紛紛，招致塔利班人前來一探究竟。

那女人和她家人都對莫夏凱非常親切，我想他可以暫時放鬆一下了。他就待在她家十天，之後我們決定事情已經告一段落，他可以先搬到我家，現在就讓他這麼搬回自己家還是太過冒險。塔利班人一如既往，老愛當個不速之客，毫無預警就路過他家，然後騷擾嫂嫂，小聲地恐嚇她說：「妳老公咧？妳最後一次和他說話是什麼時候，快老實招來。」我哥現在是個通緝犯，他們每天都在監視他。

最後嫂嫂實在太過害怕，所以也搬進了我家。

哈密德和我還算新婚，我們原本應該一起享受著嶄新的生活，但我實在忙於家務，以致我倆要偷個閒都變得難上加難。我想，每一位年輕太太都會對新婚的前幾個月抱持著浪漫的念頭，但對我來說，我想是對許多其他女人來說，成人生活的現實很快就取代了新婚燕爾中的少女情懷。起初我相當憎恨他人就這麼硬生生地破壞了該是我人生中最快樂的時期，但這種感受為期不長，我很快便又重拾原本所該有的責任感。而且現在我哥，我那最親愛的哥哥出了事。我猶記小時候他對我多好，還有對我的人生帶來了多深遠的影響。我對自己怎會有這麼自私的念頭感到愧疚，現在該輪到我照顧他和他的家人了。我知道今天換作是他，無論多麼危險、多麼艱困，他也會這麼做。

莫夏凱決定要逃離阿富汗，即便這意味著流亡在外充斥著各式各樣的不確定性，但卻是能確保他安然無恙的唯一方法。接下來的三個月他完全沒刮鬍子，任它越留越長，又濃又黑。等到過了好一陣子我們都快認不出他了，我們默默禱告塔利班人也一樣認不出他。

我們計畫搭計程車到托克汗（Torkham），亦即阿巴交界最繁忙的邊城。它距離著名的開伯爾山口（Khyber Pass）很近，就位在巴國西北部的聯邦直轄部落地區（Federally Administered Tribal Areas），一個由部落長老所統治而伊斯蘭馬巴德（Islamabad）影響有限的區域邊緣。阿巴兩國的國界向來不曾正式獲得阿富汗人的認可，人們都管它叫「杜蘭德線」（Durand Line），甚至時至今日，它仍是阿巴兩國政府關係緊張最重要的導火線。阿富汗人拒絕承認此線，而美國人和其他參與反恐戰（War on Terror）的北大西洋公約組織（NATO）軍隊也聲稱國界如此含糊不明只會成為數千名蓋達組織戰士的溫床。巴國雖對此否認，卻放任該區的原教旨主義（fundamentalism）分子恣意而為。

人們都是極力恪守當地的榮譽教條，甚至連美國轟炸機不斷重創該地外加地面部隊也都在尋找賓拉登或其追隨者時，村民也都拒絕洩漏他們的行蹤。即使一顆顆的炸彈從天而降，「貴賓」卻是永遠不能背叛。我知道對於西方人來說，要了解這點並不容易。進到那個地區就像退回到五百年前。你要先了解這點，才能連帶了解這個地區，你要是一如多朝政權和外來勢力那樣無法了解這點，那麼你將會屢戰屢敗。

當一九九七年我們正替我哥計畫如何脫逃之時，那時可不像現在，阿富汗人不需持有簽證就能跨越邊界、進入巴基斯坦，而我哥當時希望自己得以混入嘈雜又混亂的卡車、不斷成群結隊在托克汗來來去去的商客和旅人間，然後神不知鬼不覺的偷溜出境。

莫夏凱已經安排好計程車一早載他，我則忙進忙出，替他準備離開的事，像是張羅一路上的食物、帶點印度烤餅（naan）還有煮熟的蛋以便果腹，而嫂嫂則在替他打包行李。此時有人敲門，在我還來不及停下手邊的事好好思考之前，就把門大大打開，預期自己看到的會是司機，結果是兩個纏著黑頭巾的回教男人站在門口——塔利班人。他們揮著槍枝，一路推擠進入公寓，人人不敢動彈，措手不及，同時也無處可躲。眾人面面相覷，沒錯，我們被逮了個正著。

那兩個男人抓起我哥強壓在地，一臉得意洋洋，其中身材較魁梧的那人（兩人都約莫二十幾歲）還使勁把膝蓋頂進我哥的腰，讓他痛得哇哇大叫，另一人舉手投足之間顯然充滿惡意，一把抓起哈密德的脖子並把頭壓在客廳地板，儼然把他當成了一只破爛的洋娃娃。當他們把我家男人拖到走廊並推進小貨車時，他們放聲大笑，嘲笑著我和嫂嫂，而他們離開時，我哥對我大喊，叫我不要跟去、乖乖在家。即便到了這種嚴峻且絕望的時刻，他那男性的自尊仍無法接受女人試圖救他出獄，這會讓他深受其辱。

我哥到了警察局就千方百計地想要說服守衛偷偷替他捎信給家人，吩咐我們聯絡他的一位老同事。那人在共產黨統治的年代時曾在國防部擔任資深官員，現在則為塔利班政府服務；這人在共產時代也曾是將軍，如今則擔任起塔利班的資深軍事顧問。我哥希望這人或許能夠動用一點關係救出他與哈密德。信裡還有機場附近某間公寓的地址。

這又是一場殘酷的等待遊戲。這次我已筋疲力盡，因為挫折及恐懼而動彈不得，在床上整整躺了兩天。哈密德又再次從我身邊離去，只不過這次他離開的不只是我，還有我們那未出世的孩子。

我在三天前得知自己有了身孕。就和其他母親一樣，我每每發生晨嘔就已經開始懷疑。沒錯，哈密德和我一樣開心，但我倆的興奮之情則因命運多舛而轉為平淡。爆發戰爭之時，和初為人母一樣讓人操心的事情也許不多。一旦開了戰，每天能夠活命本身就是一場戰鬥，唯有適者才能生存。讓一個無助的孩子誕生在這種人間煉獄究竟公不公平？答案也許是否定的。

但我也清楚即便四周槍林彈雨，人生仍得繼續下去。就某些方面看來，無論情況多糟，人類的靈魂依舊保有歡慶生命誕生的慾望。對，我是很害怕，但我也認為得以專注在一如嬰兒那樣珍貴又實在的事物上真的很棒。

即便我很開心身為人母，但我打從一開始就相當清楚這次懷孕並不容易。阿富汗乃是全世界生產與嬰兒死亡率最高的國家之一。缺乏醫療資源，加上文化封閉、基本上不願公開討論婦女及兒童照護都意味著良醫難尋，而就算真有醫生，有時也是缺乏訓練。家人通常會拒絕替女人尋求醫療照護，除非他們已經別無選擇，肯定那女人不得快快就醫就即將死於非命，而通常到了這種時候，最後總是不能兩全，不是得放棄孩子就是母親。身爲醫生還得在這種情況下行醫須得具備高超的醫術、過人的耐力與無私的奉獻才行。早期阿富汗最好的幾位醫生都是女性。我很確定各地的女人在接受同性治療有關私處的衛生問題時都會覺得比較自在。我長久以來一直想讓自己成爲一名合格的醫師，和女人站在同一陣線。

然而，塔利班人禁止女人工作，下令削減阿富汗的醫護人員，還更進一步喪心病狂、泯滅人性，完全禁止男醫生治療女病患。男醫生甚至不准開立阿斯匹靈的藥方給罹患一般流感的女人。結果呢？數以百計的女性在塔利班政權下因罹患流感、感染細菌不治死亡、敗血症、高燒、骨折或懷孕而無辜喪命。她們之所以喪命全是因爲這些治國的殘酷男人認爲女人的命就和螻蟻一樣賤、一樣不值。這些男人雖自稱「神的子民」，卻對上帝最偉大的創造之一——女人——毫無尊崇敬拜之心。

我晨嘔的現象並不侷限於一天最初的幾個小時，症狀可說相當嚴重。現在我是能拿起這事說笑，但要試著別一把吐在面罩上可是一點都不好笑。我多麼希望其他年輕母親不必學著拉起衣服的帽子，微微低頭然後找起兩腳之間的縫隙——這一切的一切全是爲了抑制自己自然想要跪下的衝動。

我有三個月的時間都把吃進肚裡大部分的東西給吐了出來。我其實大可不必受這種苦——特別在我拿著我哥的信並出發找起他老同事住哪的那天。我哥很清楚要這男人拔刀相助的機會微乎其微，但如今我們也只能指望他了。

當我進到那男人家裡，我爲自己感到非常可悲，然而就在我的雙眼已逐漸適應屋裡晦暗的同時，我了解到自己要感謝的還很多、自己應該惜福。大部分的阿富汗人即便家徒四壁，卻仍自信滿滿。不論房子多麼簡陋，他們都以自家爲傲，而且總會拿出茶、食物和甜點招待客人。或許這也是我爲何會因他家恐怖的客廳而大吃一驚。那裡的地板骯髒無比，顯然長久以來既沒掃過，也沒洗過。我很想把地毯拿到外面，好好抖去灰塵，就連牆壁也妥善擦拭一番。我甚至想推開窗戶，讓陽光照進屋內、空氣得以流通，進而讓瀰漫在屋裡的霉味一掃而空。

女主人出門迎接，我在這時才明白到她只是一個單純簡樸、並未受過什麼教育的女人，就連她迎接賓客的儀態和表現自己的方式都顯得誇張奇怪。我環顧四周，把排成一列的孩子與其他家庭成員那一張張骯髒的臉全都掃過一遍，發現一個要比一個還髒。至少這解釋了房子裡爲何這麼難聞。

我找不到乾淨的地方可坐，便蹲在一個比較沒那麼髒的地方。我極度反胃。即便我人在室內，還須等上一段時間，我仍舊戴著面罩。對於如何與塔利班人交涉這事兒，現在我早已瞭若指掌。規則一，就是耐心。有人請我等個二十分鐘，但必要的話，我已經做好等上一整天的心理準備。如今回想起來是有點怪，但我眞的沒那麼擔心哈密德了，光是得知他現在正和我哥關在同一間牢房，而非獨自一人，就足以令我心安。我清楚無論他們發生什麼慘事，他倆都會彼此打氣。

我一邊坐著等，一邊傻傻看著那個女人正替其中一個男孩擦去一條又黑又綠的鼻涕。我們聊了幾句，但很難繼續，我發現坐在一間如此骯髒的房間裡、屋子裡，同時等著一個雖然邋遢但卻擔任當前政府主要國安顧問的人還得保持彬彬有禮實在不易。當一個人自己的家髒成這樣而且家裡的妻小完全遭到漠視，那麼他還能建立起怎樣的國家？我還想，這些未受教育的人一旦掌權，那麼阿富汗人還有什麼希望？接著心中不禁湧現一陣驚恐，教我不住哆嗦。這下我懂了。要是塔利班資深顧問的家中客廳就已經是這副德性，那麼塔利班的監獄鐵定會是怎樣的人間煉獄？

當那男人最終現身，他看起來並不像我心目中當權者的那副模樣，而是和其他家族成員一樣蓬頭垢面、衣冠不整。我向他解釋哈密德和我哥是如何入獄。那男人不但沒有不耐煩，還告訴我他對我哥印象深刻。他耐著性子聽著我說，向我保證一定會救出他們，還問我願不願意等他去打幾通私人電話，才說了聲「不好意思」暫時離開。我盡量讓自己在骯髒的地上感到自在一點，然後靠向牆壁，默默等著。我現在並不覺得臭，鐵定是已經習慣那種味道了。

等到那男人回來，就我看來情況並不樂觀。他嘆了口氣，同時望著自己髒兮兮的雙手，告訴我救出他們可能得要花上一段時間。他向我承諾，說自己會持續關注事態發展，若有任何消息就會和我聯絡。這就像某個礙於責任不得不幫，卻又不會盡其所能完成所託之事的人所會有的語氣。這讓我憂心忡忡。我走路回家，感到意志消沉。哈密德人還非常虛弱。他生平首次入獄，出獄之後才正要開始恢復體力而已。空氣變得清爽，還略帶涼意。時值深秋，城市周遭的山區皆已布滿了冬雪。喀布爾很快就會覆上一層厚厚白雪，溫度也會降到零下十五度之低。我已經可以想像哈密德和我哥就穿著被捕時的那套衣服，沒有溫暖的外套、保暖背心、羊毛襪子，而只能在天寒地凍的大牢院落中相互依偎、互相取暖。一想到哈密德的腳趾因凍壞而發藍，我就緊咬雙唇，忍住不落下淚來。我不知道自己先生虛弱的身子還禁得起多少折磨。沒錯，他是意志堅定，所以不論他們怎麼折磨，他都受得住，只不過人的身體總有極限。頂著凜冽的夜風，尤其空氣已經冷到一呼吸就會凍傷的程度，我很清楚哈密德的極限已經近在咫尺。

翌晨一早，我還是一如往常，因爲嚴重孕吐而多跑了幾次馬桶，但我今日晨嘔似乎另有原由。夜晚下起雪來。當我下床衝往浴室，我往窗外一瞄，看到下方的屋頂甫蓋上一層發光的白色毛毯。不知哈密德和我哥是否整晚都站在雪中？還是大牢院落早已多了兩具死屍，而和如今覆於其上的那層冰雪融爲一體？

我穿上衣服後直奔塔利班家，這回找了哈密德的弟妹哈蒂嘉同行。結了冰的街道早已成了變幻莫測的溜冰場，我倆沿著街道既是摔跤又是打滑的。我的罩袍不但提供額外的保暖作用，也讓我變得行動緩慢、助我辨識一片冰天雪地之下看似相同的道路，以致在雙腳每每想往哪滑就往哪滑的同時，我都能往前伸手平衡身子、不致滑跤，而就在此時此刻，另一人也唯恐我撞到地面，趕緊放低身子扶住我的下半身，好保護我那未出世的孩子。

當我一到那人家中，情況有變。氣味仍在，但我看得出有人努力掃過地，而且孩子的臉也被一條髒布給狠狠地擦過一遍，變得乾乾淨淨。就連那男人的態度也有了一百八十度大轉變，他對我笑開了懷，露出了一口黑牙。

「我要妳教我孩子英文。」他說。這不是命令，而是請求，但卻是我無法回絕的請求。

「沒問題。」我回答。「也許他們可以來我家，那裡有地方供他們玩耍，我也比較好教。」

很幸運地，他似乎很喜歡這個提議。若非絕對必要，我眞的再也無法待在那間屋子裡了。沒錯，我是得取悅這個人，但有一部分的我也深受鼓舞。要是我能教導這些孩子，哪怕只是跳脫這些骯髒的牆壁、前往別處受教且在他們漫長的人生中只占有那短暫的一時片刻，這對國家的未來或許也能帶來一線希望。我不知道我接下來每一天會面臨怎樣的人生遭遇，又或者我能否實現諾言教導孩子，但這讓我預見那些孩子，甚至所有的孩子，都將培養出自我的價值觀。只要能獲得適當的協助、以正確的方式學習，任何孩子都能順利長大，並改變國家的命運。

離開之時，我對此樂觀其成。那男人鮮少提到我心愛的兩名牢犯，但一方面他提及英文課，另一方面我又看到房裡的變化，這都在在顯示了他打算幫助我們，令我士氣大振。

那天稍晚，有人用拳頭「砰砰砰」死命敲起我的公寓大門。我小心地挪動身子開了門，門外有隻手毛茸茸的指關節用力往我額頭一推，我嚇得倒退一步。黑色頭巾與濃眉下的黑色雙眼正用力盯著我瞧，但我毫無畏懼，事實上我幾乎沒注意到那塔利班人的臉，因爲哈密德和莫夏凱就站在他旁邊。後來他倆就像寵壞的孩子被逼得要和他人分享玩具那樣，被這人往門裡用力一推。在我當著他的面關上門並投入哈密德的懷抱時，他低聲說了幾句恐嚇的話，但這起不了什麼作用，而嫂嫂則是一邊尖叫，一邊衝過客廳且一古腦兒鑽進了她丈夫的懷裡。那個轉而爲塔利班政權服務的前共產黨將軍可說是言而有信。

我們把握時間，安排好計程車隔天一早來接我們。我們須得前往巴基斯坦。男人的確是重獲自由，但仰賴塔利班人一時興起或偶施恩惠可非長久之計。他們隨時可能改變心意然後再次逮捕他們。我們可冒不起這種險啊。

翌日，哈密德、我、我哥、嫂嫂和他們的孩子全都擠進了那輛等待中的車子。哈密德坐在後座的一邊，我穿著罩袍緊緊依偎在他身旁，我哥安插在中間、希望沒人認得出他，嫂嫂則是坐在另一扇車窗旁邊。我們家族的友人，另一名退休將軍，同時也是普什圖族人（Pashtun），他就坐在前座，親切地想要幫助我們。我們只要遇到困難，就會希望貴爲將軍、高高在上的他可以幫忙。要是幫不了忙，因爲多數的塔利班人也都是普什圖族人，而身爲普什圖族人的他不是能在塔利班的檢查哨，就是能在我們接近邊境時發揮影響力。對他來說，和我一同遠行純粹顯示出他爲人慷慨、樂於助人。一想到朋友、鄰居在這些年來全都冒著生命危險幫助我們，這還是讓我感到不可思議，而這也是如今我永遠爲需要幫助的人敞開大門的原因之一。回教教條教導我們要是受惠於人，就得轉而施惠他人。

計程車司機緊張地說個不停，試著向我們保證他的車堅固又可靠。我不信，但莫夏凱這回堅持大家和他一起到巴基斯坦，於是我同意了。繼前幾個禮拜的緊張局勢後，我覺得我得離開這個國家，即便只有一個禮拜也好。哈密德剛好也能藉此得到些許的醫療照護。再次入獄讓他的身子變得更虛弱。我幾乎可以看到他的健康每況愈下。我仍深受晨嘔之苦，這段旅途中，我多半都在罩袍下放著一只碗公以備嘔吐，可說是歷盡艱辛。旅途中大家坐得十分擁擠，甚爲不適，人人也都繃緊神經，等著隨時停車、被人關進塔利班的檢查哨。那名將軍則是不慌不忙，每每遇到持槍手都和他們談笑風生。塔利班人在聽到自己母語以熟悉的普什圖口音呈現之時，多半都會感到親切，進而卸下心防。他身爲老將的威儀在舉手投足之間表露無遺，替他贏得了敬重，甚至年輕的塔利班人要是態度囂張，經他一瞪，便會馬上縮回身子、乖乖聽命。

「長官，您可以通過了。」我每每聽到這幾個字才會放下心中的大石，而當我們跨越托克汗的邊界，我感到情緒亢奮，然後直到眾人進入巴基斯坦境內，大家才敢放聲大笑。我們感受到了自由，塔利班人那種高壓脅迫下的擔心受怕已經一消而散，爲此，人人也鬆了一大口氣。

那天下午四點，我們人在巴基斯坦南部的城市白夏瓦（Peshawar），我們從那搭乘夜間巴士前往拉合爾（Lahore），亦即舊時的皇城。我們前往我哥在那裡的家，受到他目前仍居住在那的元配及其家人的熱情款待。當晚，我們吃了中東烤餅（chappali kabab），一種由碎牛肉混雜石榴、紅辣椒並搭配可口可樂一同享用的在地美食，它和我所吃過的餐點一樣好吃，特別在這幾個月以來，它可是我在並未受到塔利班政權荼毒下所吃到的第一餐，爲此這道菜顯得更是美味。

身在拉合爾很棒。這是哈密德和我在結婚以來第一次可以完完全全像一般的年輕夫婦那樣外出放鬆，享受自我。那裡不但有著蜿蜒的商店街，還有偏斜清眞寺的百年古蹟，美不勝收。哈密德和我四處觀光，走了好幾個小時，還在一處專門保留給女人和家庭的美麗公園中野餐。他努力了好些年才把我娶進門，自我們結婚以來，我倆幾乎找不到像這樣的一時片刻，可以單純坐著、放鬆身心並享受著呼吸相同空氣的愜意。

在喀布爾動亂之後，這城市相對功能健全、乾淨整齊。我們城市中有許多偉大的建築都在內戰遭到摧毀，因此我對拉合爾的歷史建築嘆爲觀止。十六到十八世紀間，這城市曾受到蒙兀兒帝國（Mughals），亦即掌握多數亞洲次大陸的印度回教皇朝的統治。蒙兀兒人以建築聞名。舉例來說，泰姬陵（Taj Mahal）就是蒙兀兒王沙賈漢（Shah Jahan）所建。他們憑空創建起這城市中多數著名的地標，包括壯觀的拉合爾要塞（Lahore Fort）以及夏利馬花園（Shalimar Gardens），而且這兩者目前並列聯合國的世界遺產。

如今我雖已懷胎三個月，卻仍感到非常不適，哈密德也因兩次遭到塔利班人不人道的虐待而相當虛弱，然而短短幾天，我們無論心理或生理，皆已從拉合爾的靜謐中汲取力量。也許用「靜謐」這詞來描述一座巴基斯坦境內約有五百萬人同時車水馬龍又熙來攘往的城市顯得格格不入，但我們在經歷過這一切的一切，那眞的就是我們當下的感受。

在拉合爾待了一個禮拜後，我們聽說阿富汗總統拉巴尼（Rabbani）人在巴基斯坦的白夏瓦。他雖遭到塔利班政權篡位，但對我們及世界上多數其他國家而言，他仍是大家心目中正統的阿富汗領袖。拉巴尼的大使依舊代表阿富汗出席聯合國大會（United Nations General Assembly）。唯有沙烏地阿拉伯與巴基斯坦承認塔利班爲法定政權。我哥曾任職內政部，替拉巴尼工作，他很了解他，也曾和總統聯繫，和哈密德共同受邀覲見總統。他倆已準備向總統效忠，並聽從他的指示，計畫奪回國家政權。

布爾漢努丁・拉巴尼（Burhanuddin Rabbani）和我家人一樣來自阿富汗東北部的巴達克珊省，他和我父親亦敵亦友，一向受到我們的推崇。五〇年代至六〇年代之間，他曾是對抗阿富汗共產黨崛起的主要勢力，而且在蘇維埃政府占領期間，他曾於巴基斯坦組織軍隊，策謀造反。

當那吉布拉總統（Najibullah）於共產黨解體失權之後，拉巴尼曾獲民選取代他的地位，但當時由聖戰士（Mujahideen）所組成的政府派系嚴重分裂，而這樣的分化讓拉巴尼與馬蘇德（Ahmad Shah Massoud）的軍隊不得不對阿卜杜爾・拉希德・杜斯塔姆（Abdul Rashid Dostum）與赫克馬提亞（Gulbuddin Hekmatyar）將軍宣戰，因此發動了內戰。

拉巴尼的組織基地人數眾多，而且兩方人馬開完會回來都非常興奮，深信拉巴尼就是穩定阿富汗的重點人物。即便塔利班政權目前穩坐其位，就連拉巴尼本人也難以想像大家怎會對他如此信心滿滿。樂觀是具有傳染力的，而且透過拉合爾的平靜與安全，我發現自己處於正面思考，覺得眾人尚未完全失去阿富汗。

我們全都非常興奮，深感拉巴尼即將回復總統的正統角色，以致哈密德和我幾乎當下就決定立即返回喀布爾。除了我們重拾樂觀的想法之外，哈密德守寡的弟妹獨自與孩子住在喀布爾，哈密德和我也想去那照顧她。我哥則覺得貿然回去太過危險，他打算待在巴基斯坦，在白夏瓦與拉合爾兩家之間遊走。離開我哥和嫂嫂實乃下下之策，因爲我完全不知何時，甚至是否還有機會見到他們。但我已嫁爲人婦，如今嫁雞隨雞、嫁狗隨狗，先生人在哪裡，我就在那裡。

寒冬的腳步越近，雪也就越下越大。當我們踏上喀布爾的歸途，開伯爾山口群山巍巍、白雪皚皚，與蔚藍的蒼穹呈現出強烈的對比。也許諸石嶙峋就好似塔利班政權，而初落的白雪則象徵阿富汗嶄新的開始，掩蓋去塔利班殘忍嚴苛、不近人情的過去。我的確這麼期待著。

哈密德和我順利越過邊境，進入阿富汗，並且很快回到我們位於喀布爾的公寓。離家一個禮拜已足以讓重返故鄉的我再次振作、恢復精神。即便在塔利班的統治下，我仍未失去愛國之心。這裡可是我的喀布爾、我的阿富汗吶。

齋戒月才剛剛開始，我們就像所有虔誠的回教徒那樣在日出與日落之間進行齋戒。我們在日出前起床，吃了一頓suhoor，也就是天還沒亮就先吃的早餐。這一頓相當豐盛，旨讓眾人整日齋戒下來還能維持體力，直到日落之後再次進食。我們普遍都會早點吃，睡個回籠覺再進行晨禱。

就在哈密德和我回到床上時，有人敲起門來。哈密德前去應門，我們心想應該是鄰居來請我們幫忙之類的。我聽著講話聲，接著是哈密德一路回到房裡的腳步聲。他的臉色鐵青，看起來有如快要病倒，還問我外套在哪。門外正是塔利班人，他們開了輛車在門外等他。哈密德別無選擇，只好跟他們回去。我想和他衝到門邊，求塔利班人放過他、放過我們。我倆才剛剛回到喀布爾，期盼過著安貧樂道、與世無爭的生活，但現在他們又來到這裡，硬生生地把他從我身邊帶走。

哈密德還是那個氣宇軒昂的哈密德，他一如既往，溫柔地要我待在房裡。我身穿睡衣，不適合頂著這身衣服向陌生男子求情，更何況是清晨五點出現在我家門口的陌生男子。我不清楚他們對哈密德所求為何，其中更無任何罪名，而只說他得和他們走一趟。我聽到門「砰」的一聲關上，便躺回枕頭上啜泣，緊揪著懷孕的肚子，再次對我倆的未來感到茫然，無所適從。

我在巴達克珊省認識一個為塔利班工作的男人，並在舊筆記本找到了他的地址。他在喀布爾機場東部的普理查可希（Puli-Charkhi）監獄服務。該監獄建於一九七〇年，在蘇維埃統治時期曾因殘忍折磨囚犯而聲名狼藉。我不知道塔利班人會把哈密德給帶到哪兒去，但能夠幫助我們的人已經越來越少了。你只能要求某人為你發聲一次，只要再多，他們的處境就會變得非常危險，也因此再回頭找起那些幫過我們的人是不可能的。

我和這男人不是很熟，但希望他念在我們是同鄉，同時他也認識我父親的分上對於我的請求較能感同身受。翌日，我早早醒來，披上罩袍，奔進了冬晨凜冽的空氣，前往找尋那人的蹤跡。

普理查可希監獄約在喀布爾十公里外。我走出郊區，看著先是郊區的景象逐漸退去，成了一個個的小村落，緊接著空無一物，僅剩下零零星星的泥屋，最後才是黃沙遍布、杳無人煙的道路。此處不適合女人單獨行走，特別是在這種天氣。那些路也似乎不知通往何處，緊接著監獄才登時出現在地平線外。監獄四周的守衛所拿的刺刀、剃刀在陽光下閃閃發光，而粗糙的泥牆額外加蓋了石砌觀景台，呈現出中世紀的樣貌。由於囚犯完全不可能逃脫，這地方號稱是阿富汗的惡魔島，十分駭人。我進入守衛室，解釋了我的狀況，並求見巴達克珊省那男人一面。守衛前去詢問，回來後只回答了我兩個字：「不行。」

我則回以：「你這個巴達克珊人是怎樣？」難道他毫無榮譽感可言，就連讓一個女人問起她先生失蹤的下落也不行？

我希望藉由這番指控刺激這人採取行動。我只是個新婚的回教女人，現在被丟在一邊、孤苦無依，這按理來說並不被社會所容。守衛們面有慚愧之色，並承諾會向長官傳遞這個訊息，但他長官還是拒絕見我。我知道箇中原由，也許因爲我曾當他下屬的面對他有所責難，讓他深受其辱，他這才拒人於千里之外。後來他們叫我先回家去，過幾天再來。

我感到又餓又渴，再次頂著肚裡又踢又打的寶寶邁向回家的路，而且對於他們把我先生帶到哪裡去了依舊毫不知情。

我到家時已是午時，心情低落。哈密德有位年長的親戚近日逝世，大家希望我和妯娌哈蒂嘉共赴喪禮，以示弔唁。我真的很不想去，但家族的責任與榮耀逼得我非去不可。那天下午我都在擔心哈密德，根本就記不太清楚當時發生什麼事。當我默默地坐在地毯上出神，有位年長的男人朝向我來。哈密德被捕的消息很快就傳遍了各地，即便從他遭到拘留至今也才不過短短幾天。那老人深邃的雙眼透露出同情的眼神，而且當他在我耳畔輕聲說起自己知道哈密德的下落，這同時也牽動了他那長長的灰色鬍鬚。根據他的親戚密報——老人並沒說是哪位親戚或者那人是怎麼獲得消息——我先生目前被帶往第三情報局，這是諸多情報局中最危險的一局，他們的工作是消滅政治反對者的聲浪，並將其驅趕出境。我雖然很替哈密德擔心，但我至少已經知道他在哪裡。

有整整一個禮拜的時間，我天天都去情報局報到，而對我嗤之以鼻的守衛每每都拒我於千里之外。到了第七天，他們終於准我進去看看先生。原本自然修長的他如今變得瘦骨如柴、彎腰駝背。他不停地遭人毆打，已經痛到站不直身子；他的雙眼凹陷、雙頰突出，那異常蒼白的肌膚更襯托出他深邃挺拔的輪廓。

我們坐在粗糙的木桌旁，彼此輕聲細語。我試著想擁抱他，但塔利班的監獄毫不讓人有表達情感的空間，就算夫妻之情也一樣。他告訴我，他們不是逼他在下雪時在外頭站上一夜，就是成天接受不間斷的審訊與毆打。他們問他：「你為何去見拉巴尼？你們會面有什麼目的？你和拉巴尼是什麼關係？」

拉巴尼總統受到巴基斯坦內部情報局（Inter-Services Intelligence）調查人員的監視。長期以來許多情報人員疑似與塔利班政權站在同一陣線，如今鐵證如山。巴基斯坦的情報人員顯然不斷地向塔利班政府提供拉巴尼的訪客名單，其中包括哈密德，我哥想必也在其內。

在我離開監獄時，一個資深塔利班人向我問道：「妳先生的交保金額是多少？兩千五？還是五千？」

到了現在他們顯然清楚哈密德並非政治犯。他們是能把他打上整天整夜，但他還是什麼都不知道、什麼都無法告訴他們。不過拘留此人還是讓他們可藉此牟利。爲了哈密德，我願意奉上我全部的家當，但我就是沒錢，應該說我們沒那麼有錢，至少手頭上沒那麼多現金。即使我們可以透過我哥經由巴基斯坦籌錢，但塔利班已經有效破壞了銀行體系，所以電匯或大筆借貸現在已經完全不可能。我就是付不出錢，爲此我一直感到良心不安。

現在哈密德因爲長期遭虐而變得非常虛弱。他挨餓受凍，受了風寒，開始咳嗽，而且日益惡化。他的免疫力下降，盡與許多病重的囚犯接觸同時又缺少清洗的地方等等致命的原因導致他染上了肺結核。

我備好一封要求釋放的請願書，並且計畫把那交給情報局的執行理事會。我在書中提及哈密德是無辜的，還有目前他帶有傳染性疾病，足以威脅到其他囚犯的健康。我親自把請願書送到職業文官的辦公室。他不是塔利班人，卻是個戴著眼鏡的普通男人，對他目前的長官似乎有些不知所措、無所適從。從他的年紀看來，我想他應該效忠過俄國人、聖戰士然後現在的塔利班人，亦即阿富汗在不同時代下的掌權者。

他從我手裡接過請願書，然後我忍不住說出了哈密德、他的病還有我們才新婚的事，希望得到他的同情，這樣他才會快快替我把請願書上呈理事會。當我身穿罩袍站在隔板的另一邊時，他透過眼鏡偷瞄了我一眼，然後低頭看著請願書，說道：「小姐，這請願書是誰替妳寫的？」

「是我自己寫的。」我答道。「我是一名醫學系的學生，而我只想救我病重的先生出獄。」

「妳先生很幸運。」他說。「他有個如此在乎他又飽讀詩書的太太。不過，小姐，他們要是也把我關進大牢怎麼辦？誰來照顧我呢？我太太可沒讀過書，誰能替我寫請願書呢？」

他深深嘆了一大口氣，然後把請願書放到一大疊其他信件之下，那些信無疑是由其他心急如焚的親戚所寫。「小姐，請您離開吧，我無法向您保證，但我會盡我所能把妳的請願書給送到理事會。」

我淚如泉湧，從他的辦公室離開。哈密德的性命和自由就這麼壓在一堆其他的信件之下。我知道要這名文官替我傳送那封請願書的機率可說是微乎其微。

我在雪中走路回家。當我爬起樓梯走上公寓，我感到少了先生的家就和我的胃一樣空虛。當我進入公寓，哈密德的弟妹哈蒂嘉跑來迎接，問我有沒有什麼有關他被釋放的消息。我無言以對，直接走進臥房，躺下身子，試圖噙住淚水。我打了個盹兒。幾小時後，穆拉（mullah，回教對高僧或宗教學者的敬稱）喊起「iftar」（終止齋戒的晚餐）的聲音將我喚醒。我悠閒自在地聽著「Hai Alal falah, Hai Alal falah!」

我感到飢腸轆轆，於是起身走到另外一間房，期待看到哈蒂嘉還有她的孩子正準備用餐，不過她和我一樣心情低落，所以也睡了整整一天。無人備餐。我突然浮現了一陣罪惡感。這是哈密德的家，然後我身爲他太太，他人一不在居然就無法繼續持家、照顧他的家人。他好歹是因爲我家人犯錯才會入獄，於是我外出買點米、肉，然後回家烹煮。哈蒂嘉來到廚房，一副大驚小怪的說我現在身懷六甲，應該多多休息。她從我手裡接過刀子，代我切起洋蔥。我倆繼續煮菜，即便默不作聲，卻樂有對方相伴。那是一個喀布爾的寒冷冬夜，大雪紛飛，城市也因恐懼和無趣而顯得一片悄然。

我雙眼含著淚水，轉過身子向哈蒂嘉說道：「親愛的，眞的很抱歉，我覺得自己的所作所爲都在爲你們家帶來麻煩，我眞希望哈密德從沒想要娶我，都是我害得他這麼痛苦。」

她放下刀子，擦去切洋蔥而流下的淚水，並握住了我的手。「法齊婭，我哥很堅強的，入獄只會磨練他的人格、讓他變得更強，所以妳不必道歉，而應該以他爲傲才對。他可是因政治迫害，而不是因犯罪而入獄的呀。」

這是我們第一次討論到哈密德爲何入獄，她其實擁有充分的理由痛恨我和我的家人，而我對於她能夠評估狀況又保持鎭靜感到不可思議。哈蒂嘉堅強、聰明又通情達理，我一向十分佩服。她的語氣讓我深受感動，我也因哽咽而無法回答，只是繼續攪拌飯鍋，試圖默默透過眼神傳達我的謝意。

她給了我一個擁抱，然後要我去飯廳找粒棗子或找片水果來吃，爲禁食劃下句點，還告訴我得以寶寶的健康優先。

我依言前往，並且獨自坐在飯廳，心中開始閃過童年的記憶。那些記憶長久以來已被遺忘且幾乎已完全隱藏在我內心深處，如今卻因我鬱鬱寡歡而再次湧現。我回想起父親在世時，土泥宅裡結束齋戒的晚餐都會有張傳統的餐巾鋪在房間中央，那餐巾看似一塊大桌布，卻不是拿來鋪桌，而是鋪地之用。

當地村婦親手用細緻的織線製成餐巾，上頭有著最美麗鮮豔的色彩，亦即由山間植物與花朵所提煉的自然染料而染出的紅橘線條。墊子與靠枕就擺在餐巾四周，人人皆可盤腿其上，坐享美食。

餐巾還會高高疊起營養又美味的齋戒終止餐，像是**bolani**（塞滿蔬菜的美味扁平麵包）、**manto**（碎蒸肉、洋蔥和優格的夾餡派），還有**kabuli pilau**（葡萄乾、扁豆和紅蘿蔔拌飯）。我的諸位姊姊一向會搶著備餐，而且通常是在齋戒結束外加一群群有如蝗蟲過境的家族成員赫然出現之前的短短幾分鐘。

我父親不是不在，就是和他的客人——所有太太和他們的孩子，也就是我同父異母的手足——坐在一起，除此之外，所有家庭都會團團圍坐，邊坐邊吃，有說有笑。當時我雖然年紀尚輕，但那一直是我最鍾愛的時光，因爲當時人人都能放鬆自我，分享當天的故事。一想到戰前全家並無遭喪親之痛，我就突然一陣心痛。我是如此想念我母親和我的兄弟姊妹，我好渴望再回到那個時光，那個天眞無邪的鄉下孩子一心只想著偷吃巧克力或穿上木鞋盛裝打扮的時光。

哈蒂嘉拿著一碟拌飯進房時，我的思緒遭到打斷。我對她微笑，一臉感激。她的存在提醒了我不是獨自一人，哈密德的家人如今也成了我的家人。哈蒂嘉的孩子跑來加入我們，在大家全都曲腿抱胸之時，我感到豁然開朗。

我每天都試著去探望哈密德，而且偶爾眞的會看到他一臉毫無畏懼，假裝自己過得很好。他不希望我擔心，但我還是可以看到他的雙手不住哆嗦，還有日漸消瘦的臉上呈現出處處瘀青。我假裝相信他的話，試著當個盡責的太太，因爲我很清楚自己要是當場揭穿、指出他遭虐的證據，那麼這只會讓他更難度日。我想，試著在他懷孕的年輕太太面前藏起自身的苦難能給他更多力量度過難關。所以我們把握那麼一丁點寶貴的時間談論起家庭生活的日常事務，彷如他剛開完生意的會，或者從商店街、其他各地的夫妻都習以爲常的一般場合回到家裡。假裝這就是我們的日常生活比較容易——也就是當作並沒發生什麼怪事、恐怖的事或異常的事。有些人會說否認是錯誤的，也許吧，但當你一旦被人丟進颳起狂風暴雨又絕望無助的海域，否認很可能成爲你極欲抓緊的小小浮木。有時你得透過否認才不致下沉溺斃。

我決定再次嘗試說服那個在普理查可希監獄中服務的巴達克珊人協助我們。在我走得又長又累才到達那裡之後，這回他邀我進辦公室讓我鬆了口氣。我告訴他哈密德是無辜的、與任何政治犯罪無關，同時他一直飽受虐待，若不盡快出獄很可能就會慘死獄中。但一如既往，這麼說還是一點用也沒有，他說他幫不上我們的忙。我哭了起來，他則長長的嘆了口氣，接著心不甘情不願的承諾自己會試著和掌管哈密德那區的守衛談談。

禮拜五下午，也就是我通常能見到哈密德的那天，哈蒂嘉穿上了那件全罩式藍色衣袍（shuttlecock burqa），我則穿上了阿拉伯式的黑色罩袍（niqab），然後雙雙走往監獄。

我們在大門前等著，守衛入內叫喚哈密德。就在他這麼做的同時，門正開著，讓我能夠偷瞄一眼主要建物的內部。我看著第二名約莫才十幾歲的年輕守衛正在清洗手腳，進行回教禱告前所必須完成的沐浴儀式。第一名守衛靠近他身邊，然後那人以普什圖語問道：「Sa khabara da?（怎麼了？）」

那名守衛答道：「Hamid khaza raghili da.（哈密德的太太在這。）」

那名年輕人放下水桶，開始朝我們走來。我趕緊轉過身子，這樣他們才不會發現我一直往裡頭看。有些男人從旁走過，我聽到他們說著烏爾都語（Urdu），也就是巴基斯坦境內最普遍的語言。他們不是囚犯，所以我只能假設他們是追隨塔利班政權的巴基斯坦人，目前在我們的監獄工作。我牽起哈蒂嘉的手，希望這年輕人可以帶來釋放哈密德的好消息。他直接朝我們走來，問道：「Hamid khaza chirta da?（哈密德的太太是哪位？）」我向前一步，用左手掀開面罩，說道；「我就是。」

那人二話不說，彎下身子從地上撿起一粒石頭，並朝我頭上扔了過來。我受到驚嚇而蜷起身子。「妳這女人，妳和妳周遭的巴達克珊人抱怨我們是不是？妳以爲妳是誰？妳怎麼可以這樣？妳這女人，滾，給我滾！」剎那間我嚇到動彈不得。我張口欲言，試圖解釋我只不過想救出我無辜的先生。那人撿起第二粒石頭，又朝我扔來，這次剛好沒扔到，而且在他這麼做的同時，我伸手保護自己，讓他瞄到了我手上塗的指甲油。

他嗤之以鼻，往地面吐了口口水。「看看妳的指甲！妳可是回教徒耶，居然把指甲搞得和妓女一樣！」

我氣得漲紅了臉，想要告訴他無權批判或評論別人的太太。我是個和他毫不相干的回教女人，所以他也無權論斷我的是非。不守本分的回教徒是他，不是我。

哈蒂嘉看得出我的心思，向前一步阻止了我。那人又抓起了另一粒石頭丟我，「臭女人，妳給我滾！」哈蒂嘉一把抓住了我，我倆半跑半走地回到大門。一旦回到了安全距離之內，我便轉身向她大聲說話，好讓他們全都聽見。「這些人根本就不配當回教徒，他們甚至不配當人！」那人又作勢扔我石頭，接著轉身走進屋裡，同時罵著我所認識的回教徒所絕不會使用的髒話。

然後，剛剛發生的這件糟糕事給了我當頭棒喝：我原本試圖要和普理查可希監獄裡的巴達克珊人說上話，如今事與願違，我不但遭人羞辱，更使哈密德的處境愈益艱困。

罩袍下的我開始發抖，嚎啕大哭，就連哈蒂嘉也哭了。很幸運地，我們順利找到了一名計程車司機願意違反教條，載送並無親戚關係的女乘客。我信不過自己的雙腳還能行走，更在憤怒、恐懼與單純感到丟臉的複雜情緒下不住顫抖。一回到家，我便整個人撲倒在床，痛哭失聲。

當天晚上，哈蒂嘉和我達成協議，也就是這陣子先別試著探望哈密德。這麼做可說是萬不得已，我們深怕這只會讓他的處境變得更加艱困，並招致更多不合理的毆打。守衛已經認定他太太就是一名傲慢無禮、抗議他無罪入獄，並同時擦起亮光指甲油的婊子。普理查可希監獄的巴達克珊人讓我感到怒不可抑，我甚至懷疑他不但不會幫忙，還會故意給我們找碴。實際上，我從來就沒向他抱怨過哈密德的狀況，而只是提及他的病情還有他是無辜的。

那一晚，我對哈密德獲釋的最後一絲希望破滅了。

我有整整兩個禮拜試圖不去看他。我不想受到那些守衛的羞辱，同時也怕即便他們讓我看他，我也會哭倒在他面前。我最不能讓他擔心我開不開心。但緊接下來的禮拜五我再也按捺不住。我得見我先生，也得問他某件重要的事。身爲人妻，我得獲得他的許可才能旅行，我打算前往巴基斯坦，也就是我哥那裡待產。我一想到自己得在喀布爾，這個塔利班政權下嚴禁所有女醫生行醫而且男醫生不得替女人看病的國家產下第一胎，就讓我感到無法忍受。

爲了安全起見，哈蒂嘉堅持與我同行，當我們接近牢獄大門，我全身緊繃。對於他們會不會讓我見他，我並不樂觀。我距離大門還有幾步，此時哈蒂嘉走向警衛，要求探視哈密德。他先是消失，後來帶著先前向我扔過石頭的那名年輕警衛回來。我不發一語，哈蒂嘉也是，預期隨時會有一粒石頭飛過我的頭上。他直盯著我看，然後命令我：「女人，站過來點。」

我緩緩向前挪動，對自己說他要是再扔我石頭，我就要以牙還牙，一把給它扔回去。

「給我看妳的左手。」他命令說。我默不作聲，沒給他看我的手，而只把雙手藏在罩袍下。這人是個大老粗，而且在我眼中，他渾然不知阿富汗人隨時隨地都保持著彬彬有禮的習俗。

在我藏起雙手時，他笑著說道：「我告訴妳，別再擦指甲油了。因爲妳要是擦了，妳就不配當個回教徒。」

我在遮起面罩的安全保護下瞪了他一眼。他敢說我不配當個回教徒，卻准他自己評論別人太太臉上的妝?!「妳幹嘛擦指甲油?說!」他命令道。

我盡量鎮定地回答他。「我們才新婚四個月而已，就習俗、文化上說來，新娘都要在新婚第一年化妝、穿新衣，身爲阿富汗人的你應該知道這點吧?」

他低聲冷笑，還露出了一點黃牙。「我知道啊。妳是要不要我放妳先生出來？」

我不知道該說什麼，心想他就是在嘲笑我，於是答道：「他是犯了什麼罪？他根本就沒犯罪啊。」

守衛聳了聳肩，說道：「妳走吧，然後帶個男親戚過來，要他準備讓我看看他的財產。要是那人可以拿自己的財產擔保妳先生不會試圖逃離喀布爾，那麼我就放他走。」

我不發一語就轉過身子，拔腿狂奔，跑出大門，哈蒂嘉則在我身後追著。我們不知道他是不是認真的，但我們知道先試再說。我倆站在街上，就站在一個由男人主宰的瘋狂世界中對望。我們不知道可以問誰或接下來如何是好。我的兄弟全都已經離開喀布爾，哈密德的家人也多半住在巴達克珊省。

然後我想起了一位自營店家的表親。我們一路跑過街道，往店家而去，抵達後氣喘如牛、上氣不接下氣，結果發現店家居然沒開。我們興奮之餘忘了今天是禮拜五，也就是祈禱與放假的一天。

我不想讓監獄的守衛有機會改變心意，並錯失任何釋放哈密德的可能性。我們跑回監獄。那名守衛正坐在椅子上享受陽光。我很開心看到他這麼放鬆。

唯恐自己再次惹他生氣，我並不想接近他，所以是哈蒂嘉上前解釋整個情況。他站起身子，毫無反應就直接回到牢裡短短幾分鐘——但感覺卻像是三天三夜——然後帶著哈密德和另一名看來甚至更年輕的守衛出現，接著開口說道：「哈密德可以跟妳們離開，這人也是，然後妳要是可以帶回一封鄰居或朋友的信，那麼我就放他出獄。」

他叫了一位塔利班司機開起Hilux小貨車載我們離開。我們全上了車，而我因爲害怕那名守衛而不敢盯著哈密德，卻只偷偷瞄他一眼，看到他面如白紙、似乎隨時就要暈倒。

那名同行的年輕塔利班人告訴我們他是來自瓦爾達克省（Wardak）。他爲人和善，但卻年紀輕輕，我很懷疑他在監獄裡究竟具有什麼影響力。我很怕沒有鄰居可以幫忙，然後他就會直接把哈密德載回監獄。我們開進馬可羅利安時早已夜幕低垂。哈蒂嘉回想起我們鄰居之中有個家族自己有棟公寓，她和他們並不太熟，但我們別無選擇，只好找他們當起保證人。當哈密德、我和那名年輕的塔利班人上樓在我家公寓等著，哈蒂嘉前去找那人談談。我感到痛苦萬分。哈密德就坐在自家的客廳裡，但我幾乎跟他說不上話，而且他很可能隨時就會被帶回監獄。

我仍穿著罩袍，但我注意到那名年輕的塔利班人正盯著我的臉看，試圖解讀我的眼神。我很害怕，於是低下頭來。我想，他看到了我有多麼難過、多麼恐懼。他是道道地地的普什圖人，說得一口流利的普什圖語，但卻以不甚流利的達利語（Dari）——他知道哈密德和我都說達利語——向我攀談。「小姐，不必擔心，我也才新婚二十天，所以完全可以了解妳的痛苦。即使妳找不到保證人，今晚我也會把哈密德留在這裡，然後明天再來拿信。」

他冒著激怒長官的危險給予我們如此天大的恩惠。這次又收到他突如其來、毫無預兆的慷慨協助眞是讓我們料想不到。哈密德和我雙雙向他致謝。

我們全都默默坐著等待哈蒂嘉回來。

我聽到了公寓的走廊傳來了男人的聲音。我走了出去，看到約有六名男性鄰居。他們面帶笑容，說看到哈密德出獄眞是開心。他們全都叫我不用擔心，說會集體當起哈密德的保證人。我對此銘感五內，以致不知所措，只是喜極而泣。他們走進客廳，哈密德則給了每人大大的擁抱。兩名擁有房子的鄰居簽了保證書，其中聲明身爲工程師的哈密德不會離開喀布爾，並會隨時應塔利班人的要求至內政部報到，若有違保證書的規定，兩人財產將予充公。我們鄰居可說是冒了極大的風險，而我也再次對於有人能在這樣分歧動亂的時代慷慨助人感到不可思議。

我拿出最近才繡好的蕾絲小手帕給了那名年輕的塔利班人，作爲他新婚太太的賀禮。他誠摯地向我致謝，而我則相當納悶這樣和善且貼心的年輕人怎會加入塔利班政權的行列。他和其他人是多麼不同。

熱心的鄰居離開之前彷彿過了一世紀之久，最後我終於得以和先生獨處。他看起來就像自身鬼魂的化身。哈蒂嘉和我試著說起笑話、逗他開心，他也的確噗嗤一笑，然而就在笑的同時，他歇了口氣，開始咳嗽，緊接著連連乾咳、咳到不能自已。哈蒂嘉和我面面相覷——沒錯，哈密德染上了肺結核，咳成這樣正是病情惡化的表徵。

親愛的蘇赫拉和雪赫薩德：

在妳們的一生中，都會有絕望、無力還有只想放棄同時不想面對這世界的時刻。但我親愛的女兒啊，身爲我們家族的一分子，我們可萬萬不能放棄。

妳父親在新婚那幾天被捕時，我很想放棄。要是我沒有懷孕、感受不到雪赫薩德正在我肚裡拳打腳踢，我也許眞會放棄。但知道自己即將孕育新生命，這意味著我得更賣力與命運搏鬥。我也想起了我母親，也就是妳們的外婆。想像一下她在外公過世後是否就放棄一切，是否就選了一條輕鬆的路、直接下嫁給不想要拖油瓶然後對我們漠不關心不然就是把我們丟進孤兒院的男人——她完全沒有這麼做，因爲女人是不懂得如何放棄，而且永遠都會堅持到底的。

再想像一下外公是否在中央政府已經明白告訴他不可能蓋得出阿坦加道（Atanga Pass）就毅然放棄。試想會有多少人葬身山中。外公拒絕放棄該計畫多年來可是拯救了無數的生命。

我感謝主，讓我體內流著他倆的血，因爲他們，放棄這種事我也辦不到。

還有妳們，我親愛的女兒，妳們和我系出同源。要是哪天妳們慘遭恐懼吞噬、卻步不前，那麼我要妳們牢牢記住這些話語。放棄這種事我們辦不到。我們搏鬥，經歷，爾後倖存。

深愛妳們的母親

〔第十五章〕

回歸故土

一九九八

遭到監禁的那幾個禮拜，哈密德被打到不省人事，上起鐐銬，然後在狂風暴雨、大雪紛飛時被丟在外頭好幾天，以示懲戒。於是他染上了要命的疾病。而這是因爲什麼？什麼都不是。他根本就毫無罪名，無從起訴。然而不幸的是，哈密德的故事在塔利班政權的時代可說是稀鬆平常。不少其他無辜的男女也一樣被關進塔利班監獄、遭受類似的命運。

時年一九九八，初春，隨著天候日漸轉暖，厚厚的冬雪融得極快。人們再度迎接春陽，這讓人鬆了口氣，同時也對哈密德較爲有利。他仍舊病重，咳嗽不斷。

如今我已懷孕約莫七個月，然後寶寶很好動，在我肚裡拳打腳踢、翻滾扭動。未出生的寶寶正在測試成長的氣力，外加哈密德也會在間隔一段固定的時間就突然咳嗽起來，這都讓我未能一夜好眠。

哈密德已經病到無法工作，而醫生所開的處方對他的病情也似乎幫助不大。即便日照漸暖，喀布爾的局勢卻是日趨專制。首都下的塔利班可說是絕對威權統治。我們無時無刻不戒慎恐懼，深怕他們直接現身門前，就這麼把哈密德給拖回牢裡。問題不在於他們會不會這麼做，而是何時這麼做。

但哈密德因爲先前待過牢裡，健康狀況明顯惡化，以致他要是四度遭到拘留，鐵定是要葬身獄中。我們知道須得逃離塔利班的控制，而巴基斯坦眞的不是理想的選擇地，況且自從巴基斯坦的間諜密告哈密德曾造訪拉巴尼的組織基地後，他便成了塔利班人的目標，我們也怕一回到那他就會遭到跟蹤。

雖然我們曾經承諾塔利班人會待在喀布爾，但最後還是決定逃往巴達克珊省。那些爲哈密德簽下保證書的善心鄰居說他們支持我們的決定，要我們趁著能逃快逃。

這個北方省分係屬戰略要地，拉巴尼總統與馬蘇德的軍隊仍在這與塔利班政權相互對峙。就連軍力強大、戰無不克的蘇維埃戰爭機器都無法戰勝巴達克珊省的聖戰士，所以對於可以在那尋得眞正的政治庇護、免於塔利班政權的壓迫，這點我們充滿希望，只不過這趟旅程將會是滿布荊棘、困難重重。

哈密德的醫生替他開了半年份的藥，然後我們便啓程出發。即便不去考慮塔利班人所帶來的風險，過程中我們得上山下海、跋山涉水，無論如何都會是一趟艱困的旅程。哈密德病重加上我有孕在身讓我倆變得更是弱不禁風、毫無招架之力。我們是絕望之餘才決定在這種節骨眼兒踏上旅途、逃離喀布爾。這曾是我避風港的城市至今竟有如嗜虐成性的守衛所橫行的牢獄。

我打包了一些個人用品踏上旅途，其中多半是結婚賀禮和紀念家人的物事。我希望能夠躲過塔利班人的監視，在行李箱底的布料下藏起幾張我母親和穆沁，也就是我那遇刺身亡的哥哥的寶貴相片，卻也很清楚塔利班人要是發現相片就只會直接銷毀，所以不敢冒起這種險。

妯娌哈蒂嘉決意要和孩子待在喀布爾。我吵啊勸啊，但她就是沒得商量。我想她覺得自己虧欠她已故的先生，也就是哈密德的弟弟，所以才想留在喀布爾把孩子養大。她儼然已和我成了好朋友，因此要我把她一個人丟在這個家然後自行離去讓我非常掙扎，但我終究還是尊重她想留下的決定。

要是我能感受到塔利班有那麼一點機會願意放我們一馬，那我或許也會留下。但哈密德和我的時間是借來的，某位塔利班的行政官員遲早會從頭到尾把拘留和釋放的名單看過一遍，然後決定派出更爲狂熱的年輕人僅以嫌犯之名再次逮捕哈密德。他們秉持的態度似乎是「他正打算幹什麼壞事。咱們先逮捕他、折磨他然後他就會從實招來。」沒錯，要是你折磨一個人的時間夠久，他是會屈打成招；但他要是寧死不屈，那麼根據塔利班人的邏輯，他就是連死都要守住某個不爲人知的重大祕密。

一般人多半是因爲他們口中瑣碎的違法事件而入獄。哈密德坐牢時曾和一位計程車司機聊過天，那人因爲載送單獨行動的女乘客遭到逮捕。但很諷刺的是，那位司機是被關進大牢沒錯，但事件中的女性通常會被控以「引誘」的罪名，下場更慘。塔利班的統治規則與執法方式通常就像持槍的男人那樣獨斷專制，而這塑造出一種偏執的環境，以致人人覺得待在家裡要比出門、冒險違反新法來得安全。

這種情況不但讓人戒慎恐懼，也教人火冒三丈——這些人自認爲他們在治理我的國家，但卻是在摧毀我的國家。而且他們的所作所爲全都以阿拉爲名，藉此作爲全民政治的準則，好堵住那些批評人士的嘴。你們不喜歡我們對待女人的方式？好，你對回教不夠虔誠；你想聽音樂？好，你對回教不夠虔誠；你對我們的司法體系心存異議？好，你對回教不夠虔誠；你說我們單方面誤解了《可蘭經》？好，你對回教不夠虔誠。一如黑暗時代（約從羅馬帝國滅亡至文藝復興開始前那段文化層次下降或社會崩潰的時期）所根深柢固的觀念那樣，這些並未受教的人不但對這世界缺乏有深度的見解，還決定把我的國家變成那樣，因此我們即便痛苦萬分，卻也毫無選擇、不得不離開喀布爾。

我們一早就啓程動身，在山間微露曙光之時躡手躡腳的踏過了城市街道，而每當計程車開過隆起的地面，車裡的彈簧就會發出吱吱嘎嘎的聲音。我們計畫往東方開去，順著喀布爾河河道直抵蘇羅比（Surobi）。塔利班的影響力只延伸到喀布爾北方幾百公里外。過了那裡，馬蘇德的軍隊目前正極力牽制塔利班的勢力不得接近。但爲了投靠他們，我們得先設法通過戰線，因爲塔利班人懷疑間諜多半都是逃往北方，所以我們在那不會有遭到殺害或引人注目的問題。

小鎮蘇羅比坐落於蒼綠繁茂的山谷間，四面環湖，遠自一九五〇年就得三不五時替首都供電。相較之下，開個七十公里並不算遠，但由於這山谷見證了內戰期間幾場最爲壯烈的戰役，因此路面盡是坑洞，教人寸步難行（即使根據阿富汗吃苦耐勞的旅人標準也是如此）。這意味著我們多半得以走路的速度開著車，貼著其他車子小心行駛，而且碎石路兩側的地面上盡是精心布置、足以致命的地雷陣。過去二十年來，阿富汗全國上下就已經拆除一千多萬枚地雷。時至今日，這種邪惡的武器不僅造成我國國人肢體傷殘、命喪黃泉，同時絕大多數的受害者都是孩童。

勞累的司機偶爾會駛離安全的路中央，有時這樣沒事，但有時車子會迸出一陣濃煙，然後車體金屬瞬間燃燒起火。最大的地雷是用來摧毀重達六十噸的武裝戰車，所以把一輛荒廢生鏽又只開了九百公里的汽車開上地雷，便有如把一朵蒲公英放在發出巨大聲響的噴射引擎前方。而司機在試圖抄起捷徑時的場景最是可怕。由於爆炸通常會炸去輪胎還有整輛車子前方，所以一旦不幸爆炸，司機本人便首當其衝，最先斃命。嚇到魂不附體且不住哆嗦的倖存者則要在爆炸後的火焰越演越烈之時面臨重大抉擇：你不是葬身在慘遭火舌吞噬的車子殘骸中，就是從破掉的窗戶一躍而出，然後賭一賭自己在地雷區的運氣如何。你眞正的選擇只有一個，而那正是一種生死賭注，並非人人會贏。

通往蘇羅比的道路會先經過首都外圍乾旱又漫天風沙的平原，再經過巴格拉姆空軍基地（Bagram Air Base）。巴格拉姆如今雖是美國在阿富汗的主要軍事基地，然而該地當時已是蘇維埃政府的空軍指揮中心，規模驚人。

山谷向外延伸便是陡峭多石的山區，而穿梭於峽谷間的道路蜿蜒崎嶇。我們一到蘇羅比，車子便北轉開往塔格布山谷（Tagab）。從蘇羅比到塔格布這段路更是糟糕，該區只不過距離喀布爾東北方一百五十公里，過去蘇維埃時代下慘烈的戰役便可見一斑。路面遭到嚴重轟炸，變得坑坑洞洞，爲了防止紅軍（Red Army）進犯，聖戰士甚至還把部分路面炸毀。當我們抵達塔格布，我很驚訝看到如此多簡易的泥宅已成斷垣殘壁，當時許多人就住在瓦礫堆中，看屋子剩下哪個部分，就躲在那個地方，以那裡爲家。

哈密德和我感到十分焦慮。到目前爲止，我們已經順利通過塔利班的檢查哨，而下一段旅程將會加倍艱辛。塔格布象徵了塔利班前線在這部分山區的終點，其中有很多軍事配備、來福槍的彈藥、大砲、迫擊砲、火箭，還有似乎放滿供給坦克和卡車所需燃料的大型補給站。滿臉鬍碴、一臉疲憊的年輕人站著崗，隨著我們接近主要哨口，交通也開始堵塞。哈密德和我此時全身僵硬——這關係到我倆能否順利逃脫。我們憂心哈密德的名字也許已經列入塔利班的觀察名單，還有他在此出現或許足以讓塔利班人逮到充分的藉口再次拘捕他入獄。

隨著汽車、卡車的車流緩緩前進，我可以看到神色緊張的男人和他身穿罩袍的太太雙雙被叫下車子、亮出行李進行檢查。綁起黑色頭巾、顯然徹底效忠塔利班政權的年輕男人快快搜過打開了的袋子和行李箱，並把打包得整整齊齊的衣服和寶貴的個人物品扔到地上。其中有人一陣高呼，突然站起身子，有如拿起紀念品那樣高舉一片錄影帶，也就是違禁品。此時有個女人朝著帶子蹣跚而來，塔利班人卻把帶子懸在高處，讓她怎麼也搆不著。她雖身穿罩袍，我還是看得出她很年輕，想像著她也是一名新娘，正在憤怒、挫折與恐懼中掙扎，其中的憤怒與挫折，在於她所煩惱的事招致他人不平的對待，而其中的恐懼，則在於她清楚明白自己要是抗議，反而會冒險引來更嚴重的後果。她先生就待在幾步之外，叨叨細語，要他太太乖乖住手。他本來不會阻止他的新娘，因爲他很清楚她做得正、行得正，但此時他既不能質疑塔利班人，也不能讓他人看出他在縱容她抗議的行徑。

持槍手朝女人的胸口用力一推，手就這麼停留在她凹凸有致、若隱若現地藏在罩袍下的雙峰。她先是嚇得倒退一步，之後才因受到性騷擾而忿忿不平、再次衝向塔利班人。他只是笑著，又摸了她一把，然後拿起肩膀猛撞她的下巴，把她一口氣撞倒在地。剎那間，她躺在地上，瞠目結舌，然後就在她撐起雙手雙腳的同時，年輕的塔利班人當著她的面把那片黑色的塑膠錄影帶扔到地上，用鞋跟死命地踩，把脆弱的外殼給踩了個稀巴爛。那女人不發一語，只是抬起頭來，好把刻劃在男人臉上的殘酷神情看得更加清楚。他彎下腰來，誇張地朝她咧嘴一笑，然後撈起四散的影帶底片。他還把塑膠底片纏在指間，一邊後退看著她作何反應，一邊轉身面對大樹，猛力一擲，把糾結成團的殘骸給擲上樹枝，任其垂落在樹叢之間。她低下頭來，隨著先生彎腰扶她起身而暗暗啜泣。塔利班人黑暗的雙眸閃耀出勝利的光芒；他顯然因為另一次精神上的勝利而沾沾自喜。樹叢在正午的烈陽下閃閃發光，上頭掛滿了一堆類似的影帶底片。他們顯然三不五時就會玩起這種遊戲。

我決定把家人的照片留在家裡確實讓我心痛一時，但現在我很慶幸自己並沒隨身攜帶那些照片。在我趕著攤開車裡行李的同時，哈密德則是默默問起他人哪裡可以租到馬車、請到嚮導。我們計畫要通過狹窄的山路，逕向西北並未受塔利班政權所管轄的賈布爾・沙喇（Jabul Saraj）而行，並打算繞經西邊山區與戰時前線，而非一路北行——這同時是最直接卻也最危險的路徑。

我很擔心塔利班人會拿走我倆的護照並加以撕毀，但一輪到我們面對檢查哨時，武裝人員實際上不太注意到我們。他們同伴和新婚夫婦所玩起的遊戲讓他們心情大好，然後在粗略地檢查行李之後，便直接讓我們通關。然而排在隊伍後面一點的某個女人可就沒這麼幸運了。因為她身穿我國北方傳統的白色罩袍，所以顯然是來自北方的省分，而塔利班人便以她怎敢穿著這種服裝為由加以抨擊，並拿起藤條和整條電纜予以毒打。

我對於騎馬並不抱持任何期待，但在我們目睹這些事情之後，我等不及要逃離這些恐怖又泯滅人性的男人，進一步逃入相對較為安全的丘陵區。我已懷胎七個多月，爬上哈密德想盡辦法所租來的馬須得經過一番掙扎，但在哈密德的協助和我想逃脫的慾望之下，我奮力爬上了馬，而哈密德則在馬旁行走。隨著我們把塔利班人甩在身後，這便有如我的人生已經轉往某種陌生的平行宇宙，讓我感到相當詭異。身為一對夫妻，哈密德和我正是我心中阿富汗未來會是如何的縮影：一位受過教育、滿懷抱負的年輕女人和她教育程度相當、彬彬有禮、博學多聞又溫柔體貼的先生，但如今我身穿罩袍，騎在馬上，同時我那一頭長髮、滿臉鬍鬚的先生正伴我行走，攀越群山。塔利班式的意識形態似乎快要把我的祖國禁錮在黑暗時代。

但在這番恐懼之下，我卻也相當樂觀。塔利班人並未確實呈現出阿富汗人那般我所熟悉且鍾愛的真實精神。他們早已精神異常，一種經由多年的戰爭與磨難所引發且進一步全然吞噬人心的疾病。當我倆跋山涉水，順利通過重重狹路，我直感壓力漸減。隨著我小心踏出每一步，我似乎也越來越放鬆，直到經過數小時的艱苦跋涉之後，我們終於抵達了反塔利班北方聯盟的前線。

我們抵達時並沒聽到什麼嘹亮的號角聲。我們只是到了一個小鎮，鎮民一如往常做起生意，而嚮導在此時轉向我倆，彷彿說著：「我們到了。」

我們安排了另外一輛車把我們載往賈布爾．沙喇。開到這裡只不過短短的幾個小時，但儼然就像進到另一個世界。市場全是商家，人聲鼎沸。女人和男人一邊走著一邊說話，完全不見塔利班人的那種絕對監視。餐廳也忙著招呼用餐的客人。哈密德和我到了旅館登記入房，這種在喀布爾絕不可能發生的事在這感覺起來卻是稀鬆平常。

當我站在小旅館的門廳中，我腦海中不斷地浮現過去幾年來所發生的事。塔利班統治下的人生已在我渾然不知的情況下改變了我，至今我才恍然大悟。我再也不是以前的我；我的信心已經消逝，每天戰戰兢兢也耗盡了我所儲存的精力。我就像一名謹守婦道的塔利班婦人默默站在那裡，倘若是過去的我，我定會安排起入房事宜、檢查房間並確定服務員眞有替我們把袋子送進房裡。現在的我卻相當被動，只是等候先生安排一切。了解到自己變了多少眞是讓我感傷。甚至在我小的時候，我也很會張羅事物、安排事情，每當我母親談起童年往事總是對此讚不絕口。塔利班已經帶走那個自信滿滿的女孩、堅決果斷的青少年，並把她變成微不足道、冷酷無情、心存恐懼且筋疲力盡的女人，她穿著一身罩袍，就活在那一身隱形的斗篷下，渾然沒了自己。

旅館經理或主人正興高采烈地揮著雙手表示歡迎，但我實在無法拖著身子和他們說話。我對男人的態度也變了。他們殘酷、不可信任，只是伺機剝削女人，我的人生態度竟在回教的名下歷經了重大轉變——即便那樣的回教我並不認同。這種性別的分化乃是出於恐懼與懷疑，而非出於我一路成長以來所深信不疑的尊重。

我母親生於一個遠遠更加保守的世代，但即便如此，她仍樂於享受那種塔利班政權下拒絕授予我和其他數以千計的女人所渴求的自由與權利。只要她想，她就可以探視她的家人，並負起外公不在時掌管事業、監督每年前往高山牧場放牧牛群的重責大任。是，我父親是會打我母親，對現代來說雖看似錯誤的舉動，但對當時的村落文化來說，這卻是家常便飯，而且即便如此，我知道他其實很尊重我母親。塔利班人對待女人的方式與這相差無幾，甚至有過之而無不及，但其中卻毫無尊重。

我的內心深處一陣默然，時至今日，我甚至都沒注意到它。隨著我每次探監、每次看到女人在街上被打還有每次像我這樣的年輕女人就在眾目睽睽之下遭到處死，這份默然也就愈益膨脹。

我們走上房間，那裡就像阿富汗典型接待客人的房型：狹小，地上放著床墊。我百感交集，逃離塔利班政權後所引發的情緒翻攪出我長久以來埋藏在心中的感受。哈密德心情大好，開心到幾乎在我們的小房間裡手舞足蹈，儼然像個小男孩，我原以爲他在獄中度過了那些寒冷的冬夜後，這番稚氣早已消失殆盡。他的熱忱深具感染力，最後我也讓自己放鬆起來，褪下罩袍，連帶把自己的憂慮也扔到房間一角。看著起皺又骯髒的罩袍就堆在那裡，我實在很想跳到上頭、死命地把它往地上踩。

「親愛的，把圍巾披上，」哈密德說，「我們要出門了。」

這番話聽來似乎相當陌生，以致有那麼一瞬間，我覺得他怎敢要我做出這麼頑皮的事，有如我們正是兩個調皮搗蛋的孩子，策劃著什麼不被允許的事。

一陣雀躍之情油然而生。我能，我們居然能像一般夫妻那樣外出走在街上。我只須蓋住頭髮，毋須遮住臉頰。我懷孕的肚子已經很大，然而當我們如今就像一對青少年在外蹦蹦跳跳、有說有笑，我似乎感到有些飄飄然，久久不敢置信。

拂過我臉上的微風就像自由所送上的親吻。我用圍巾蓋住全部的頭髮，身上穿的衣服也是端莊穩重，全都符合回教教義，只不過少了罩袍讓我有如袒胸露背，感到渾身不對。我又開始思考塔利班人對回教帶來了多少傷害。有人的所作所爲全都以阿拉爲名，但他們並不尊重自己口口聲聲所代表的眞神。他們並未恪守《可蘭經》，而置自我爲神聖的教義之上，相信自己——而非眞神——有權成爲道德的仲裁者，得以決定何謂正義、何謂禁忌。他們攔截回教、腐化回教，把回教變成一種達到自我最終目標的工具。

隔日一早，我們搭乘小型公車前往巴格蘭省的首都普里昆穆利（Puli Khumri）。阿富汗的公車亂七八糟。哈密德和我上了車，坐著等待其他乘客和親友告別，和司機吵架，又或者試著在行李已經不堪負荷、滿了出來的車頂再堆上一只額外的行李。附近的叫販正在推銷**Ashawa panir**，一種當地特產的起士，同時也是許多阿富汗人野餐時最喜歡的餐點。就像多數的懷孕婦女，我的胃口極佳，要哈密德替我買些回來。就像體貼的丈夫該做的，他忠於滿足我的需求。當他再次上車，他雖氣喘吁吁，手裡卻抓著一小塊味道清淡、富有嚼勁且品嚐起來並不像莫札雷拉（**mozzarella**）的白色起士，此時公車差不多要開了。然而，在他不顧一切英勇地衝去替尚未出生的孩子他母親買些起士時，他忘了加上葡萄乾，也就是可以協助這種起士提味的傳統配料。我不想讓自己好像一副忘恩負義的樣子，但我是有點小小失望。公車正開始緩緩移動，實在沒有時間讓他回去加點葡萄乾再上車。就在我即便少了葡萄乾卻仍決心享受起士之前，窗戶上一陣尖銳的撞擊聲把我給嚇了一大跳。我猛地轉身，預料自己會看到纏起黑色頭巾、進行威脅恐嚇的塔利班人，但映入我眼簾的卻是年邁起士老闆那一對慈祥的雙眼。

「小姐，這個。」他說，遞給了我一只塑膠袋。「那位先生忘掉葡萄乾了。」

在塔利班的政權下，我們被當成罪犯，但來到這裡，我們卻受到人們謙恭、有禮又尊敬的對待。這只不過是人類良善的表現，不偏不倚，但這突如其來的舉動實在讓我太過感動，教我不禁淚眼盈盈。

此事讓我心情好轉，我享受著春日的美景。山峰正開始卸下冬雪的外套，此時順坡而下的綠草紅花也面向陽光萌芽生長。這讓我對祖國抱持著一線希望。無論塔利班人是多麼冷酷、殘暴，我感到他們有天也會一如白雪那般融化消失。

到了普里昆穆利，我們就待在哈密德其中一位姑姑和姑丈家中。這對夫妻曾爲了提親拜訪我哥他家，我很喜歡他們，卻也小心翼翼，讓自己不負所望。他們的鄰居全都知道我們結婚花了哈密德家一筆龐大的數目，足足有兩萬元，因此他們全都非常好奇，想要看看我、打量我，而且非常期待。我在歷經數月來的龐大壓力、連日來的舟車勞頓外加自己距離臨盆只剩幾個禮拜，我感到自己正勉爲其難不讓他人失望。

哈密德的姑姑人很好。她完全可以感同身受，而且已經開始準備入浴之事。我以爲她這麼說，應該是直接拿起一桶水在燒飯的火上加熱，結果是讓我在筋疲力盡、全身又髒又臭之時，得以從裝滿幾小時前仍只是山間雪水的桶子裡拿起瓷壺、用燒好的熱水澆淋全身，這就有如前往五星級飯店、做起可想見的頂級按摩那樣，堪稱是不可多得的奢侈與享受。

我每淋一次，也同時刷去緊張、壓力還有自己人生在塔利班統治下所累積出的髒污。幾天前我離開喀布爾時，這條命簡直要比狗還不如；我每泡一次澡，也就重拾了些許的人性和自我價值。現在我所該面對的就是鄰居的審視，而且伴隨著自我覺醒，我才頓悟塔利班的恐怖統治也爲我內心帶來了力量，那就是我已不再是身前那個年輕又天眞的新娘了。如今身爲人妻，我與基本教義派的暴君談判協商；身爲人母，我爲了逃命跋山涉水；身爲充滿理想又滿懷希望的女人，我終於日漸成熟，開始踏穩腳步。

但在我出現之時，鄰居毫無顧忌地挑眉噘嘴，臉上的表情在在顯示出他們認爲哈密德花的那兩萬元並不值得。我可以想像他們一回到家是怎麼說我的。

我倆獨處時，哈密德對此不以爲意，一笑置之。他輕吻了我的前額，告訴我別去在意人們怎麼說、怎麼想，如今我們擁有彼此，這才是最重要的。

留宿一夜之後，我們繼續踏上旅程，一路往北。當我們抵達東西伯利亞的塔拉坎（Talakan），我們得租借吉普車，因爲冬雪融化所帶來的水災沖毀了部分通往基尚姆（Kisham），也就是我們下一段旅程的道路，我們還得從那坐卡車前往法扎巴德（Faizabad），也就是巴達克珊省的首都。我萬萬不想聽到這種消息。對於阿富汗與古及斯（Kuchis）保留地中一小群四處爲家的吉普賽人而言，坐在卡車頂部旅行算是最普遍的交通方式了。我問哈密德是否可能找到汽車，但即便他已盡其所能，這裡就是沒有小型車開往法扎巴德。春季所帶來的融雪也讓這裡的道路陷入一片混亂。

我一看到卡車便感到驚駭莫名。我是個受過教育、來自上流社會的都市女子，而眼前所看到乃是普遍用來載送公羊的貨車，今天上頭堆滿了高高的米袋。要是我只能藉由這種交通工具才能逃離喀布爾，那我會非常樂於爬上車子，然而現在我不但人很安全，並逐漸重拾自信，所以便開始受到自尊心的左右。哈密德給我下了最後通牒：這是開往法扎巴德的最後一班卡車，我要是不上車，我倆就會被困在基尙姆。我別無選擇，只好暫且收起自尊心，乖乖上車。基於保暖、防塵還有其他有的沒的理由，我又穿回罩袍，但罩袍即便得以掩護我的身分，接下來的幾小時我還是把頭埋進膝蓋，唯恐路過某位熟人被他一眼認了出來。偶爾我會抬起頭來享受沿途風光，但羞於被人看見我就在這輛山羊卡車上東搖西擺的念頭總是略勝一籌，讓我快快埋起頭來。

道路的陡峭與崎嶇教人意想不到。當我們徐徐行至卡拉馬（Qaraqmar），也就是眾所皆知最爲危險的路段，車子開始打滑，不再前進，而當司機踩下煞車，他發現煞車居然失靈！煞車在下坡路段變得過熱，如今卡車開始倒退，滑進河裡。爲此我抬起頭來，看著眾人正朝冷冰冰的滾滾洪水持續加速，就要慘遭滅頂。哈密德、我還有其他乘客都在米袋上緊緊相擁，等著一頭栽進河裡，而我腦海中盡是冰水浸濕我的罩袍，透過重量把我拖進水裡，並讓石頭把我砸得粉身碎骨的種種畫面。

我極度驚恐，闔上雙眼，把手指戳進米袋，彷彿米袋可以給我一些保護。卡車輪胎向後滑行，奮力地要在鬆滑的碎石路上找到支力點，而此時大家上下晃動、東倒西歪，並籠罩在乘客與司機的大喊與尖叫中。突然間眾人停住了，距離河邊僅僅不到幾公尺。我轉向哈密德，隨著我緊張到腎上腺素極速狂飆，他的手也同時被我抓得牢牢的。我們轉身面向對方，因鬆了口氣失聲而笑。司機「嘟嘟嘟」微微吹起喇叭以示慶祝，同時高喊「Alhamdulellah（感謝阿拉）」的聲音此起彼落。我們爬下卡車時，我感到膝蓋無力。我很樂於能再用雙腳站立，經過這次瀕死的經驗，我完全不再執著於自己先前在社會中所遭到的困窘與不公。

卡車哪也去不了。煞車有如烹煮過後高溫不去、不再管用，而天色也越來越晚。我雖已經快要抵達法扎巴德，但我還是非常不想爬回卡車，結果就在河岸旁的石堆來回徘徊，一覽美景。我已經逃離塔利班的統治、免於受到毆打的威脅、毋須擔憂哈密德遭到迫害，還有——我願意的話——得以卸下這身罩袍。那天晚上，我就睡在卡車上。我再也不在乎有誰看到我。明日我便已身在法扎巴德，在我故鄉那巍巍群山、藍色蒼穹之下沉沉酣睡。

親愛的蘇赫拉和雪赫薩德：

當我還是村裡的小女孩、一心想要上學的時候，我覺得自己又髒又亂。我衣服不多，老是在泥巴裡穿著橡膠靴、拖著一條紅色大圍巾，而且很噁心的是，我還老是掛著兩條鼻涕。

如今我看著妳們倆穿著時髦的衣服、擔心著妳們倆的髮型，這讓我不禁會心一笑。妳們都是在喀布爾，也就是在首都長大的，理所當然會變得像都市女孩那樣世故。要是妳們看到我在妳們這年紀時長得什麼模樣，妳們很可能會嚇得倒退一步。

我知道這些日子裡帶妳們回巴達克珊時，因爲村裡的孩子看來和妳們是那麼不同，所以妳們有時會覺得難以融入。

但是女兒啊，我最不希望妳們成爲小鼻子小眼睛或看不起別人的勢利鬼。我們來自貧窮的村落，比起那些穿著破衣的孩子，我們並沒有比他們優秀多少。哪天妳們要是遭逢逆境，這很可能會讓妳們其中一人重回故土，過起貧窮困頓的生活。

切記，故鄉永遠會在你需要之時敞開雙臂、迎接你的歸來。

深愛妳們的母親

〔第十六章〕

爲了女兒，添了女兒

一九九八～二〇〇一

哈密德和我很快就適應了法扎巴德的生活。我很開心再次見到全部的親戚。我全部的親姊妹，也就是我母親的其他女兒，她們全都嫁給了當地人，然後待在故鄉的省分，而我許多同父異母的兄弟姊妹也在戰爭爆發之後藏身該處。我和他們已有多年不見，如今能與大家相聚，我感到開心莫名。我的親姊妹甚至不知道我結婚還懷了孕。

一如我年幼之時，當我們從聖戰士的手中逃到法扎巴德，那裡儼然成了我的避難所。我已經忘了這座城市有多麼美麗，它位處高地，空氣新鮮，由灰泥店家所組成的老街什麼都賣，蔚藍清澈的河水貫穿了整座城市。

我們租了一間三房的屋子，可供哈密德在那做起生意，他也同時開始在大學任教。這下我可以放鬆心情準備待產了。我就和其他新手母親一樣緊張，除了知道臨盆可能很痛之外，我對於其他經過一無所知。法扎巴德的醫院衛生堪慮，所以我明白與其待在骯髒的公共病房那個放有薄紙般睡墊的床座上，我還不如自行在家生產。

我的大女兒是在一九九八年七月八日降臨人世。當天我受邀參加哈密德其中一位親戚的午宴，但我到了那裡卻極爲不適，什麼也吃不下。到了下午三點，我回到家中，然後當天晚上十點，我的小天使就出世了。

我的產程雖短，卻很辛苦。當時我有位擔任醫生的女性友人陪產，但可沒止痛劑這種東西。在阿富汗的文化裡，人人望著、盼著女人第一胎就是男孩，但我並不在乎寶寶是男是女，只要寶寶健康，男女都好。生下寶寶後，他被帶去潔身、穿起嬰兒衣，當時還沒人告訴我寶寶的性別。

緊接著哈密德終於可以進房。在多數的回教社會裡，男人全程陪產並不普遍。他來到床前，輕撫我的髮絲，並抹去我額上的汗水，輕聲說道：「女兒，我們生了個女兒。」他對於生的不是兒子眞的不以爲意。我們的寶寶重達四千五百克，體重標準、一切健康，我倆喜不自勝。她看起來就像有著濃密黑髮的哈密德。

產後那幾天，我就像其他新手母親一樣努力學著如何哺餵母乳、撐著筋疲力盡的身軀挨過無數個失眠的夜晚。我開始反思自我。當我盯著她入睡時小小的身軀，我努力爲她祈禱，深盼阿富汗與這世界都能更加美好。我不希望她得知女人在這國家所遭到的歧視與嫌惡。當我把她抱在胸口，我感覺到她現在就是我的全世界，除了她，一切都已不再重要。我的衣裝，我的外表，我那微不足道的個人慾望全都已消失殆盡。

我得和家人經過一番唇槍舌戰才得以立即哺餵母乳。巴達克珊的人們相信頭幾天的母乳含有不良物質，所以這裡的傳統是產後三天才會哺乳。但因爲我大學念的是醫科，所以我清楚明白事實恰好相反。產後的最初幾個小時中，母乳中含有寶寶免疫系統所不可或缺的初乳。

最初幾小時內寶寶若不喝奶便會體弱失溫，而且產婦要是不開始加緊擠奶、疏通乳腺，她也比較可能罹患乳腺炎或者面對分泌奶水卻擠不出奶的風險，而有關立即哺乳的錯誤認知更是我們這一省孕婦與嬰兒死亡率居高不下的另一個原因。

我得和自家姊妹大吵一架才能阻止她們不讓我餵奶。她們千方百計的阻止我，對我大吼大叫，說我這麼快就餵食寶寶只會對她帶來傷害。我則試著向她們解釋這樣對她才好，但她們卻只是一臉責難地看著我，一副我是壞母親的模樣。在她們眼中，恪守行之有年的傳統與習俗遠比自家姊妹在大學所學到的知識來得重要、來得可信。

但自家姊妹在其他方面則是對我很好，她們強迫我要做好保暖、裹起毛毯（即使是在酷熱難耐的七月），還煮了我最喜歡吃的讓我恢復體力，同時更是一點家事都不准我做。先前我對母親思念至極，但新生兒所帶來的喜悅減緩了我的痛苦。我多麼希望她仍在世上，能夠一睹自己可愛的小孫女。她會知道另一個「我們」又誕生了，也就是另一個堅忍不拔、意志堅定的女人又降臨到這人世間。

產後六天，哈密德和我舉辦了一場大型的慶祝派對。我們邀請半數的村民，同時也備妥音樂和攝影機，也就是我們在婚禮當天所被禁止的一切。就某些方面來看，這場派對成了一場截然不同的婚禮，眞正慶祝起我倆的眞愛還有家中這名小小的新成員。

我決定重拾教鞭，重新對外宣稱我是一名英文老師，然後在市中心租了間房子當作學校。

短短一個月內，我就招收到三百名女學生，其中從年輕女孩到醫生、大學生和老師都有。我並沒受過許多教書的訓練，所以便從海外訂購了視聽教材。由於法扎巴德境內從沒用過這類教材，我的學校因此被視爲現代又專業的教學場所，贏得諸多美名。我眞不敢相信自己這麼幸運。我透過做自己想做的事、經營自己的事業，每個月就可以賺到六百元如此可觀的數目。我會把寶寶帶到課堂上，然後學生們都很愛她，有些學生還成了我的好友。在我的人生中，這是我第一次感受到什麼叫眞正的獨立。

我還是每天穿著罩袍，然後很詭異地，它不再讓我感到困擾。在巴達克珊，這裡既沒塔利班的鐵血紀律，也沒法令規章強制規定我非得穿罩袍不可，但這裡大多數的女人似乎還是穿著，就連學生也是全部都穿。因爲經營學校的緣故，受到人們的敬重至關重大，所以我決定跟進。我想，我並不在意每天確實穿著罩袍，因爲這是出於我的選擇，而非有人硬逼我這麼做。

這番幸福光景下唯一美中不足的，就是我先生的健康狀況。他很享受在大學教書的工作，但吸入的粉筆灰讓他咳嗽更加嚴重。

當雪赫薩德才六個月大，我們的人生又有了意外的轉折。我再次感受到那種熟悉的嘔吐感——我又有了。爲此我非常震驚，因爲我不想那麼快再有孩子。學校正經營得相當成功，同時我也有了自己的朋友與人生。我不想再有孩子。

哈密德允許我拿掉孩子。當時墮胎並不合法（至今在阿富汗仍屬非法），但仍有醫院醫生願意進行人工流產。我去見了那裡的醫生，看了各式各樣他們習慣用來引產的機器。我很害怕那些機器會在我體內帶來傷害，於是醫生建議爲我注射引產。我雖不清楚注射的是什麼藥物，卻仍讓他們在我手臂上打針，不過後來就在他們還沒打完針的同時，我便感到十分驚慌，於是改變心意，跳起來大叫：「不、不，我不能這樣，我要我的孩子！」

我很害怕，怕遲了一步藥物就開始作用。隨著胃揪成一團，我跟體內的小小胚胎說話，告訴他要堅定地活下去，還說母親非常抱歉。就像我母親先前那樣，原先我是想拿掉孩子，但後來發現自己其實是會想盡辦法保住孩子。

哈密德待在家裡，和我姊妹爲這問題爭吵不休。她們眞的對於我怎會想要拿掉孩子感到驚駭莫名。她們對我倆尖叫，告訴我們這樣是違背眞主的戒律，而且明確違反回教的教義。她們所言甚是。如今回首從前，除了覺得自己當時若要再照顧另一個寶寶眞的是分身乏術、無能爲力以外，我也無從辯解自己最初爲何做出這樣的決定。哈密德了解這點，這也是他挺我的原因。

我從醫院回家，孩子還在。我姊姊仍和哈密德在家。對於我並沒墮胎，她感到欣喜若狂，但她恨透了我怎會有這種念頭，以致連看都不想看我一眼，而哈密德只是把我緊緊抱在懷裡，輕聲說著一切都沒事了。我不確定他說的對不對，但我清楚我們現在會是這個模樣錯並不在我那未出生的寶寶。我對她的責任，就是要好好當個母親。

我女兒蘇赫拉知道這整件事情的來龍去脈。在她六歲時，我姊姊一五一十全告訴了她。有時她會拿這件事來欺負我。我要是罵她或要她整理房間，她就會一臉調皮，手放臀部，然後瞪著我說：「老媽，妳曾經想要殺死我耶，妳記不記得？」沒錯，她非常清楚這麼說只會讓我深受罪惡感所苦，然後她就可以兩手一攤，拍拍屁股走人，就連房間也不用打掃了。

我懷著孩子，但非常辛苦。當時我人要上課，在教室從早上八點站到下午五點，同時還要哺餵雪赫薩德，讓我筋疲力盡。再者，塔利班正大舉入侵，他們掌握了基尚姆，也就是巴達克珊的邊城，我們很怕他們會一路攻至法扎巴德。倘若如此，哈密德和我決定逃往山區，一路逃回父親位於庫夫區的村落。

塔利班的戰士曾經一度距離我們不到二十五公里遠。我就站在學校外，聽著熟悉的重砲聲，同時看著城市的男人爬上卡車，自願和效忠拉巴尼政府的聖戰士並肩作戰、抵禦塔利班人。我心裡有點希望哈密德加入他們，但我卻叫他別去。他是老師，不是士兵，他就連怎麼開槍都不知道，此外也已虛弱到無法和任何人作戰。許多當天上了卡車前去打仗的年輕人都沒回來。但他們不但成功守住法扎巴德，更順利擊退了塔利班人。

蘇赫拉決定在兵荒馬亂之中降臨人世。此次臨盆我花了整整三天，受盡折磨，而陪產的有我姊姊還有一名女醫生。哈密德站在外面等著，這一回，他希望我生個兒子。我已經給他生了個女兒，所以現在真的應該生個兒子。他的家庭、我的家庭，我們的鄰居，阿富汗先生下兒子再生女兒的整體文化都期待這次結果是個兒子。

但我未能生出一個他們想要的兒子，反而生出了第二個女兒蘇赫拉，她又踢又叫的來到人間。她滿臉通紅，身軀瘦小，體重僅達兩千五百克，相當危險。我一看到她，就回想起自己剛出生時所看起來的模樣，當時他們描述我就像隻老鼠一樣醜，而同樣的描述也適用在蘇赫拉身上。她皺在一起，頂上無毛，全身通紅，然後不停尖叫。但我一看著她時，心中盡充滿了愛，以致覺得自己的心都快給撐破了，接著碎成了一片一片。她就在這。這個差點無法降臨世間、差點被慚愧的我給一手殺死的小女孩就在這活生生的尖叫著，她看起來就和過去的我一模一樣。

我欣喜若狂，哈密德卻正好相反。這裡是阿富汗，很悲哀的是，即便是最民主、現代化思考的男人也無法在數百年文化的薰陶下不為所動，而那樣的文化清清楚楚地描述出我並未善盡為人妻子最重要的職責，替先生生個兒子。這次，殘忍的閒言閒語與冷嘲熱諷把他給一次擊倒。我想，有人向他開了個玩笑，說兩萬元的女孩這下好像不值得這個價錢耶。也許過去幾年來他已經聽過這玩笑不下數次，導致心中早有疙瘩。

他約有長達九小時沒來房裡看我。我躺在枕頭上，一邊抱著蘇赫拉，一邊等著他來，因為我完全不知他人在哪裡。蘇赫拉如此之小，幾乎都快埋進她的嬰兒服裡，就連我都快要抱不住了。

當他終於進房時，蘇赫拉正在我身旁的嬰兒床睡覺。他連看都不看我。雪赫薩德出生之時，他興奮地衝進房裡，輕撫我的髮絲、臉頰，一臉不可思議地盯著孩子看，但這回他既沒溫柔地疼惜他的太太，也沒說些鼓勵打氣的話語。他一臉憤怒便已說明了一切。他往嬰兒床裡一望，勉為其難地對睡夢中的女嬰——另一名阿富汗的「可憐女孩」——擠出了一絲疲倦的笑容。

接下來的幾個禮拜，我發現自己很難原諒哈密德在女兒出生時是怎麼對待我的。我知道他只是表現得一如其他阿富汗男人那樣，但我從沒想過他也會這樣。他一直都那麼支持我，以能夠公然違抗父權社會並悍然不顧閒言閒語為傲。也許我對他抱持著太多期待，但我還是感到失望透頂。他的咳嗽讓我和寶寶整夜無法入眠，所以他和我分房，這也象徵了我倆的床笫關係正式告終。

然而我即便爲此對他氣惱，我仍了解到自己何其幸運能夠擁有這樣對女兒溫柔體貼的好父親。他深愛著他兩名女兒，並且表露無遺，就算他仍舊因爲沒有兒子感到生氣，他也從來不會在女兒面前表現出來。至少這一點眞的讓我心存感謝。

到了現在，他的體力已經不勝負荷，無法教書，於是減少了在大學任教的天數，一個禮拜只剩兩天，其餘幾天他則會待在家裡照顧雪赫薩德。她對於父親的回憶非常美好，回憶中父親會唱歌、帶遊戲、玩起扮家家酒，甚至還讓她把自己弄成新娘的模樣，在頭上別起緞帶。

哈密德是我的一切，同時也是一位優秀的阿富汗人。在很多方面，他其實相當先進。我倆結婚時墜入情網，同時也深愛彼此。但我想這些年下來，他在獄中所遭到的試煉、磨難以及後來的疾病都意味著隨著時間的流逝，我倆也日漸疏離。舉手投足間的親密接觸、開懷大笑、待在同一間房並偷偷互瞄對方一眼的那種喜悅全都消失得無影無蹤。我想，隨著時日漸長，不論是誰、不論身在何處，每一對夫妻最終皆是如此。我們忘記抽出一時片刻傾聽伴侶想跟我們說些什麼，太容易脫口說出嚴厲的話語，太快失去耐心，同時也無法做出以往那種一點點特別的努力。然後，當我們有一天醒了，我們才發現夫妻之間的親密與愛情也統統沒了。

等到蘇赫拉約莫六個月大，我對於她究竟有沒有辦法存活下來仍舊憂心忡忡。她實在太小、太虛弱，以致我深怕替她洗個澡就會讓她感冒發燒。我同時感到恐懼、苦惱與內疚，深覺自己在試圖墮胎所接受的注射或多或少都影響到了她的發育。要是她死了，我絕對無法原諒自己。一如我母親先前的經歷，最初想要放棄孩子的念頭現在反而讓我覺得欠她更多、對她更有責任。

她逐漸變得強壯，體重也同時增加，而且在一路的成長過程中變得更是逗趣、更加聰明。如今她可是腦袋最好、臉皮最厚，偶爾還極為頑皮，教你始料未及。從她的身上，我看到了許多自己還有雙親的影子。她擁有我父親的智慧、我母親的機智與毅力。如今她也投身政治，說長大後想要成為阿富汗的總統。謝天謝地，她已經完全跳脫當初那個「可憐女孩」的形象。

她出生後的幾個禮拜，我收到了一份兼差的邀約，請我策劃籌辦一間小型的孤兒院。我並不想那麼快就重回職場，但由於哈密德身體欠佳，我們須得賺錢維生。我把雪赫薩德放在家裡，和哈密德一起，然後把蘇赫拉裹在一條我綁在自己身上的大圍巾。她會乖乖躺在我的胸前、靜靜躲在罩袍之下。我就這樣藏著寶寶參加各式各樣的會議，然後人們甚至沒有發現她就在哪。她既沒抱怨大哭，甚至鮮少發出噪音。我想，光是活著、如此緊緊依偎在母親身旁就讓她非常開心了。我就這樣帶著她上班直到她五個月大、變得過重。我想這也是如今她宛若我童年那般自信滿滿又安全感十足的原因之一。

隨著蘇赫拉和雪赫薩德長大成人，哈密德也在我眼前逐漸老去。他日漸消瘦，曾經英俊瀟灑的臉龐變得黑黝黝的，彷彿覆上了一層透明黑，就連雙眼也是布滿血絲。他幾乎三不五時就咳個不停，現在還咳出血來。

當蘇赫拉三個月大，我受邀參加援助機構所發起的本省醫療研究，也就是參加六十名由護士、醫生與支援員工所組成的團體，橫跨十二個偏遠地區，評估人們的醫療及營養需求。這是我在成為醫生以來一直夢想進行的那種跨族群研究，機會相當難得。即便寶寶誕生的時機不對外加先生已經病危，我還是無法拒絕。哈密德了解這點，於是鼓勵我放手去做，為我祝福。

但我還是差點回絕他們。這趟旅程對任何人來說都是萬般艱辛，更何況是一位帶著寶寶的母親。到時不但很難找到乾淨的水或合適的清潔設施，同時還得橫跨遙遠偏僻、杳無人煙的山路。這次旅程是要針對許多國內的回教族群採樣，也就是虔誠的什葉派穆斯林（Shia），回教的第二大族群，他們大多住在阿富汗鄰近塔吉克（Tajikistan）的邊境。途中我們也會行經荒僻冷清、人跡罕至的瓦罕走廊（Wakhan corridor），一道連接阿富汗與中國的狹長土地。它建於「諜報大競賽」（Great Game），也就是蘇俄與大英帝國為了爭奪中亞控制權（當時中亞位於英獅與俄熊軍事野心間的緩衝地帶）而彼此暗鬥的十九世紀。

即便我有所遲疑，我知道自己要是不去定會後悔。大好機會顯少會出現在適當時機。人生就是如此。而我覺得自己可以在研究的路上扮演一個實際且成功的角色。

當眾人護送我們出發，我想起了我母親以往年年所踏上的旅程。她會在春天驅趕我父親的牛群前往牧地進行放牧，驕傲地坐在馬上，依舊身穿罩袍，然後完全在驢子、馬匹與僕人的陪伴下開啓了她的年度冒險之旅。我猶記自己頂著巍巍高山坐在馬上、她的前方，感到自己是多麼渺小，但在我們的人生使命中卻又是多麼重要。當我們為了研究啓程橫跨崎嶇難行的山路，我感受到與當時類似的情緒，只不過這次是我把寶寶抱在腿上。這趟旅程即將改變我的人生。我們探訪了該區內最偏遠的幾個地方，那些我永遠不可能再次探訪的地方，而我們發現那些地方極度貧窮的程度實實在在地喚起了我從政的理念。這下我非常清楚，「助人」才是我的天職。

我們的研究始於一月，此時天寒地凍，人們實際會用動物剛剛排出的糞便供睡夢中的寶寶取暖。他們最怕孩子凍死，卻渾然不知糞便很可能會造成疾病與感染。孩子們赤腳在雪中走著，其中多半營養不良，此地根本毫無衛生可言。

到了晚上，我們會在宗教領袖的家中進食、暫住，那裡通常會是村落中最大的房子，普遍都有生水和茅坑可用，而後者正確說來就是在地上挖個又大又深的洞。這和我所成長的房子有點類似，雖然研究團隊中的西醫覺得這極爲不便，但我卻感到相當熟悉、教人安心。然而除了族群的領袖之外，村民的貧窮程度是我前所未見，甚至我年幼時也沒見過有人如此貧困。我們常會發現一大家子就住在一大間屋裡，然後一個角落是茅坑，另一個角落是廁所，而且當我說起「廁所」，這甚至連桶子都沒有，而只能找到房裡糞便堆積如山的一角，然後寶寶就在整個屋裡爬來爬去。我很震驚，試著向這些家族的族長解釋衛生不良可能引發的危機，但悲慘的是，在房子以外的安全距離挖起公共廁所——即便只挖一個就能拯救孩子的命——通常已經超乎這些未受教育的村民的能力範圍，而族長更是不會屈就自己幹這種事。

我嘗試用另一種方法：「回教徒的太太如此優秀，你不覺得她們在方便的時候值得保有自己的尊嚴嗎？」但很不幸地，相較於女人在客廳一角或當著鄰居的面在大庭廣眾之下排便，男人提供女人便利設施、使其保有某種程度的隱私更顯得有失尊嚴。了解這種情況讓我了解到巴達克珊的嬰兒死亡率和孕婦死亡率爲何雙雙位居全球第一。

在達瓦茲，也就是阿富汗最貧窮的地區之一，女人告訴我她們得在清晨四點頂著大雪外出飼養牲畜。有時積雪可能高達一米，但就是沒人幫助她們，然後她們回家後還得烘烤麵包，替全家張羅餐點。這儼然就是苦工的生活，與當地賤役比起來眞是有過之而無不及。男人也很努力工作，清晨六點就前往農地，天黑才回家，並試圖在夏天種植足夠的作物供全家和牲畜過冬。這在在提醒了我貧窮和下層社會的人們是過著怎樣的生活。看著他們生活困頓，我也同時想起眾人在「主顯節」（epiphany）所討論的一項主題，那就是「我是誰、我來自何處以及我此生天職爲何」。

我們位在「卡拉・龐甲」（Kala Panja），也就是回教族群之一的所在地，並受邀前往當地領袖家中參加晚宴、留宿一夜。我從沒見過那位當地領袖，但他迎接我的模樣就好像我是他的舊識。我很尷尬，同事全都笑起我來，此時他才透露自己怎會如此眞情流露——他認識我父親。當大家全都坐著，他這才開始描述我父親是位認眞工作、奉獻心力並竭盡所能爲窮人帶來改變的好人，並對我笑道：「好啦，古菲小姐，我知道妳就坐在這裡，也知道妳就和妳父親一模一樣。」

這是生平第一次有人把我比作我父親，我漲紅了臉，頗爲自豪。當我坐在房裡，周圍全是長者、醫生、村民，也就是所有齊聚一堂試圖帶來改變的人，我就彷彿坐上了時光機，回到過去我母親掌管廚房，然後僕人和兄弟們排排站好，準備送上一鍋鍋熱騰騰的飯到那個父親接待賓客的祕密房間。在我年幼時，我一直相當渴望進到那間神祕的密室、看看那裡發生什麼事並聽聽房裡討論的內容。

當我知道如今已經眞相大白，我對自己微微一笑。那時我父親所舉行的會議其實就像我現在所正參加的會議，僅是和援助工作代表、醫生、工程師以及當地長者共進晚餐。我父親花了多少個夜晚坐著、吃著、討論著諸多計畫、方案，還有爲自己的國人帶來發展的方法？而我母親又是爲這樣的訪客煮了多少餐點？我幾乎沒有加入他人的對話，而只是呆坐在那，爲身在此處感到受寵若驚，並在最後了解到父親人生中至關重大的這一部分。

當我們一早離開，那人給了我一頭羊作爲蘇赫拉的禮物。瓦罕的羊矮短、肥厚並以柔軟的肉質聞名。其他同行的阿富汗人都很眼紅，調侃他說：「那我們的羊呢？你怎麼只給古菲小姐啊？」

但那人只是笑道：「這是給古菲小姐父親的禮物。我很榮幸他女兒和外孫女光臨寒舍，也很榮幸看到他女兒長大後是怎麼和他一樣廣行善事。」這番話讓我引以爲傲。

隨著我們行過一區又一區，我遇到越來越多認識我父親的人，更加了解他過去是扮演著怎樣的政治角色。在這次的醫療研究中，我只不過受僱爲一介翻譯，算不上什麼資深的角色。但人們一聽到我的名字就覺得我或多或少是代表我父親來到這裡，代表了古菲家族重回巴達克珊並動員各大族群。

村民開始親自來這找我，向我坦承自己的難題。我試圖解釋這項研究並非由我號召組成、我只是個基層的助手，但他們還是照樣帶著薪水或土地爭議等無關乎研究的問題來找我。我雖然覺得有點緊張不安、無法招架，但這也幫我下了更大的決心，給了我更強烈的使命感，甚至是歸屬感。就在這裡，伴隨著我父親所延續的政治理念、我母親的個人價值再加上我懷抱中的寶寶，我了解到自己想要成爲一位政治家。我甚至不知用起「想要」這詞對不對，但我得要成爲政治家，這的確就是我命中注定的角色。

研究進行了六個禮拜之久。雪赫薩德此時也才一歲半。在我離家的這段期間，我無時無刻不在想她。哈密德則是樂於照顧女兒，因爲我想在他心裡，他比誰都清楚自己已經來日無多。和心愛的長女相依爲命的那幾個禮拜對他來說可是彌足珍貴。

研究結束後，我又重回孤兒院的工作崗位，這讓我工作起來更加起勁。孤兒院裡有一百二十名學生，六十名男生，六十名女生，每個孩子都有著不同的故事，可怕的故事。有些人痛失雙親，但不是人人都是孤兒。有些人的母親再婚，然後遭到繼父拋棄；有些人則是因爲雙親太窮養不起而被送到孤兒院。這眞是教人心痛至極。我眞希望自己可以帶起他們其中一人回家、照顧他們。我花了三個月時間與孩子面談，聊聊他們的背景，並爲他們個別的經歷建起資料庫。

即便孩子的故事讓人鼻酸，孤兒院裡仍是歡笑四溢。我可以帶著兩名女兒一起工作。小小蘇赫拉靜靜地躲在包巾下，雪赫薩德則是和其他孩子玩在一塊兒。我偶爾還是會看到那些相同的孩子，有幾個現在都已經上大學了，我仍試著盡我所能地幫助他們。當其中幾個來到喀布爾就學，我替他們租了棟房子。少了父母親，沒人可以幫他們。我手上錢並不多，而且這種事只會讓我變得更加拮据，但我還是做得心甘情願、打從心裡想要幫忙。

幾個月後，聯合國成立了聯合國兒童基金會（UNICEF），而就在此時，我的情況有了重大轉變。我毛遂自薦，並獲得了兒童保護員的職位。辦公室不大，我實際上只是第二負責人。替聯合國工作對我可說是向前跨了一大步。工作內容是與孩子有關，並將在戰爭中痛失家園的孩子安置到國內其他地區。這並不容易。

我有一部分的工作是和青年及民間社會組織聯繫，其中有個組織叫巴達克珊志願女人協會（Badakhshan Volunteer Women's Association），我會在公餘之暇主動替他們服務，進行募款，同時規劃爲了想做點小生意的女性所設計的小額信貸等類似事宜。我也參與了某個組織，共同策劃每年三月八日國際婦女節（International Women's Day）的慶祝活動。國際婦女節並非全球普遍慶祝的節日，因此在阿富汗鐵定並不普遍，但我們在巴達克珊把這視爲重大的紀念節日，穿梭在各個村落，發送禮物，並且規劃年度母親競賽（Mother of the Year contest），讓村裡的女人藉以自豪、引以爲傲。

我們在法扎巴德規劃了一整天的活動，一九九九年我就在那公開發表此生的第一次演講。我談論到內戰期間喀布爾的女人和公民曾經遭受怎樣的對待，公開談論阿富汗女人的力量與權力，並義憤塡膺地說起她們在內戰的種種暴行下——眼睜睜地看著丈夫兒子慘遭謀殺、自己遭受強暴與折磨——仍未失去那份力量或尊嚴。我將其稱之爲「擋不住的阿富汗女人」（unstoppable Afghan women）。

雖然塔利班控制了國內其他地區，所幸巴達克珊仍得以倖免。拉巴尼政府在當地勢力驚人，而且因爲拉巴尼曾與聖戰士站在同一陣線，許多人認爲我在演講中譴責聖戰士的暴行顯得言過其實。在當時，人們並不想批評聖戰士，事實上，時至今日也是如此。他們可是把我們從俄國佬手中救出來的人，因此批評他們被人視爲不愛國，甚至是叛國。針對聖戰士擊退了俄國入侵者，我的確相當敬仰，但在接下來的幾年中，他們得爲自己針對許多無辜的公民——包括我的家人——所犯下的暴行負責，這也是不可否認的。

當我說到這點，不以為然的政府官員中有人嚇得瞠目結舌，有人氣得吹鬍子瞪眼睛，但之後卻有許多平民百姓，其中包括老師、醫生和社區義工全都走向前來，告訴我這次演講眞是精采絕倫。我找到了自己的追隨者，也找到了我安身立命之所。

哈密德變得越來越虛弱，然後無可避免地，我絕大部分的薪水都花在取得最新療法，期盼有助他的病情，但他一直想盡辦法要我省下這些錢。我姊對我很狠、很直接，她告訴我不必擔心浪費錢，也不必擔心要面對他來日無多的事實。但他可是我心愛的人吶。一如過去我無法默默坐著、等著他何時會再被抓回牢裡那樣，此時的我也不能這樣靜靜地等他死去。當時他是那麼支持我，那麼樂於看到他太太事業有成，以致我覺得自己要是不能救活他的命，那我眞的是欠他太多了。蘇赫拉出生後，我們便早已無夫妻之實，但在某些方面我們再度重拾愛的感受。我想，他對於自己在我替他添了第二個女兒當時是怎麼對我的心存歉疚，然後甚至更努力地向我證明他完完全全支持我的工作。當我在傍晚回到家，他總是特地問我今天如何，說服我和他分享工作上的難題和憂慮。他的心中是如此痛苦。在他苦等我這麼多年、終於說服我哥讓我嫁給他之後，結果居然是自己逐漸邁向死亡。他曾經一臉哀悽，握住我的手說自己就像吃著一道多年以來一直想吃的菜，一道夢想著每天都吃而且時時透過想像嚐著、嗅著的菜，不過當這道菜最後上了桌，自己才發現既沒湯匙也沒叉子，然後所能做的就只有呆呆望著。

我有一部分的工作是前往巴基斯坦的伊斯蘭馬巴德開會。我會飛往阿富汗南部的城市賈拉拉巴德（Jalalabad），然後經過托克汗的邊關，這就和哈密德、我帶著我哥在他第三次被捕——那也是他最後一次被捕——之前在拉合爾度過了短暫又開心的那個禮拜時所走過的路一模一樣。我很愛到巴基斯坦旅行，因爲在那可以替哈密德多買點藥，不過到了塔利班控制下的賈拉拉巴德就變得相當恐怖。我下飛機時最痛恨看到塔利班人，也恨透了他們在我亮出聯合國的身分證時那副嗤之以鼻的德性。在我行經他們身旁、等候聯合國的派車時，我感覺得到他們正盯著我看。即便我在聯合國的保護下、諒他們也奈何不了我，但我還是非常害怕。我習慣重複唸著一小段咒語，好讓自己冷靜下來：「現在妳是聯合國的一分子，妳可以工作、可以發表演說，他們擋不住妳了。」

有一天，我在準備登機前往賈拉拉巴德時被一位阿富汗的安全人員擋了下來。他們告訴我拉巴尼的政府官員通知他們我先生是塔利班政權的可疑分子，而且我會對他們的安全帶來威脅。我不敢置信，忿忿不平地說道：「很謝謝你們。我先生之所以坐牢三個月全是因爲他在巴基斯坦和拉巴尼有過一面之緣，然後現在你們居然指控他是個賣國賊？」後來我發現某人——我不知道是誰——故意給了情報單位有關我們的錯誤訊息。這提醒了我敵人很可能躲在任何地方，然後阿富汗這種國家裡的流言蜚語極有可能鬧出人命。

巴達克珊是阿富汗中唯一女人可以工作的地方，而且我是全國唯一一個替聯合國工作的阿富汗女人。我很難不高調，然後想當然耳，這樣是會惹麻煩上身。現在絕大多數的法扎巴德人都知道我是誰、做些什麼。不少人爲我開心、喜歡我在聯合國拋頭露臉，但對有些人來說，我向來都是醜聞與八卦的來源。就連我的直屬長官也無法理解他怎會有個女部屬，然後不時交代他的辦公室若有男性訪客就請我務必關起門來，這樣才不會被人看見。

我家房子附近有座清眞寺，某個禮拜五的下午穆拉開始講道，論及女人爲國際組織工作之事。他聲稱這是haram，也就是遭到禁止的，而且沒有任何一個男人可以容許自己太太這麼做。他的見解就是女人不應與非信徒共事，同時藉由這種工作所賺來的薪水也是遭到禁止的。

可憐的哈密德坐在庭院裡和雪赫薩德玩耍時聽到了這番話語。他告訴我自己打算在進屋前哈哈大笑，這麼一來他就可以充耳不聞。他太太正好就是全省唯一一個替國際組織工作的女人，所以穆拉所指的就是我本人。在我工作時，他就在那替我照顧孩子，聽著我倆遭到譴責。當然，今天這樣的角色調換已經相當普遍，無論是西方社會還是阿富汗，許多新世代中較爲年輕的男人都會分擔起照顧孩子的責任，很多也都是雙薪家庭。然而回顧當時，我們幾乎算是異類。我對於方才穆拉所言眞是心灰意冷。比起和我先生面對面談一談他是怎麼看待自己太太的不當行爲，也許試圖挑撥社區、群起敵視某一家人相較起來容易得多。

很諷刺的是，當我在多年後成了總理，那位仍舊擔任宗教學者的穆拉前來尋求我的協助——他被人炒了魷魚，要我介入教育部幫他一把。在他針對我講道的當時，他是絕不可能前來尋求我的協助，但就在幾年之後，甚至一個這樣地位崇高的人都能接受女人現在已在國家、社會中扮起要角。我確實幫了他，而且當我在二〇一〇年爲了選舉再次站台時，他也曾經爲我輔選。有女人參與公共與政府的角色可說至關重大，因爲只有這樣才會讓人們逐漸改變自己的觀點。

聯合國是個很棒的工作組織，讓我在危難之時獲益良多。有時我可以帶著孩子和哈密德前往巴基斯坦。有一次我帶哈密德到了什法醫院（Shifa Hospital），也就是伊斯蘭馬巴德最有名的醫院之一，然後讓他在那接受新療法，光一個月就花了我五百元，所費不貲。我努力試了半年之後薪水便入不敷出。

我想，我還是無法承認他即將死去。他還這麼年輕，三十五歲，而且現在也才二〇〇一年年初而已。

時至今日，北方聯盟和塔利班之間幾乎已經停火，而且有謠言指出，聯合國安全理事會（UN Security Council）正打算承認塔利班爲阿富汗的合法政權。這份聲明令許多阿富汗人毛骨悚然。這個世界似乎看不到我們所看到的，似乎也看不到塔利班所帶來的威脅。二〇〇一年春，馬蘇德代表拉巴尼政府出訪歐洲，受邀在史特拉斯堡（Strasbourg）——之後我將拜訪此地——當著歐洲議會主席尼古拉・方丹（Nicole Fontaine）向歐洲議會（European Parliament）發表演說。

他透過言詞發出警告，表示塔利班的威脅已浮上檯面，而眾人眼前的危機就是大規模的蓋達組織打算對西方目標國家帶來重重一擊。他短暫出訪歐洲期間也同時前往巴黎和布魯塞爾，在兩地分別和歐盟安全暨合作委員會高級代表索拉納（European Union security chief Javier Solana）和比利時外交部長路易斯・麥可（Louis Michel）會談。他代表著許多阿富汗人的希望，我們都很樂於透過英國廣播公司（ＢＢＣ）聽到他受到眾人熱情款待。他的談話內容十分精鍊：塔利班與逃難中的蓋達組織鬥士不但逐漸對阿富汗造成威脅，對全球亦不例外。馬蘇德更在寫給美國總統布希的私人信中提出警告：「閣下倘若不助我們一臂之力，那些恐怖分子隨即會對歐美帶來傷害。」唉，不過西方的政治領袖並未及時留意到他的警告，以致釀成了之後九一一的慘劇。

當時眾人心灰意冷、悶悶不樂，這回塔利班似乎眞要在此掌握大權了。我們已與蘇維埃政府對抗了十四年，現在又得對抗起伊斯蘭詭譎的新興勢力。而且聯合國要是眞的承認塔利班是合法政府，那這就意味著統治巴達克珊的拉巴尼政府成了非法政權，而對我個人來說，那就表示我鐵定是要失業了。

就在馬蘇德將軍身處歐洲的同時，許多外國代表都前往巴達克珊拜會拉巴尼，此時拉巴尼已從巴基斯坦歸來，如今以法扎巴德爲根據地。聯合國顯然想主動嘗試以中間人的身分進行和平談判、讓塔利班與該政府之間達成某種協議。

此時是二〇〇一年九月九日，當天秋高氣爽。我才剛搭上聯合國的派車，並在前往境內流民營（internally displaced persons’ camp）的途中。我應該在那監督孩子們的活動。這些流民顛沛流離。過去就住在沒有衛生設備的帳棚裡，卻也從不垂頭喪志，總是笑口常開、玩笑連連。然而這次我一抵達時，他們全都哭成一片。有位年輕人解釋了箇中原由：根據報導，馬蘇德不幸遭人暗殺身亡。我頓時感到天旋地轉、兩腿發軟，這就和母親過世時的感覺一模一樣，我甚至感到天昏地暗、有如末日來臨。我們國家的英雄不可能就這樣死了。不可能。

稍晚，我們透過ＢＢＣ得知更多事情的細節。整體情況還是教人匪夷所思，而且他是已經死亡還是僅僅傷重依舊不明。當地謠言四起、眾說紛紜。但在接下來的幾個禮拜、幾個月之後，事情開始明朗化。兩名阿拉伯的極端分子佯裝電視記者，在他們訪問步步爲營、事事小心的馬蘇德時引爆了攝影機裡內藏的炸彈。其中一人爆炸當場死亡，另一人則在試圖逃跑時遭馬蘇德的人馬開槍擊斃。馬蘇德在爆炸中身受重傷，然後在搭乘直升機飛往醫院之時傷重不治。法國和以色列警方稍後展開了一連串的追捕，許多和蓋達組織相關的北非人因爲提供兇手入境時的僞造文件和相關背景遭到定罪。奧薩瑪・賓拉登似乎也下了正確的判斷，也就是在他與惡名昭彰的恐怖分子連線、對美國發動攻擊的兩天後，華府就會自然而然地轉向馬蘇德，求助逮捕或刺殺賓拉登，而能逮到賓拉登的會有誰，看來也就只有馬蘇德。最後，北方聯盟眞的加入戰場，助美對抗蓋達組織，但在這麼做的同時，他們早已痛失那名偉大的總司令。

我只能把馬蘇德死去的那天比喻成甘迺迪總統死去的那天。那個世代的美國人總說他們對於初聞噩耗之時自己人在何處記得清清楚楚。阿富汗人也是如此。甚至當時年僅三歲的雪赫薩德也記得馬蘇德死去的那一天。

對許多人而言，馬蘇德是聖戰士中的英雄，他曾率領眾人對抗蘇維埃政府，是位策略高超的謀士，同時也是效率驚人的士官。他屢戰屢勝爲他贏得了「潘傑希爾之獅」（Lion of Panjshir）的綽號。但對於許多曾經慘遭戰爭蹂躪的年輕世代來說——包括我——在他開始對抗塔利班政權時，他便成了我們心目中的英雄，而且也是唯一敢跳出來大聲說話、警告眾人留意周遭極端分子的人。他呼籲全球留意恐怖分子，卻因此賠上了自己的命。

時至今日，我仍想試著弄懂西方人怎能漠視他當初表明回教恐怖主義將對全球造成威脅的那段話。他曾告訴世界領袖，人們若不在阿富汗就地遏止恐怖主義，明日他們就會進犯各國國界、帶來傷害。他試圖解釋自己是位虔誠的回教徒，但塔利班所倡導的回教既無法獲得他的認同，也無法體現阿富汗本國的文化或歷史。他膝下有五名子女——四個女兒和一個兒子——而且女兒全都受過良好的教育。他不但經常談及此事，也試圖教導人們回教的價值並不在禁止女性受教或工作。他知道塔利班正在全球建立起回教的負面形象，而他試圖與此相抗。

他對我帶來了如此重大的啓發，教導我自由並非從天而降，而是眾人須得努力爭取。隨著他溘然長逝，我感到阿富汗也失去了所有希望。

就在四十八小時後，馬蘇德當初的警告居然一語成讖，教人毛骨悚然。紐約世貿中心的雙子星大樓（The Twin Towers of the World Trade Center）以及維吉尼亞（Virginia）的五角大廈（Pentagon）遭到三架飛機撞毀，每架機上都有五名劫機者，同時第四架飛機在費城的田野撞毀，機上四十名乘客、機組人員與四名劫機者皆不幸罹難，讓當天蓋達組織下的受害者人數約達三千人之多。

兩千九百七十七名無辜的人。

全世界留意到當初的警訊已然太遲，以致來不及拯救這些可憐的人們。

緊接著許多人——大多在阿富汗和伊拉克——更在所謂的「反恐戰」（War on Terror）中無辜喪命。

親愛的蘇赫拉和雪赫薩德：

世上有許多人對我們的國家和文化抱持著負面的觀點、相信所有阿富汗人都是恐怖分子或基本教義派分子，這點讓我非常難過。

他們之所以這麼認爲，全是因爲我們國家時常成爲全球策略之戰，諸如掌握能源之戰、冷戰（Cold War）、反恐戰等等的中心。

但在這些戰爭之下，阿富汗卻是一個歷史悠久、啓迪開化且文化豐富的國家。這片土地有多名忠烈在這興建起紀念碑、清眞寺高聳的尖塔，這片土地甚至熱烈歡迎旅人與其他信徒，任其在此蓋起類似巴米揚大佛（Buddhas of Bamiyan）等自己宗教的歷史遺跡。

這是一片具有巍巍群山、無垠蒼穹、翠綠森林與碧藍湖光的土地；這也是一個人們不分你我、殷勤款待而且充滿人情味的地方；這更是一個本分、傳統、榮譽與信念皆無遠弗屆的國家；我親愛的女兒，這裡，就是一片值得驕傲的土地。

別否認妳們的傳統，也別爲此辯護。妳們來自阿富汗，妳們要引以爲傲，妳們要克盡職責，向這世界重新建立眞正屬於阿富汗的驕傲。

沒錯，是我要求妳們完成這樣的重責大任，但妳們未來的子子孫孫也將因此心存感謝。

深愛妳們的母親

【第十七章】

撥雲見日

✉二〇〇一

二〇〇一年九月十一日，我坐在桌前，同事抱著收音機倉皇跑進來。我們帶著震驚的心情聆聽新聞，得知美國世貿雙子星塔遭受攻擊。

想到所有受困在內的人，我潸然淚下。阿富汗沒有摩天樓，我也從沒看過像這樣高聳入雲的建築物，所以只能憑著想像去體會受困在失火建築物內無法逃生的感受。

有生以來第一次，我強烈地感受到阿富汗情勢和世界另一個角落發生的事情有緊密關聯。對我而言，整個故事就像是我們努力多年要完成的大拼圖，如今最後一片拼圖終於出現。全世界都大感震驚。

馬蘇德曾經警告世界各國領袖，表示恐怖主義總有一天會出現在他們的國家。九一一事件發生後我很痛苦，但也認爲至少全球各國領袖如今終於知道馬蘇德當初的警告並非荒謬戲言。

我沒預料到的是全世界對此事件的回應速度，也許有些阿富汗人不同意我的想法，但我個人強烈相信美國出兵阿富汗、顛覆塔利班政權的決定是正確的。

電子郵件如潮水般湧入，警告國際間聯合國人員立即離開阿富汗，所有派駐當地的人員則必須留在當地總部，不要到境內其他地區出差。我的老闆來自另一省，事件發生後立即回家陪伴家人，留下我獨自主持大局。

當時情勢非常艱困，因爲我們正在全省進行一項大型免疫宣導計畫，同時也得爲即將開學的新學年發送課本。我們的辦公室有整整兩個月獨自實施孩童免疫推廣計畫並維持學校運作，而我仍然是阿富汗境內唯一一位聯合國兒童基金會的女性工作人員。

美國隨即對九一一事件策劃者展開調查，很快地找出劫機者並追蹤出這些恐怖活動的源頭是蓋達組織。華盛頓當局要求塔利班政府交出賓拉登，遭到拒絕。

二〇〇一年十月七日，在世貿中心遭受攻擊後不到一個月的時間，美國發動「持久自由行動」（Operation Enduring Freedom），美英聯軍戰機和巡弋飛彈陸續攻擊阿富汗境內塔利班和蓋達組織目標。在此同時，馬蘇德的北方聯盟士兵也在盟軍取得制空權加以協助的優勢下開始往南朝喀布爾逼近。只是這次，他們的將軍再也無法帶領他們。

西方盟國原本希望能快速清除塔利班勢力，並且殺死或活捉賓拉登跟他的副手薩瓦里（Ayman al-Zawahiri）。

盟軍作戰計畫簡單明瞭：英美空軍聯軍負責肅清塔利班勢力，新形態炸彈則能一舉摧毀整個山區、殺光藏身山洞內的蓋達組織戰士。在地面作戰方面，北方聯盟和其他也是來自北方的主要軍力則負責肅清炸彈未摧毀的部分。

這些士兵中某些人對這次行動投入了令人毛骨悚然的熱誠，我們三不五時會聽到殘酷虐待塔利班勢力的新聞，例如將捉到的囚犯活活燒死。在某些飽受塔利班暴虐壓迫的村莊中，人民開始鼓起勇氣對塔利班丟石頭、叫他們滾蛋。

我知道並非所有塔利班都是壞人，有些低階官員只是為了生存不得不然。難道我沒有受過他們某些人的幫助嗎？比如說，曾經有位塔利班鄰居根本不認識我，卻幫我將哈密德帶出監獄。還有一次，來自瓦爾達克的新婚年輕人冒著頂撞上司的風險，只為了讓哈密德能留在家裡。我很難過這些人一一遭到殺害迫害，但塔利班神權統治倒台依然讓我大為欣喜。阿富汗歷史上的黑暗時期終於接近尾聲。

我一點也不介意這項行動由美國和其他盟國主導，許多阿富汗人不喜歡來自非穆斯林世界的幫助，因為這些人在他們眼中是異教徒，但我並不這麼認為。我從不認為塔利班是正統阿富汗組織，他們總是受到其他國家的領導與控制。記得住在喀布爾時，曾經看過整個阿克巴汗區（Wazir Akbar Khan）被塔利班的「客人」阿拉伯人、車臣人和巴基斯坦人占領。當時聽到他們的口音、看到他們的婦女身穿黑色阿拉伯罩袍，讓我覺得喀布爾已不再是阿富汗領土，而是如沙烏地阿拉伯的利亞德或卡達的杜哈一般的阿拉伯城市了。

塔利班幾次最嚴重的暴虐行為都與外國勢力有關。當他們攻擊喀布爾北邊的舒馬里平原（Shomali Plain）時，殘暴兇狠的行為讓當地至今仍留有「燒戮平原」的稱號。在某場戰役中，他們殺了成千上萬人，刻意燒毀所有樹木跟農作物之後用推土機推平廢墟，徹底消滅當地人民未來繼續存活的一線生機。我會將摧毀農作物等焦土戰略與阿拉伯國家聯想在一起，因為這並非阿富汗人的做法，塔利班也絕對沒聰明到能想出這些方式。他們燒毀一切之後，會挨家挨戶逼迫女人與年輕女孩現身，有人目睹他們將這些女性趕上車輛載走。當地人謠傳塔利班將她們賣到巴基斯坦、沙烏地阿拉伯和卡達等國家妓院賣淫。有些阿拉伯士兵甚至強逼這些女性為妻。雖然沒人可證實這些傳言是否屬實，但我實在看過太多，無法相信這不是眞的。

因此，當非阿富汗勢力介入、對抗塔利班時，我感激他們的幫助，也很高興看到塔利班再也不會統治我深愛的國家。阿富汗全國各省分一一擺脫塔利班控制，托拉博拉山區據信是賓拉登藏身處，戰役在此延續數周，之後突然結束。塔利班消失了。

折磨我丈夫、摧毀我幸福婚姻的人，如今逐漸失去權勢，正如當初哈密德逐漸不敵與死神的搏鬥。

外界對我十分好奇，因為我是聯合國在阿富汗唯一女性工作人員。記者經常來辦公室拜訪我，希望我能對他們可以報導的故事提出建議。可惜的是，當時我因為獨自打理辦公室的運作而經常分身乏術。我們正在進行「重返校園」的活動，希望眾多已達入學年齡卻因戰爭或塔利班統治而無法上學的孩子們能回到學校完成學業。

聯合國兒童基金會跟其他組織合作，為孩子們提供暫時的學校帳棚、文具跟書本。雖然這些工作很累，但是想到能幫助年輕一代讓他們受教育，我大感欣慰。

除了這個計畫之外，我還得動員工作人員在全省進行大規模的小兒麻痺防治計畫，這樣的工作量代表我每天得早出晚歸，在家庭方面引發了問題。哈密德病了，他需要我。我想待在家陪伴照顧他，但同時也想為我的國家做這些重要工作。通常哈密德對我非常支持，不介意我每天長時間工作，但現在他知道來日無多，因此很怨恨我把大多數時間奉獻給工作而不是他。這在情感上徹底地撕裂了我，更增加我的壓力。

有些日子我幾乎是從早到晚馬不停蹄地開會，沒時間用餐。我還是穿著罩袍會見外國官員跟進行援助的工作人員。有一天，省長建議我脫下罩袍，他說沒關係，因爲這些人在跟我溝通時必須看得到我的臉。從此之後，我在工作時就不穿罩袍了。

那是個艱難的時代，但我學到很多，也了解自己領導跟推動計畫實施的能力。我受到自己同胞跟來自各國同事的信賴，更多的信任跟責任也隨之而來。我知道我找到了自己眞正該走的路。

塔利班政權陷落後，阿富汗徹底改頭換面，首都喀布爾連空氣中都充滿樂觀氣氛，成千上萬流落在外的難民開始回家，這些人在蘇聯占領、血腥內戰或塔利班高壓統治等各個不同時間逃離家園，如今覺得已可安全回家。在海外賺到錢的阿富汗商人也紛紛回國開始規劃新事業，開旅館、銀行，甚至高爾夫球場跟滑雪度假村。

當然，阿富汗的經濟仍有待復甦，大多數人還活在貧窮之中。在所有主要城市中，電力供應等基本設施在戰爭期間受到摧毀，許多人無法獲得乾淨飲水或衛生環境，回到家園的人發現房子已殘破不堪或是遭他人占用。阿富汗努力掙扎重新步上軌道，但到處都是失業的人，食物也嚴重短缺。雖然情勢混亂，但經過這麼長時間後，我們第一次在混亂中嗅到樂觀氣氛。

聯合國辦事處在阿富汗的規模大幅擴大，我們很快地收到從世界各地湧入的大量經費，也忙著將這些經費分配到需要的地方。

我必須花時間陪伴哈密德，因此休假一個月前往喀布爾。我向喀布爾大學申請重新繼續中斷的醫學院學業，因爲當時塔利班政權強迫女性放棄高等教育。校方告訴我因爲時間隔得太久無法復學，但其實我認爲拒絕的原因是我帶著蘇赫拉去面談，負責入學事宜的主任告訴我他不贊成當母親的人出外工作。校方拒收讓我很不高興，但我有更嚴重的事情需要擔心。哈密德現在幾乎每小時都咳血。

我帶他回巴基斯坦去看那位開出每個月五百美元用藥的醫生，他說因爲哈密德沒有持續吃藥治療肺結核，因此已經惡化到治療也發生不了效用，情形太嚴重，他束手無策。這個消息令人心碎。醫生建議我們試試在伊朗的一家醫院，這家醫院正在實驗新技術。我把費用交給哈密德讓他自己去，我則回到法扎巴德繼續工作。哈密德在伊朗的醫院住了四個月，期間我們只通過幾次電話，每次他聽起來精神都很好，也說他覺得好多了。

法扎巴德的政局稍有變化，女性的未來比以往光明許多。卡札伊獲推派擔任過渡總統直到阿富汗能夠舉行大選。在塔利班時代被起訴的人權活動者如今可公開工作，努力創造更好的社會。巴達克珊省不再是政治中心，中央政府已移回喀布爾。突然間我覺得疏離且淪爲地方工作人員，我希望是全國政治行動的一分子，所以我提出申請，獲選擔任聯合國兒童基金會婦女兒童保護官員，工作地點在首都喀布爾。很幸運的是，聯合國兒童基金會提供孩童日間照護，所以我可以帶女兒們去上班。

舉家遠遷到一個新城市生活，通常是由男人負責安排的事情。哈密德已經出院回家，但病得太重無法外出，我得找時間安排帶著生病的丈夫跟兩個年幼的孩子搬到喀布爾。我哥哥賈馬沙的兩位太太之一跟她的孩子也要跟我們搬去。某天下午我請假，到市集去安排卡車將我們的東西跟家具全部載到喀布爾，司機用奇怪的眼光打量我，「小姐，妳丈夫在哪裡？爲什麼不讓男人幫妳做這些事？」我怒氣沖沖地回答，「先生，你覺得女人連租車這種簡單事情都做不來嗎？爲什麼你們總是覺得女人沒用？」

回到喀布爾之後，我們住在哈密德以前位於馬可羅利安的舊公寓。如今已是二〇〇三年，我的工作更忙，也越來越受重用。我成爲聯合國人員協會中性別議題的代表，工作內容包括必須到全國各地監督與性別相關的計畫。記得有一次到塔利班的精神聖地坎達哈（Kandahar），抵達的時候，跟我合作的部落領袖幾乎不跟我說話。他們都是很保守的男性，長期支持塔利班。短短幾個月內，他們的生活從塔利班統治勢力轉變爲由他們觀念中一向輕蔑的女人來告訴他們該做什麼，我漸漸地打動他們，幾天後大家就融洽地合作無間，彷彿長久以來就是如此。直到如今我還跟其中幾位保持聯絡，他們到喀布爾時也會來看我。我眞的相信人必須親身體驗才會改變原有意見，對最保守的男性來說，對於性別的意見可以、也的確改變了。

哈密德從伊朗回來時健康狀況看來大有改善，我很高興，但不到幾個禮拜後又回到原點，走沒幾公尺就必定會咳出血塊。看到這樣的情形，我傷心欲絕。哈密德的病會傳染，讓他很替女兒們擔心。他開始咳嗽時一定用手帕掩著嘴，命令女兒們趕快離開。我們的公寓在五樓，這表示哈密德行動空間因此受限，因爲上下樓梯對他而言太過困難。我們早就不再能有任何身體上的親密關係，但他在健康狀況許可下依然會盡到好丈夫的責任。疾病沒有打敗他的心智，而且他有絕佳的解決問題的能力，只要我工作不順或想不出要怎樣實行某個新計畫，他總是會幫忙出意見或安靜傾聽。即使在他重病時，他仍是讓我心靈安定的力量。

幾周後哈密德需要做檢查，所以我們飛到位於喀拉蚩的亞加汗大學醫院（Aga Khan University Hospital），這是當地最現代化的醫院。哈密德虛弱到無法走路，所以我推著他坐輪椅到病房。他變得很瘦、滿頭白髮，某位護士因此以為他是我父親。我們在醫院過夜，我睡在他身旁，正如當初母親臨終前那段時間我睡在母親身旁一般。隔天醫生帶來消息，一切都太遲了，哈密德的肺部已經不像正常人體器官而比較像是皮革鞋底。醫生開的藥副作用太強，哈密德覺得全身不對勁、想嘔吐，他說他想停藥。

當時是夏天，陽光似乎讓他精神好了些。停藥之後哈密德不再嘔吐，食慾也不受影響，會覺得肚子餓，他開始正常進食，臉色恢復紅潤。我跟聯合國兒童基金會請了一周的假，希望每分每秒都能陪伴他。某個周三，我決定要煮雞湯給他喝。他前一晚沒睡好，因此有些疲倦。我試著讓他喝湯，但他連舉起湯匙的力氣都沒有。那天晚上，我們兩人的姊姊都過來探病。

哈密德跟她們聊天，我在旁邊看著他。他看起來很英俊氣色很好，臉上完全沒有病容，可是下一刻又回到眼前那個蒼老的哈密德。我開玩笑地跟他說：「親愛的，你在跟我開玩笑對不對？我覺得是。因爲你根本沒生病，否則怎麼會看起來氣色這麼好？」他笑了，但隨即呼吸急促大口喘氣。

我們扶著他回房間，我別過頭去不讓他看到我哭。那時很晚了，我跟姊姊們到另一個房間躺了一下，但心裡很亂。我到哈密德房間去躺在他身邊握著他的手，兩人都哭了。我想起剛結婚第一周我們多麼快樂地一起計畫未來，我們要的不多，但命運所給的似乎只有悲傷跟疾病。

女兒們到房間來，穿著傳統庫奇牧民服飾開始唱歌給父親聽，天真地試著用她們自己的方式替父母加油打氣，這一刻，很美也令人心碎。她們邊捲動著面紗邊唱著，「我是庫奇牧民小女孩，看看我跳舞。」唱完歌後她們要哈密德親吻她們，但他害怕傳染而拒絕。他多麼渴望跟孩子們吻別，但他不行。

我仍舊試著讓他吃點東西，近乎哀求地說著，「拜託吃點桑葚，再不然多喝點湯，再一口就好。」一番折騰後我累到開始打瞌睡，姊姊到房間來叫我去休息，我不想離開哈密德，但他堅持我得休息了，到這時他還在開玩笑，「法齊婭，妳另一個主管會照顧我，她一定會確定我一直有吃東西吃水果跟呼吸，所以拜託妳去休息一下吧。」

我去跟女兒們躺在一起休息，緊抱著她們，想著這兩個小小生命失去父愛後該怎麼活下去。大約一小時後我聽到這輩子永遠忘不了的一聲尖叫。姊姊呼喊著哈密德的名字，我衝進房間，正好來得及看著他嚥下最後一口氣。

我驚恐地喊著，「哈密德，不要，你還不能走。」他聽到我的聲音，張開眼睛看著我，有那麼一秒鐘，我們雙眼凝視彼此，我眼中充滿恐懼，他眼光則平靜認命。然後他閉上雙眼，安詳離世。

親愛的蘇赫拉和雪赫薩德：

妳們父親過世時，蘇赫拉正好跟我當年失去父親時一樣年紀，我曾盼望同樣的命運不要在下一代身上重演，但如今看來這是最痛苦的諷刺。

妳們父親剛過世時那段日子，我責怪自己，就是因爲我是個沒父親的母親，才會讓我的女兒也沒有父親。

我經歷過沒有父親的痛苦，知道以目前社會風氣而言，將來妳們會十分辛苦，我知道妳們會因爲沒有父親而遭受異樣眼光，也會因爲沒有兄弟而活得比別人辛苦。

但是，我的母親當初幫助我找到力量，也母兼父職地彌補了我人生的缺憾，因此我也必須爲妳們做出相同的努力。

妳們只有母親，但我知道我對妳們的愛比得上一百對父母。

我也知道，如果妳們父親仍在世，看到如今出落得亭亭玉立的妳們，一定會感到驕傲。

每次聽妳們談到對未來的想法，我的內心就充滿驕傲。雪赫薩德想當火箭科學家，蘇赫拉想當阿富汗總統——至少這禮拜的志向是這樣，下禮拜可能又改變心意了。但我知道，不變的是妳們遠大的眼光跟目標。親愛的，這個方向是對的。永遠要追求在高處的遠大目標，如此一來，即使不小心摔下來，還是落在樹的頂端。如果目光放在低處，就只能看到樹枝底部。

我沒辦法把妳們的父親還給妳們，但我可以給妳們遠大的抱負、堂堂正正的價值觀跟信心，這些是母親所能給予女兒的最珍貴禮物。

深愛妳們的母親

【第十八章】

新目標

✉二〇〇三

哈密德在二〇〇三年七月過世，當初我們也是在七月分結婚。我的人生陷入空虛、瘋狂，所有的愛與笑聲也跟著逝去。喪夫後兩年內，我如同機器人自動反射般執行我在聯合國的角色，但我的心靈迷失了，生活除了照顧女兒之外完全沒有目的與方向，我不參加社交場合，以往喜歡的事情例如參加婚禮、宴會、野餐等再也無法讓我提起興趣。我每日重複同樣的生活步調：起床、去工作、接女兒們回家吃晚飯、陪她們玩、幫她們洗澡就寢，然後回到電腦前工作到深夜。

我爲女兒而活，但是儘管我深愛她們，我的人生還是需要多一點精采，我需要存在感，但再婚是絕不可能的事。儘管家人曾婉轉表達希望我再婚，我仍毫不考慮。直到如今，哈密德依然是我唯一想嫁的伴侶，再婚就是背叛了對他的記憶。他死後幾周內，我曾有這樣的想法，至今這些想法依然強烈盤據腦海。

但是，政治成了我的另一種形式的丈夫。我的體內流著政治血液，我相信這是我的宿命。上帝要我活著必有其目的，而除了改善貧窮、爲這個飽受戰火摧殘而分崩離析的國家帶來尊嚴之外，還有什麼更偉大的目的？

二〇〇四年，阿富汗舉行有史以來首次民主選舉。在我父親擔任國會議員的一九七〇年代時期，查希爾國王（Zahir Shah）曾承諾將更多民主帶進阿富汗，也曾舉辦類似的地方國會議員選舉，但是這項民主進程卻受到俄羅斯入侵與其後的戰爭阻撓，如今相隔三十年後再度步上軌道，舉國上下歡欣鼓舞。

塔利班政權於二〇〇一年陷落後，卡札伊（Hamid Karzai）擔任過渡總統，頗受人民愛戴，並以壓倒性的得票數當選。各界曾擔憂大選之日會蒙上暴力陰影，但最後平靜落幕。

那是個微涼的秋日，濃霧籠罩街道，成千上萬民眾出門投票，在某些投票所，許多身著傳統罩袍的女性從清晨四點就來排隊等投票。這是阿富汗歷史上不凡的一刻，儘管我內心仍感哀戚，卻能深深體會這一刻的重要性。我想，那天是自從哈密德過世以來我第一次允許自己去感受情緒。

當時，卡札伊總統的競選承諾是給予婦女權利並打造公民社會，這都是我深信不疑的事情。卡札伊總統自首次當選以來的態度已有所改變，越來越著重於安撫強硬派，但是在早期，他曾爲政壇與這個國家注入一股清新的力量。可惜的是，他在二〇〇九年並未重演二〇〇五年大獲全勝的歷史，雖然依舊當選，但作假傳言滿天飛，再度提醒我們一個事實：在阿富汗，任何事情在短短四年內都有可能嚴重惡化。

二〇〇五年，政府宣布將舉行國會大選，選出代表阿富汗各省與行政區的國會議員。家人決定古菲家族應重新延續從政資歷，成爲新世代的一分子，因此必須有人出來參選，並花了不少時間討論該由誰出馬。我哥哥納迪爾（Nadir Shah）是父親兩位離異妻子之一道拉的兒子，他想參選。納迪爾之前是備受尊敬的聖戰士司令官，之後則成爲我們這代第一個延續家族政治生涯的孩子，在地方上擔任重要職位，是巴達克珊省庫夫區的區長，因此不難理解他的確認爲自己最適合出馬代表家族競選。

但我不同意，我認爲我才是擔任這個職務最好且最有經驗的人選。雖然我沒有納迪爾所擁有的地方執政經驗，但任職於聯合國這些年以來，我獲益良多。我擁有國內外的豐沛人脈，有組織並動員自願者的能力，能提供在地服務並執行各項計畫。我知道我能成爲優秀國會議員，但我不知道兄弟中是否有人起碼會願意考慮允許我參選。

我先打電話給哥哥莫夏凱，他從小就是父親最疼愛的幾個兒子之一，在很年輕時就成爲部落領袖（arbab）。父親以前會抱莫夏凱上馬，讓他坐在馬鞍前方父子共騎，這時莫夏凱會用鄙夷驕傲的神色低頭看我。當時我很討厭他，對他滿懷忌妒之情。我多盼望也能跟父親一起騎馬，但是女兒永遠不可能得到這樣的待遇。然而年紀漸長後，莫夏凱卻成了我最有力的支持者，在塔利班統治時期與我共患難並四處遷徙，也是最後同意我嫁給哈密德的人，他出席了我的婚禮，親眼看著我離開娘家、嫁往夫家。

莫夏凱之後離開阿富汗前往巴基斯坦，最後輾轉到了歐洲，與他其中一位妻子定居於丹麥。我們始終保持深厚的兄妹關係，到現在仍每周至少通一次電話。他靜靜的聽解釋爲何我才是古菲家族中最適合出任國會議員的人選的原因，掛電話前，他答應我會跟其他人談談。

家族陷入分裂，人選爭議持續了好幾周，簡直像是古菲家的內部選舉。出乎我意料的是，大多數親戚到了最後都支持我，且說服納迪爾不要出來競選。家族決定只推舉一位人選，因爲讓兩位手足同時出馬自相殘殺會製造太多家族紛爭。

我多希望母親也在場，因爲她一定不相信這樣的事居然會發生。在我童年時，父親甚至不直接跟女兒們交談，也沒人會慶祝女孩的生日，我們的地位就是這麼低落。可是如今僅隔一代，我們居然推舉女性代表家族參選。

我的家族並非唯一接受如此劇烈改變的家族，隨著越來越多女性爲了改善經濟狀況而開始工作，許多阿富汗家庭也歷經類似過程。同樣的事情也發生在其他許多國家，一旦女性成爲一股經濟力量，就等於是對她們的解放。我相信，無論促成改變的外力有多麼立意良善，仍舊無法僅靠外力就改變一個國家對性別的態度。當外力試圖強迫某個國家的人民改變，通常只會使人民更堅持己見。改變只能從一國內部做起，且必須源於每個家庭。我自己就是最佳證明。

我自己幾位親兄弟與同父異母兄弟根本不相信我有機會勝選，父親每次婚姻都是爲了政治利益（僅有一次除外），如此一來，他建立起自己在地方上的勢力聯盟、人脈與關係。但是我兄弟們認爲這些舊有人脈關係在戰爭與塔利班統治時分崩離析，而且人民已經忘了古菲家族。我在聯合國工作時曾多次到鄉間拜訪，知道事實並非如此，我遇見的許多人仍舊記得我父親，也仍然尊崇我的家族。

此外，我對自己的人脈關係也信心十足。我與哈密德在法扎巴德住過四年，這段期間我自願參加許多婦女團體、教四百名學生英文、拜訪許多收容所，並推動多項跟環境衛生和學校有關的計畫。當地人都認識我，我的朋友包括公民團體領袖、教師、醫生與人權運動者。我所參與的是新阿富汗，這也是我認爲自己足可勝任代表的國家。儘管當時我只有二十九歲，同樣也經歷了蘇聯占領、內戰與塔利班統治的時代。

我所關注的範圍不僅限於性別與女性議題，男性和女性一樣，同樣飽受貧窮與不識字所苦，我希望能推廣全民社會正義、全民受教權、打擊貧窮及其根源，希望藉此帶領阿富汗走出黑暗，進而在國際社會扮演其正確的角色。在奮鬥過程中，願意與我並肩作戰的戰友的性別並不重要。我是我母親的孩子，她的一生則象徵了眾多阿富汗婦女所受的折磨與苦難。但我也是我父親的孩子，他終其一生都是勤奮奉獻的政治家的典範。雙親對我這一生的影響力不分軒輊，也同樣引領我達到今日的成就。

我前往巴達克珊省展開競選活動，參選消息幾天內就迅速傳開。我在法扎巴德市中心成立競選辦公室，數百位不分性別的年輕人紛紛打電話來自願擔任競選志工，讓我大受感動。年輕人期盼變革，並認爲我是能眞正帶來改變的候選人。因爲他們，辦公室內充滿了活力與樂觀朝氣。

競選活動很累人，我們時間不多、經費有限，要涵蓋的選區範圍太大。我每天早上五點就開始跑行程，經常必須風塵僕僕顚簸五、六個小時，在夜幕低垂前抵達偏遠鄉鎮，隔天再趕回法扎巴德，下一天再前往另一個鄉鎮。

我身體勞累卻意志堅定，所到之處都受到熱烈歡迎，讓我大受鼓舞。在某個鄉村，婦女們都出來唱歌並彈奏傳統樂器迎接我，邊唱邊鼓掌，又撒花撒糖果表示支持。我早已確定自己能贏得婦女選票，因爲我談過許多例如產婦死亡率、缺乏受教權以及孩童健康等和婦女切身相關的議題。在巴達克珊省某些地區，婦女與男性同樣早出晚歸，在田野間勤奮工作，但是仍舊無法擁有自己的財產。如果丈夫去世，房產經常是由男性親屬而非妻子繼承。我認爲這大錯特錯。

我了解並崇敬這些女性，我的人生如今與她們大不相同。我穿著時尚、使用電腦，她們卻用骯髒的雙手歡迎我，也從來沒讀過書。但是，我以她們的生活方式長大成人，母親的一生也與她們的生活相同。我了解她們每天的辛苦操勞，我尊重她們，且絕不自居爲能救贖她們的恩人。我知道西方社會通常將這些女性視爲阿富汗政治與傳統下的無名受害者，但我不這麼認爲。我以這些女性爲傲，她們堅強且有智慧，有豐富的人格特質。

要說服男性選民尤其是長老們就困難多了，我本來要在另一個村莊的清眞寺舉行演講，因爲那是當地最大且唯一能容納群眾聚集的場所，但後來差點無法成行，因爲有些長老不願我進入清眞寺，我只好坐在車中，等待長老與競選團隊中的男性成員爭論是否放行。最後他們同意讓我進去演講，我居然緊張到忘記在開場白時先說「以阿拉之名」，眞是個愚蠢的錯誤。我原以爲演講結束後會招致抨擊，但過程中我看到後排幾位長老在哭。他們白髮蒼蒼，穿著傳統長袍，聽演講時潸然淚下，面容飽經風霜。演講結束後，他們告訴我他們認識父親，聽我演講則讓他們想起了當年父親演講時所展露的熱情與誠懇。聽到這裡，我也哭了。

競選活動期間，我並沒有穿著傳統罩袍，因爲我希望在與他人溝通時能有眼神的交流，但我一定穿著得體且符合當地民情風俗，例如當初掩護七歲哥哥逃過暗殺的寬大裙子與寬鬆長褲。

競選活動越來越熱烈，我的支持度也節節高升，某天我抵達偏遠的傑姆村（Jurm）時大受感動。有七十多輛車子聚集等著伴隨我們，老人與年輕人沿街坐著，手中揮舞著阿富汗國旗跟我的競選海報。這裡並不是我熟悉深耕的區域，也不是父親當年代表的選區，但是他們支持我，因爲他們眞的關切這次選舉且重視民主進程，希望選出能傳達他們聲音的地方領袖。

美國評論家經常說美國強迫阿富汗推行民主，而且在這樣的未開發國家中施行民主政治毫無意義，我強烈反對此一論點。美國支持阿富汗實行民主，卻從未強迫，阿富汗向來具有自己的民主傳統，這種傳統體現於推舉部落領袖，或是由長輩在支格爾會議（loya jirgas）投票表決議題，國會選舉只是更進一步體現了這些民主傳統，我確信我所遇到的民眾無論貧富或識字與否，都盼望藉由手中這一票帶來改變。如果沒有危險、又有機會的話，誰不希望能投票選出自己的領袖呢？

車隊帶著我到處拜訪，看到照片與海報中的我低頭看著沿途奔波的自己，心裡有股奇特的感覺。印有我的臉的海報點綴了車輛、商店櫥窗與住宅，我的憂慮感開始增加，萬一我讓這些人失望了該怎麼辦？萬一我無法證明他們對我的信心是對的，該怎麼辦？萬一我無法實現他們所需要的服務，又該怎麼辦？

夜深人靜時，我內心充滿了自我懷疑，擔心這次或許能勝選，但到了下次選舉卻失去人民所有的信任。想到這些面容誠懇的慈祥老人，或是用粗糙雙手握著我的手訴說遭遇的女性，我就無法承受失去他們的信任這樣的念頭。

人民喜歡我，但這只是因爲他們需要有人幫助他們。實際履行競選承諾是一回事，要說服他們相信我無法揮個魔法棒就讓他們變得富有，又是另一回事。有位女性問我能不能保證她可以免費獲得在喀布爾的房子，看來她眞的相信我做得到。我得耐心向她解釋這不是國會議員的職責，尤其是不貪污的國會議員。

競選活動持續進行，我越來越興奮。太陽每天早上四點出來，我的一天也隨之展開，大多時候得忙到半夜才能就寢。我每天接兩百通電話，不是問我問題就是希望能擔任義工。整個競選活動就如此自然而然地累積氣勢，步上軌道。

我記得有位男性打電話給我，跟我說家中的女性包括妻子與母親都沒有投票單，因爲他還沒有准許她們投票。但是這些女性不斷催促他把手中這一票投給我，他根本不知道我是誰或代表什麼選區，所以才打電話來問我。這是位很傳統的男性，不讓妻子投票，但起碼尊重她的想法，才會花時間了解她所屬意的候選人。他讓我想起父親。我們談到最後，他答應把票投給我，我則希望日後他也能准許他妻子去投票。

有些電話則充滿敵意，曾有幾個我完全不認識的男性打電話來叫我婊子，因爲我要出來競選，有些則是打來咆哮叫我滾回家，把政治留給男人就好，再不然就說我是惡劣的穆斯林，應該受到懲罰。我試著不讓這些電話影響情緒，但當然還是會生氣。

我們到某個城鎮去拜訪母親的幾位姊妹們。小時候我很喜歡拜訪這些親戚，因爲我記得有位阿姨總是化著妝、儀態高雅，家裡永遠溫暖而人聲鼎沸，我記得好多人會親吻擁抱我，也記得香水的味道。如今，屋裡好安靜，只有兩位老太太還活著，跟幾個孩子還有成了孤兒的親戚住在一起。看到一屋子寡婦與眼神哀傷的孩子們，讓我幾乎心碎。

有個九歲男孩那吉布拉站出來迎接我，他的雙眼可愛深邃，很像我遭到謀殺的哥哥穆沁。我問他是誰，後來得知他是我母親最喜歡的兄弟的孫子。母親這位兄弟在得知父親打母親之後，曾經快馬加鞭趕回我家，跟母親說如果願意離開的話他會帶母親走。他們全家後來死於戰爭，只留下那吉布拉。我無法把他留在那個充滿哀傷的屋子裡，所以希望能帶他走。如今他已是活潑的青少年，跟我、蘇赫拉與雪赫薩德一起住在喀布爾，在校成績優異，跟女兒們相處融洽，也是我在家中的好幫手。

離投票只剩三十六小時，我還有兩個選區得跑，這兩個選區方向完全相反，車程各是五小時。根據規定，所有競選活動必須在投票開始前二十四小時停止，如此一來，我不知道我們該怎麼排剩下的行程，但最終還是兩個選區都去了。在其中一個選區，當我得知當地競選活動由瑞沙叔公主導帶領時，大受感動。他是我父親第七位（也是最後一位）妻子莎娜姿的父親，莎娜姿則是我同父異母弟弟恩那亞特的母親。這麼多年之後，他在這裡默默的支持我、幫助我。這位貧窮的老人在戰爭中失去了包括莎娜姿在內的大多數孩子，雖然年事已高，他依然健康且朝氣蓬勃，並堅持跟著我們到處走。我們在他家晚餐且借宿，這個經驗再次讓我想起大家庭各分支體系互相連結的力量有多麼強大。

但是一直讓我近鄉情怯、遲遲不敢造訪的選區則是祖籍庫夫區，從四歲之後我就沒回去過。記得離開庫夫那天，母親倉皇帶著我跟兄弟姊妹沿著河邊逃難，後面有持槍的人在追殺。

想到要回去，那些恐懼失落的記憶又浮現腦海。車隊行經險峻山路還有父親遭聖戰士殺害殞命的高原，我霎時掉進痛苦深淵。我的家庭從這裡開始，也在這裡被毀掉。

到達村落時，我幾乎不能呼吸。車子行駛在兩旁住宅林立的主要道路上，這是父親每娶一位新太太時迎娶隊伍必經之路，如今處處可見戰爭摧殘的明顯印記。小時候我們常在溪邊玩耍，那條溪現在幾乎乾涸，曾經清澈的潺潺溪水僅剩一縷混濁。母親的花園跟果園曾是她最引以爲傲的地方，如今僅剩塵土。母親仍在世時，花園會隨著季節變換展現不同顏色，春天是綠的，夏天有粉紅色的果實與盛開花朵，秋天充滿紅椒與鮮豔飽滿的橘色南瓜，冬天則是褐色堅果與紫色蔬菜，但現在幾乎一無所有，只剩下幾株枯枝如骨骸般掙扎伸向藍天。

我們的土泥宅還在，但幾乎搖搖欲墜，整個西側包括客房都被摧毀，庭院裡的大梨子樹在戰爭時被火箭砲轟炸到只剩下樹幹。這棵樹見證了許多珍貴時刻，我調皮搗蛋時躲在這裡讓母親找不到；父親把武器藏在這邊；姊姊跟嫂嫂在這邊遭到要偷父親槍枝的聖戰士掃射。

父親的巴黎套房還在，隱約可看出牆上曾經色彩鮮豔的壁畫。父母親曾在這裡以夫妻身分共寢，在這裡有了我，母親也在這裡清洗父親被轟掉半邊頭顱的遺體，準備送他最後一程。我撫摸著冰冷的牆壁，試著想起記憶中的擺設，這些壁畫是父親的驕傲和喜悅，在他眼中，這裡媲美甚至超越法國凡爾賽宮。

最後我鼓起勇氣走向廚房，這裡曾是母親的天下，每晚我們在這鋪上床墊睡覺，母親爲我們說著遠方國度與國王皇后的故事，許多盛宴菜餚也出自於此。我們從廚房窗戶看著日升日落、下雨下雪，小時候我曾以爲這片窗外景色就是全世界。

我深吸一口氣，走進廚房，幾乎腿軟。我彷彿還能看到母親拿著湯勺彎身煮飯，聞到燉肉的味道，感覺到廚房中間烤箱烤麵包時透出來的溫暖。時空轉換回到四歲時，母親就在這裡！我感覺得到她。之後她走了，留下我孤單一人，這個長大後的法齊婭，站在這個已無法容納得下全世界的廚房內。現在我終於明瞭這個房間有多小，只是個由土牆跟一扇小窗戶環繞的空間，往外只看得到一排山脈，根本就不是全世界。

我在廚房坐了很久，直到暮色低垂，一抹新月跟幾點繁星升起，沒有人來打擾我，因為他們知道我要一個人靜靜地跟母親說話。

之後我要尋找父親的記憶。我從後門離開土泥宅，爬上我們埋葬父親的小山丘。他的墳墓位於景觀最佳之處，可以三百六十度環景觀看他一手打造的小天堂。我跪在墓旁禱告，之後坐下來對著父親說話。我求他給我智慧、指引我方向，在這條政治道路上給我幫助。我告訴他我知道他對於是由女兒而不是兒子來延續家族政治生命會感到訝異，但我也承諾絕不會讓他蒙羞或失望。

時間越晚天氣越冷，一位在我家幫傭多年的母親的朋友過來叫我下山。她在父親墳前搖頭哭泣，告訴我她沒有一天不想念我的雙親。她說母親是位慈祥的女性，待人不分貧富，父親雖然經常讓人望而生畏，卻決心無論他自己要做出如何犧牲都要改善朋友跟鄰居的生活。

她撫摸我的臉龐，雙眼直視著我：「法齊婭，妳一定會贏得這次選舉，在國會占有一席之地。妳一定能為父母贏得這場選舉。」

她不是在表達對我能力的信心，反而像是傳達命令，宣告古菲政治王朝將再度崛起。

親愛的蘇赫拉和雪赫薩德：

政治向來是我們家族的核心，世世代代塑造了我們的生命並賦予其意義，有時甚至主宰我們的結婚對象。

我擁有家族對政治的熱愛，但從未想過從政。我原本想當拯救世人免於病痛的醫生。

我看到政治如何讓我父親喪命，這也是我從未想過涉足政治的主要原因。

但是我似乎沒什麼選擇餘地，政治自始至終都是我的宿命。妳們父親遭逮捕這件事，就某些方面而言是我邁向政治之路的開始。他遭到逮捕時，我不願也不能呆坐家中等待，我必須聚集資源、尋找盟友，試著從更大的面向與格局去努力。

我厭倦別人總是要求我靜靜隱身幕後，不要讓男人蒙羞，這樣做能帶領我們到何處？哪裡都去不了。

我受過教育，有權表達自己的主張，也下定決心要運用這些優勢幫助哈密德。

如今，同樣的聲音與同樣希望幫助他人的願望，引導我走出自己的政治道路。

或許更大的動機是因爲我用盡各種方法仍救不了妳們父親，我在國會議員任上，只要能多幫助解決一件不公不義之事，或許就能多彌補當時無法挽救妳們父親生命的遺憾。

深愛妳們的母親

〔第十九章〕

改革運動

✉二〇〇五

投票日到了，全國歡欣洋溢，我的姊妹們一直在動員女性選民，安排免費交通接送她們至投票所投票。之所以如此做，並不只是單純希望她們能把票投給我，更重要的是，無論她們投給誰，我們都希望這些收到有效投票單的女性選民有機會實際運用這項權利。我的姊妹們都穿著罩袍，所以接駁車上的女性並不知道她們是誰，反倒讓她們有機會可大致了解這些女性要投給誰。接駁車前往投票所之後，姊妹們興奮地衝到辦公室告訴我車上所有女性都說要投給我。

那時我就知道我會勝選，但情緒依舊緊繃。在阿富汗，什麼事都有可能發生，我也擔心隨時遭到暗殺，因爲已經有幾宗威脅與事件，例如在座車下找到炸彈。但某些方面而言，我比較擔心一旦勝選後會發生什麼事，還有該如何因應隨之而來的期待與壓力。

投票所早上六點開門，有位姊妹僱了一輛車與司機，打算盡可能地造訪各投票所檢查是否有欺瞞造假等情形。阿富汗每逢選舉必出現這些問題。當時她大聲尖叫，「法齊婭，這裡不太對勁，選務人員支持特定候選人，沒有保持中立，而且居然告訴大家該投給誰！」

我打電話給在選舉委員會裡認識的一些人，要求他們派監督人員過去。一位來自西方社會的人員過去查看情形，回電告訴我一切都很順利。但是，當然不會有人公然在外國人面前承認造假。

之後我接到另一個選區電話，告訴我那邊也發生同樣事情，候選人之一是當地警部司令官的兄弟，命令該地區所有警察都要去投票，而且要投給他兄弟。我的競選辦公室立即採取行動，開始打電話給我們知道的所有媒體，包括英國國家廣播電台、當地的阿富汗電台，以及所有我們想得到的人，我們得把這些人欺騙造假的訊息傳送出去，讓他們知道我們曉得這些事，如此才是阻止他們惡行的唯一方法。

我哥哥納迪爾本想自己出馬參選，而且非常反對我出任候選人，這並不是因爲他沒有獲得家族支持，而是因爲他認爲這根本不是女人該做的工作。如果當初是另一位兄弟決定參選的話，納迪爾會更高興的接受。選戰初期，據說他每次看到我的海報就勃然大怒，甚至有時會撕毀海報。但是在投票日這天，對家族的忠誠度凌駕了內心的憤怒，他整天開車到處巡視投票所，甚至到了偏遠地區。路況太糟無法開車通行時，他便下車徒步穿越山區。雖然他一開始不希望我參選，但既然我已投身選舉，他就絕對不讓自己的妹妹因爲他人欺騙造假而落選。我非常感激他。

投票時間截止，所有票櫃都集中送到法扎巴德後上鎖管理，等待隔天開始計票。我的競選團隊志工很擔心選務人員在票匭做手腳，因此決定整夜在競選辦公室外看守。他們沒有禦寒毛毯，但仍然冒著寒風整夜守候。這些年輕志工的誠懇奉獻讓我大為感動，我知道他們眞的想為這個國家與民主進程盡一己之力，而這些工作由年輕人做來，格外感動人心。

整個漫長的計票過程進行了兩周，但所有早期跡象均顯示，儘管有作票詐騙情形，我依然能當選。

我心中一塊大石落地，終於能稍微喘口氣休息。那天晚上我正和朋友們共進晚餐，哥哥莫夏凱從丹麥打電話給我。他情緒激動，歇斯底里地哭泣，因為他的大兒子那吉卜當天下午溺死了。

哥哥有兩位太太，第二位太太跟他定居於丹麥，第一位太太則選擇留在阿富汗。那吉卜是第一位太太生的，也是兩人之間唯一的孩子，是位可愛善良的年輕人，也是我競選團隊的成員。投票日隔天早上，他跟朋友去野餐時決定要游泳，下水後被意想不到的暗潮捲走。聽到哥哥說的話，我幾乎無法相信這個事實。為什麼家裡每一件快樂的事情最後都以悲劇或死亡收場？

計票過程第一周開始幾天後，我們得知有些選舉委員會的人員捏造票數，有人看到他們把投給我的選票移除不統計。我的某位支持者親眼看見這樣的事情，生氣地大吼，「喂，她是女性，冒著生命風險參選，你們為什麼不計算投給她的選票？我們是年輕世代，希望她來帶領我們。」當時衝突越演越烈，驚動了警方出面。幸運的是，警察認眞看待這件指控案，並下令在他們當場監督下重新計算幾個票匭中的選票。光是重新計算這幾個票匭，就讓我的得票多出三百票。他們絕對有欺瞞的情形。

計票結束，我贏得八千票，排名居次的候選人贏得七千票。身為女性候選人，我享有保障名額，當初此制度的設計是為了確保每個省區至少有兩位女性能以保障身分進入國會。我只需要一千八百票就可達到保障當選門檻，但無論保障與否，我對自己的得票數十分滿意。

保障機制讓我覺得五味雜陳，一方面我了解在阿富汗等男性主宰的國家中保障名額對女性從政能給予額外支持，深具重要性，另一方面我卻覺得不安，因為擔心這樣的制度無法讓社會大眾認眞看待女性在政治領域的角色。我希望能利用自身優勢，在公平競爭的基礎上贏得人民選票。

確定當選的消息傳來時，我知道政治徹底地改變了我的一生。以往我十分注重隱私，如今訪客卻絡繹不絕、川流不息，從生病乃至求職等大小事情都需要我幫助，情況有點令人不知所措。

而在沒有丈夫的情況下，這一切更為困難。大多數男性國會議員都由伴侶幫忙他們打理日常生活瑣事及接待賓客，大多數女性國會議員則是未婚或跟我一樣守寡，這絕非巧合，因為沒有多少阿富汗男性願意允許或支持另一半擔任如此重要高調的政治職位。

我很幸運，哈密德向來對我非常支持，這對阿富汗男性而言極為難得，我也知道他如果還在世，一定也會竭盡所能地幫助我適應人生的新角色。如今他走了，我只能自己應付所有事情，女兒們很生氣，因為我再也無法像以前一樣每晚哄她們入睡。我心如刀割、滿懷罪惡感，懷疑自己是否眞的做了正確決定。我跟全世界所有職業婦女一樣，很懷疑自己對工作職場的野心是否超越了孩子的重要性。但是我想到父親，當初這一切對他而言是否不同？他難道沒有為了因爲工作關係必須離開眾多妻子兒女好幾周而感到罪惡？這是我們爲了服務人民所必須付出的代價，當我想到參選初衷是爲了替這個國家帶來改變，日後讓女兒能在更好的國家長大成人時，我釋懷了。

但是，隨之而來的各種抹黑與謠言，讓我了解女人要在男人世界裡生存是多麼困難。對手對我勝選大感憤怒，開始進行一連串誹謗中傷，不是說我在杜拜有個富有商人男友提供金援讓我參選，再不然就是我捏造學經歷，殺傷力最強大的謠言是我爲了參選與哈密德離婚並假造他的死訊，其實他還好好的活在山區某個村莊。

當時我依舊沉溺於喪夫之痛，因此這個錯誤離譜的謠言讓我大爲震怒。爲什麼這些人要搞出如此下流的手段？「噁心」已不足以形容。可惜的是並非只有我遭受攻擊，許多我知道的女性政治人物都曾受過類似的惡意謠傳中傷，這些謠言具有殺傷力也有危險性。在阿富汗，一個女人的名譽與榮譽是她的生命，我的敵人顯然很清楚這點，但他們不在乎自己的謊言是否會造成我死亡——這始終是我百思不解的事情。爲什麼造謠生事的人看不到自己的行爲所帶來的後果？我相信，在沒有任何事實根據的情況下對他人造謠生事、無中生有，不但不是伊斯蘭教徒應有的行爲，同時也犯了罪。這些人總有一天要接受公評。

選後幾周是混亂的調整時期，有些時候我每天得接見五百位訪客，空間不夠大，人多到得擠在走廊，他們都想知道我所欲推行的政策以及能爲他們謀取的福利。我得跟他們一一談話，一遍遍地解釋同樣的事情，但很顯然地我無法維持這樣的情形，所以幾周後我摸索出比較有組織的方式，僱用員工幫我處理約見事宜。

二〇〇五年十月，新的民主國會在因爲衝突而中斷三十三年之後重新開始運作，我滿懷喜悅地隻身出席。因爲擔心自殺炸彈客帶來危險，因此街道封閉、車輛不准通行，但人民還是夾道揮舞旗幟，跳著傳統的阿特舞。

政府派巴士將所有女議員接往國會，車輛經過這些興高采烈舞蹈的人民時，我內心充滿喜悅。經過卡札伊總統和馬蘇德的巨幅海報時，我哭了出來，這時我真的覺得自己是新阿富汗的一部分，這個國家終於擺脫暴力、擁抱和平，看到如今這樣的成就，我個人的犧牲絕對值得。

有生以來我第一次覺得驕傲、成熟，覺得自己有能力改變現狀，也有可以帶來改變的力量與聲音。我很快樂，卻忍不住一直哭泣。哈密德過世後我很少哭，這輩子經歷了太多悲劇：父親遭暗殺、哥哥被殺、母親過世、丈夫過世、家園遭掠奪。我流過太多眼淚，原以爲已淚乾，但在這個重大時刻我卻哭了一整天，只是這一次，我是喜極而泣。

那天是我第一次踏入國會大樓，想到這裡將是我未來工作辦公的地方，內心充滿興奮。根據各方決議的阿富汗戰後治理新制度，國民大會是國家立法機構，共分下議院「人民議院」（Wolesi Jirga）與上議院「長老議院」（Meshrano Jirga），上下議院各有二十三位和六十八位女性成員，我是下議院成員之一。下議院共有二百五十名議員，任期五年，根據各省人口比例由人民直選。根據規定，每一省有兩位女議員保障名額，確保女性候選人可當選。上議院有三分之一的成員由省議會選出，任期四年，三分之一由各省區議會選出，任期三年，另外三分之一則由總統任命。上議院同樣具有婦女保障名額。此外還有最高法院（Stera Mahkama），是阿富汗司法體系最高機關，由九位法官組成，任期十年，需經總統任命與國會同意。法官必須年滿四十歲，擁有法律學位或有伊斯蘭法學體系相關經驗，且不得加入任何政黨或與政黨有關聯。

我環顧四周，體認到身邊有些同僚曾擔任過總統、內閣首長、省長與聖戰士司令官，如今，他們都跟如我一般的女性並肩而坐。多年前，我父親曾效命過的前任國王查希爾曾經承諾會帶來民主，當時他也在此，如今垂垂老矣，流亡歐洲，但爲了這歷史性的一天，他最後一次踏上家鄉土地。

國歌響起，全體起立，我看著身邊新當選的同事們，覺得能在他們臉上看到阿富汗今日全貌。這些人裡有身著傳統長袍的男性，穿西裝打領帶的知識分子，年輕人、老人、女人和各個族群的人。對我而言，這是民主的意義：有著不同觀點、文化信仰與經驗的人，在一個屋簷下團結共處，爲共同目標而相互努力合作。在阿富汗經歷這麼多血腥與眼淚後，能看到這樣的和諧，十分美好。而能更進一步身爲其中一部分，更是美好。

更多愛國歌曲響起，其中包括這首〈這土地是我的祖先〉（Daz Ma Zeba Watan，〈This Land Was My Ancestors〉），這是我最愛的一首歌，總結了我對祖國的感情。歌詞是這樣說的：

這是我們美麗的國土，
這是我們深愛的國土，
這塊土地是我們的生命，

這塊土地，阿富汗。

這個國家是我們的生命，
這個國家是我們的信念，
我們的孩子從會爬開始就如此說著，
這是我們祖父們的土地，
這是我們祖母們的土地。

這是我們最親愛的土地，
這塊土地，阿富汗。

我爲了它的河川犧牲自己，
我爲了它的沙漠犧牲自己，
我爲了它的溪流犧牲自己。

這是我們熟知的土地，
我的心因爲它而發光，
這塊土地，阿富汗，

我們的心因爲它而發光，
這塊土地，阿富汗。

這是我們美麗的國土，
這是我們深愛的國土，
這塊土地是我們的生命，
這塊土地，阿富汗。

繁文縟節的開幕典禮結束，終於到了開始工作的時刻。我下定決心不讓自己被視爲「只是個女人」，所以從第一天開始就積極提出議題，很快地便贏得敢言有能力的稱譽。我同時也清楚表達會秉持專業問政，並與各方合作。國會內許多男性成員都與女性成員唱反調，竭盡所能地恐嚇我們。我們發言時，他們會試圖讓我們閉嘴，有時甚至乾脆離席。對某些支持我們的男議員，這些人則對他們動輒貶低輕視。有一次，某位男議員在教育辯論時贊同女議員的看法，被剝奪了發言權，其他男議員則開始刁難他，笑他是「女性主義者」——這一詞在阿富汗是對男性的莫大侮辱。

我對這些事早就習以爲常，阿富汗國會的氣氛喧鬧且經常擦槍走火，傳統表達不滿的方式是拉對方鬍子，因此有時候大家互拉鬍子拉成一團。我認爲在這些情況下，表現敵意或大吼回去於事無補，所以我反而試著創造互相尊重的氣氛。我有風度地傾聽反對意見，盡可能地找到雙方共同立場。民主是爲自己的信仰奮鬥，但同時也必須學著接受大家都同意雙方各有不同意見的事實。

在此同時，我也對自己發誓絕不背離我所相信的原則與價值。如果總是隨波逐流，一定會迷失而且找不到信念。我的核心價值是推廣人權與性別平等、消除貧窮、讓更多人能接受教育，這些價值永遠不會改變。可惜的是，有些女議員無法承受改變的過程所帶來的壓力，到現在我從沒聽過她們在國會發表過任何意見，這讓我非常難過。

但是有些女議員又過於敢言，有位名叫瑪拉賴・喬亞（Malalai Joya）的女議員因此在二〇〇七年遭到停權。她先前接受電視訪問時將某些國會議員比喻爲動物園或馬廄裡的動物，因此所有國會議員投票表決她違反了國會規定。我十分推崇瑪拉賴的抱負跟熱誠，對於她遭到停權也感到遺憾。她犯的錯可能是因爲過於熱誠，眞正的立法成就不光是靠講話大聲就能獲得。政治是長期遊戲，聰明的政治家需要在既有規範框架內運作才能達到眞正的效果，很多時候，推動立法變革的唯一方法只有合作、偶爾讓步，並且隨時努力找到共同立場。

國會開議那天，所有新任國會議員必須將手放在可蘭經上宣誓效忠國家，承諾對阿富汗與其人民誠實。當我把手放在可蘭經上宣誓時，覺得內心充滿了強大的責任感。

我知道說出實話很痛苦，但還是要說，由於阿富汗政壇目前依舊充斥貪腐風氣，因此並非所有我在國會的同事都認眞看待就職當天所做的宣誓跟承諾。

上任第二天，大家開始辯論該由誰擔任國會中各個領袖職務例如議長、副議長跟各祕書長，這些都是議院中位高權重的政治職務。我已和幾位議員成了好朋友，例如年紀最輕的薩賓娜・薩吉（Sabrina Saqib），我告訴她我想競選副議長一職。當時的感覺是一旦落選也毫無損失，反而可藉由參選將女性的意見傳達到立法體系高層。薩賓娜相當支持我，也同意如果我出馬競選對阿富汗婦女會帶來好處，但她也警告我獲勝機率不大，還可能會面臨來自某些男議員的強烈反對，她也擔心我的知名度還不夠，也沒有其他有名的議員支持我。

之後我開了家族會議，家人也提出相同警告，曾擔任巴達克珊省庫夫區區長、當初也想參選的納迪爾完全反對我競選副議長，他對我說：「法齊婭，女人當國會議員已經太過分了，妳的野心應該到此爲止。如果妳出馬競選副議長，一定會輸，這會影響我們家族的政治名聲。政治不光是妳一個人的事情，而是攸關整個家族的政治王朝。」

這些話很刺耳，但我了解他想表達的重點。在阿富汗傳統中，政治就是贏得選戰或獲得權力，而不是一般人可藉由表達意見展現意志的眞正方法。在過去，如果阿富汗政治家庭的成員選輸了，會摧毀整個家族的名聲。但我已準備好承受這樣的風險，這對我來說是更大的戰爭，一場爲了服務人民的戰爭。

最後，我跟蘇赫拉和雪赫薩德談這件事，她們給我的反應最正面。蘇赫拉當時只有六歲，雪赫薩德七歲。蘇赫拉很早就展現出對政治的喜愛，居然幫我想出一個競選好點子，「我會從學校召集一百個孩子，每人給一面旗子，然後到國會去請議員們投給妳。」我給她一個大大的親吻表示感謝，很訝異一個六歲孩子的想法居然這麼務實成熟，也很自豪她小小年紀就能從大處著眼。

雪赫薩德個性溫和體貼，讓我想起她們父親。她握著我的手，目光堅定地看了我許久後說：「母親，國會中的女性一定要有一位擔任高層職務，如果是妳的話更好，因爲我知道妳是最優秀的。我知道如果妳當選的話會更努力工作，陪我們的時間會更少，但我們可以照顧自己。」我差點哭出來，這完全是哈密德仍在世時會說的話。

因此，我決定出馬角逐副議長。

在國會大樓內到處都聽得到大家私下討論，熱門話題只有一個：誰要角逐這些高層職務？許多議員認爲我出馬角逐是個大笑話，尤其是那些大發戰爭財或跟犯罪活動有牽扯的議員，這更加強我贏得副議長職務的決心。比較有錢的議員紛紛開始在家裡或喀布爾高級餐廳跟旅館舉辦豪華晚宴拉票，邀請可能會把票投給他們的人。我沒有多餘的錢可以做這種事，大家也注意到我是唯一沒有舉辦這些活動的候選人。選前一晚，姊姊幫我在一個便宜小餐廳辦了小型晚宴，餐廳並不高級，但是是我唯一負擔得起的地點。大約有二十位議員出席，那天晚上很冷，即使在室內也可看到呼吸時吐出的白氣。我請餐廳經理幫我們安排有暖氣的環境，他拿來一個很舊很便宜的布卡里（bukhari）暖爐，會冒出有毒的黑煙。食物很難吃，冷到快結凍，過沒多久賓客們幾乎看不到彼此，因爲暖爐冒出太多煙。我整晚都很緊張，但努力掩飾並盡力做到賓主盡歡。

回家後我邊搖頭邊嘆氣，跟姊姊說我搞砸了，今晚這個場合的氣氛眞的太糟糕，明天沒有人會選我了。在我們的文化中，當個好主人讓賓主盡歡非常重要，如果搞砸了，會招致人們嚴厲的批評。

孩子們睡了，我爬上床躺在她們身邊，但是睡不著。明天就是投票日，所有候選人在投票開始前要發表一篇短短的演說。我連夜起身撰寫講稿，坐在桌前盯著眼前的白紙發呆到清晨。通常我喜歡寫演講詞，而且都發自內心，但這次不是這樣。我開始動筆，提出各種承諾，但是最後都撕掉，因為有些地方聽起來就是不對勁。

所有候選人都被告知準備簡短的演說即可，但我想寫一些能塑造並代表我的內容跟價觀，這不是簡單幾句就可表達的。曙色初露，陽光漸漸灑進臥室，此時我已修改到第三、第四個版本，再看一次，仍舊不滿意。我把草稿撕掉，決定臨場即興發揮。我確定只要上台站在國會議員同事面前，我就會知道自己該說什麼。

隔天早上，所有候選人跟他們的支持者都站在走廊中進行最後拉票，競選副議長的除了我之外還有其他十位候選人，每一位都比我有知名度，其中甚至不乏有力有地位人士。大約十點鐘時，對手的某位工作人員來拜訪我要求我退選，並說只要退選就會給我一大筆錢。我覺得害怕，但很悲哀的是，我並不訝異。這些人怎麼可以用付錢逼退的方式贏得如此重要的選舉？他們怎敢認為可用賄賂的方式買通我？

大會全體投票時間開始，我安靜地坐在角落思考並靜觀其變。如果不是當事人的話，能夠見證並參與這一刻是很有趣、很刺激的經驗。之後他們叫我上台發表自我介紹演說。我走上台，心裡很清楚有些男議員是帶著嘲笑或憤怒的眼神看著我。我從眼角餘光看到薩賓娜用微笑表達對我的支持，讓我稍稍定下心來。

這是我第一次在其他國會議員面前發表演說，我努力克制身體的顫抖，突然間想起自己是帶著八千張選票的付託進入國會，早就有權站上台演說。

我環顧四周的同時，自信跟自尊油然而生。我深呼吸一口氣，開始介紹自己，之後說我之所以競選這個職務是因爲想展現阿富汗女性也能成就大事跟擔任高階職務的能力，我的使命是置國家利益於個人利益之前，我認爲阿富汗在各方面都受創太深，需要新聲音新活力幫助國家重建。我還強調，雖然我只有三十歲，卻並非初生之犢，我擁有豐富的專業經驗。

我繼續表達對阿富汗還有我們文化的熱愛，並承諾會替國家帶來更好的變革。發自內心的慷慨陳詞讓我講話速度比平常快，而且我專心到一開始沒注意到鼓掌聲，之後掌聲越來越大，我講完時，包括男、女、傳統分子跟有力人士在內的幾位議員都大聲鼓掌。許多議員走到我身邊，恭喜我發表了這麼眞誠動人的演說。父親以前在昆都士省（Kunduz）的普什圖族老朋友走上前來輕吻我的前額，小聲地跟我說我終於爲父親伸張正義。大家的反應都如此熱烈正面，我第一次開始思考自己獲勝的可能性。開始計票時，我緊張到呼吸困難。

我大獲全勝，阿富汗史上首度有女性而且是個「窮人家的女兒」獲選出任高階政治職務。

我壓抑不住興奮之情，臉上洋溢如花朵盛開時的光彩，有一刻甚至覺得自己飛上了天。突然間，身邊擠滿了不斷發問的記者，丟出各式各樣的問題：我對女性的優先議題是什麼？要如何帶來變革？一個女性要如何面對擔任如此高層國會職務所會受到的監督檢視？這是我第一次眞正的「記者會」經驗，我試著誠實清楚地回答問題。我並非那種不喜歡記者的國會議員，而且認爲許多記者的確是認眞地傳遞分享資訊、挑戰當權者，因此我一直給予媒體他們所應得的尊重。

接下來幾天我成了媒體寵兒。從來沒人料想過一個女人能達到我這樣的成就，我讓舉國上下覺得耳目一新。但我下定決心要透過每次訪談告訴大家我不只是讓大家好奇的對象，更是嚴肅認眞並有著優秀能力的政治人物。

卡札伊總統隨後宣布了內閣名單，唯一的女性部長是醫生出身的馬蘇達．賈拉爾（Masooda Jalal），也是卡札伊競選總統時唯一的女性對手。馬蘇達後來敗選，只獲得極少數選票，但卡札伊任命她擔任女性事務部部長。到目前爲止，女性從未擔任過任何其他非關性別的主要部長級職務，這讓我非常失望。如果女性能擔任女性事務部部長，那麼具有相關經驗的女性爲什麼不能也出任商業部部長、通訊部部長乃至其他高層職務？卡札伊還公布另一項受各界矚目的任命案，頗受敬重的女性索拉比博士（Habiba Sorabi）於二〇〇五年三月二十三日獲派出任巴米亞省（Bamiyan）省長，自此成爲阿富汗知名且廣受支持的政治人物。

所有職務人選塵埃落定，國會也正式開議，這是另一個値得紀念的歷史時刻，並透過電視實況轉播傳送到阿富汗與全世界各個角落。議長並未出席，因此由我擔任主席主持第一次全體大會。我環顧四周，再度體認到眼前主持的國會是前任總統、部長與聖戰士領袖曾經聚集共商國是的殿堂，但我不緊張，辯論是我這輩子最喜歡的事情，因此能夠主持這麼重要的辯論眞是太好了。我愛極了這個工作。

當天一切順利進行，之後有些男議員表示他們很訝異一個女人居然能有條不紊地維持議場秩序，如今他們也體認到這對阿富汗和阿富汗女性來說具有重要的象徵意義。

但是很快地就有人開始忌妒，一些比較年長、貪腐的國會議員漸漸失去權力跟人民支持，他們也心知肚明。這些守舊的傳統政客多用武力威嚇作爲溝通方式，看到像我這樣的年輕女性的支持度跟影響力日漸增長，就是嚥不下這口氣。每當我經過走廊或是從講台上下來時總會聽到他們竊竊私語，「搞什麼啊？讓個女人當主席，我們卻只能坐在底下看著？不能允許她繼續這樣。」

我試著不理他們，開始專注於選民服務，例如從喀布爾到法扎巴德的道路依然不是柏油路面，我便開始遊說各方提供經費，計畫興建第一條連接巴達克珊省跟首都的高速公路。在某次到美國的政治訪問時，我見到小布希總統跟夫人蘿拉，她個性開朗溫暖，我非常喜歡她，也覺得她是眞心致力於孩童權利、女性接受教育、學校興建計畫跟人權等跟人民切身相關的議題。她問了我很多有關阿富汗的好問題，並仔細聆聽我對於她跟美國可以如何提供幫助的想法。她的支持對我是最大的鼓勵。

我也利用在美國訪問的機會爲興建高速公路爭取更多支持，美國大使說他無法給我任何承諾，但已傳達我的要求。四個月之後，我得知美國國際開發署（U.S. Agency for International Development）已通過興建高速公路的預算，我興奮又激動。

這條高速公路如今已完工，大幅改善了巴達克珊省居民的生活品質，以前到喀布爾需時三天的路程現在只要不到一天，沿途風光明媚，我認爲是全阿富汗風景最動人的一條道路，有些居民把這條高速公路暱稱爲「法齊婭之路」。阿坦加道另一側的道路則尚未完成，我仍在努力，只要一天沒完工，我就一天不會停止爭取，這是我欠父親的，我一定要完成他勇敢開啓的這個夢想。

近年來我陸續見過其他國際知名人物，包括英國前首相布萊爾（Tony Blair）、布朗

（Gordon Brown）與現任首相卡麥隆（David Cameron），也曾兩度會見美國國務卿希拉蕊（Hillary Clinton）。希拉蕊具有啓發人心的力量，雖然大權在握，仍不失女性的優雅。此外我還見過加拿大總理哈珀（Stephen Harper）跟國防部長馬凱（Peter MacKay）。

我還沒見過歐巴馬總統，但希望有一天有機會。阿富汗人都密切注意他的競選活動跟接下來的大選，人們很支持他。他努力成爲美國第一任黑人總統的故事相當啓發人心，許多阿富汗人認爲他傾向以談判取代戰爭，且對外交跟國際議題相當嫻熟。

這些年來，除了先前共事過的外交人員、援助工作人員跟記者之外，我在國際間也結交了不少好友跟盟友。我相信我們能彼此學習，世界各國之間也必須互相合作。阿富汗長久以來淪爲國際政治角力的籌碼，被其他更強大的國家玩弄於股掌之間。我相信阿富汗終將成爲亞洲地區的強國，扮演舉足輕重的角色。在此同時，我們必須學習如何更有策略地與盟國合作，對抗敵人。

阿富汗不需要成爲其他各國害怕的恐怖分子或是同情的受害者，我們是偉大的民族，也能成爲偉大的國家。我的終身抱負就是推動阿富汗達到這樣的國際地位，我不確定眞主讓我到世間走一趟的目的爲何，但我知道我的確身負使命。或許在這片充斥貪腐貧窮的土地上，眞主會選擇我領導我的國家，也或許祂希望我成爲認眞奮鬥的議員跟養育兩位女兒成爲明日之星的好母親。無論我跟我國家的未來是什麼，我知道這都出自眞主的意願。

親愛的父親：

您爲國犧牲時我還不到四歲，在跟您相處的這短短四年間，您只有直接命令過我一次，而那一次卻是叫我走開。

我是您最寵愛的妻子所生的最小的孩子，不知道如果您看到我如今的成就會有什麼反應，但我總愛把它想像成您會替我感到驕傲。

父親，我幾乎不了解您，但我知道我遺傳了您的諸多特質。當我聽到人們談論您的故事時，總是對您的誠實、坦率跟努力感到驕傲。即使在您逝去多年後的現在，許多人依然因爲這些特質而深深懷念您，這對我而言是一大啓發。

我認爲如果一個人對自己不誠實，也就無法對他人誠實。我知道您的開明與眞誠讓您不同於其他的國會議員，我知道您始終相信自己的一言一行，也堅守自己的價值觀以及您代表人民所做的決定。這些特色造就您成爲偉大的人。

如今您後繼有人，我也獲選擔任國會議員，我經常想到您，也好奇您在面對困難狀況時會有什麼反應。

每當回想起您，我總是能獲得勇氣，能繼續下定決心勇往直前。您雖然已過世三十多年，還是能爲我跟家族立下領導典範。

父親，我繼承的不只是您的價值觀，也繼承了您留下的政治遺產。即使我知道有一天我可能會跟您一樣因爲堅持理念而遭到暗殺，但我絕不會背棄您的政治遺產。

但是父親，我不希望悲劇重演，也許眞主會聽到我這個願望。如果我活著，有一天可能還會成爲總統。父親，對此您覺得呢？我希望這個想法能讓您含笑天國。

深愛您的女兒法齊婭

後記

一個兵連禍結國家的夢想

✉二〇一〇

跟大家分享一些回憶。

兩年前我到巴達克珊省的一個村莊去聽當地人陳述他們面臨的問題，看看我能提供什麼幫助。路況很差，傍晚時我們被困在某個村落，當時前不著村、後不著店，只得就地找地方過夜。那個村莊非常貧窮，招待我們留宿的人家在當地算是富有的家庭。屋主引領我們到他家，途中許多年輕人都站在道路兩側歡迎我們。我跟他們聊了一下，之後就來到主人家中。

一位披著深紅色頭巾、約莫三十歲的年輕女性出來迎接我們。我跟她打了招呼，她彎下身來親吻我的手，讓我覺得很不好意思。我並沒有爲她或這個村莊做過任何事，所以完全沒有理由接受這樣隆重的迎接。我覺得很不自在，不讓她親吻我的手。她看起來不高興、有點擔憂，隨後邀請我們進客廳。房子很小很暗，我花了一點時間才開始稍微能在黑暗中看見四周環境。

這才注意到她身懷六甲。

她端出綠茶、桑葚跟核桃招待我們，我問她有幾個孩子，她說有五個，都不到七歲，現在又懷孕七個月。我擔心她的狀況，因爲她看起來不太好。她再度離開客廳，回來的時候端著一大盤特地爲我們做的阿富汗甜米布丁。她攤開一塊布，把一大木碗的米布丁放在上面。

晚餐時間是我能跟她交談、多了解她的好機會，我用天氣當開場白。

我說：「現在是夏天，但是妳的村莊在高山上，所以感覺還是很冷，冬天的時候這裡一定更冷。」

這位害羞的女主人回答，「對，冬天會下大雪，根本不能出門。」

我問她，「那妳怎麼應付日常生活中大大小小的工作？有人幫妳做家事嗎？」

她回答，「沒人幫我。我每天早上四點起床，剷雪剷到馬廄的門可以開了，然後去餵牛跟其他動物，之後要揉麵團烤抓餅，然後打掃房子。」

「但是妳懷孕肚子很大了啊，」我說，「現在還是得自己做這些事嗎？」

「是的。」她回答。我話中透露出的訝異似乎讓她也跟著訝異。

我告訴她我覺得她看起來身體不好，我很擔心她。

她告訴我她覺得很不舒服，「我每天從早忙到晚，晚上休息時根本不能動，因爲太痛了。」

我問她爲什麼不看醫生，她說不可能，因爲醫院太遠了。我告訴她會幫她跟丈夫談談，請他帶她去醫院。

她回答我，「如果我丈夫帶我去醫院，我們得賣掉羊來付醫藥費，他不會同意這麼做的。另外，我們要怎麼去醫院？從這裡到醫院步行要三天，我們沒有驢子或馬可以當交通工具。」

我告訴她，她的生命比羊重要，如果她健康就能照顧整個家庭，如果她生病，就不能照顧任何人了。

她搖搖頭，臉上慢慢浮現悲傷苦悶的微笑。她說：「如果我死了，丈夫會另娶他人。但是全家人都靠山羊奶綿羊肉過活，如果我們失去山羊綿羊，誰來餵飽全家人？要從哪裡獲得食物？」

我從未忘記這個可憐的女人，也不確定她是否尚在人世。多次生產、營養不良、過度疲勞、缺乏醫療資源等種種因素都可能要了她的命，在阿富汗還有成千上萬跟她處境相仿的女性。傳統阿富汗女人不怕死，只想不計任何代價讓家人快樂滿足。她們善良勇敢，隨時願意犧牲自己成全他人，但她們得到了什麼回報？通常很少，更別提經常還有個把山羊綿羊看得比妻子生命重要的丈夫。我每次想起這個女人就熱淚盈眶，更下定決心要幫助所有跟她遭遇相同的女性。

我夢想有一天所有阿富汗人都擁有相同平等的權利，阿富汗女孩們有能力且才華洋溢，應該獲得受教育跟識字的機會，才能全面參與這個國家的政治跟社會前途發展。

我夢想以往讓阿富汗惡名昭彰的族群分化終有一天會消失，也希望以往塑造阿富汗歷史文化的傳統伊斯蘭價值觀能夠不再受到錯誤解讀。阿富汗人是全世界恐怖主義充斥的受害者，但阿富汗這個國家卻被全球各國認爲是產生恐怖分子的搖籃，我希望我們能透過積極外交活動跟良好形象改變各國對阿富汗的觀感。阿富汗向來是貧窮國家，但我們資源豐富，有銅、金、祖母綠跟石油等礦藏，我希望將來能善加利用這些尚未開採的礦藏打擊貧窮，爲阿富汗在國際社會中爭取更重要的地位。

作爲一個國家，阿富汗經歷了許多艱困的時刻，我們抵擋他國入侵，也從未淪爲殖民地或戰敗國。十九世紀，英國在第一次阿富汗戰爭時從阿富汗撤軍當晚，各個部落唱著勝利之歌，其中一句歌詞這樣說道：「如果你不知道我們對國家的熱誠，上了戰場就知道了。」這句話正確描述了阿富汗人的愛國心。我們有尊嚴驕傲，是與生俱來的戰士，必要時一定會挺身而出捍衛自己，但這不代表我們會主動挑釁。

邁向全球化跟全球機會的大門紛紛對其他國家開啓，因此阿富汗不應再被拒於門外。我夢想有一天阿富汗能擺脫貧窮的羈絆，也擺脫全世界對婦女孩童最危險之地的標籤。阿富汗約有三分之一的孩童活不到五歲，貧窮、疾病跟戰爭摧殘著我們的下一代，我夢想有一天能終結這個悲劇。從二〇〇一年乃至塔利班政權陷落以來，阿富汗花費了數十億美元的援助經費，我對每一毛錢都心存感激。可惜的是，其中有許多都遭到浪費、誤用，或是落入不當之人的口袋，例如貪腐官員或大發戰爭財的公司，藉由興建許多品質或排水不良的道路跟醫院而大發利市。

儘管聯合國跟國際社會有許多決定立意良善，但仍有些帶來了毀譽參半的結果。在某個二〇〇二年於日內瓦召開的會議中，與會各國決定由美國負責訓練新成立的阿富汗國民軍，德國負責訓練警察，義大利負責訓練司法體系人員，英國訓練打擊販毒人員，日本則負責訓練解除非法集團武裝的人員。這項所謂的「五大支柱計畫」的核心重點是阿富汗的國家安全，但是，在「持久自由行動」展開將近十年之後，阿富汗的局面仍無法穩定。

其中最大問題在於阿富汗的領袖長久以來都認爲可對這個國家爲所欲爲，他們忘了國家是由人民組成的，忘了這些都是活生生的好人，有家庭、事業、孩子以及對未來的夢想。這些領袖把國家當成少數幾個人的封地，所有考量的出發點都是個人私慾。在蘇聯占領時代，阿富汗是這些人邁向帝國野心、覬覦巴基斯坦不凍港的踏腳石。阿富汗是個擋路的大麻煩，因此必須假政治目的之名行占領征服之實。

之後，聖戰士組織藉著國家主義的掩護在阿富汗爲所欲爲。他們是阿富汗的解放英雄，但正當所有阿富汗人爲聖戰士努力不懈終於擊退蘇聯而感到驕傲時，他們個人的權力慾望與私心卻導致內戰，幾乎摧毀了我的國家。聖戰士組織接踵而至的混亂與鬥爭，開啓了塔利班執政的大門。塔利班讓阿富汗倒退一大步，回到歷史上乃至在伊斯蘭世界都罕見的中古時代伊斯蘭保守主義。

不管哪個政權執政，都沒有將阿富汗人民的抱負、希望與福祉放在心上。諷刺的是，最考慮人民感受的應該是蘇聯統治時代，當時政府興建了許多醫院和教育機構來改善人民生活，但卻是出自戰略目的，而非眞心爲阿富汗人民著想。

阿富汗人不管是普什圖族、塔吉克族、哈扎拉族、烏茲別克族、艾馬克族、土庫曼族或俾路支族，對這個國家都有自己的期望。可惜的是，長久以來他們所依賴仰望的領袖只專注於對自己有利的事情，即使到現在，在許多方面仍維持這樣的情形。阿富汗一般政治人物的態度是一旦掌權，辦公室跟伴隨而來的權威就成了玩弄權力的工具。他們指派資歷跟資格完全不合要求的親朋好友出任要職，並透過賄賂跟公然圖利中飽私囊，完全沒考慮到所代表的選區與人民的福利跟幸福。

「任人唯親」是瀰漫整個阿富汗政壇的惡劣風氣，親朋好友在我的國家就跟在其他國家一樣占有非常重要的地位。但是，我們的政治人物並未體認到公家機關必須爲大眾提供公共服務，而不是安插自己身邊人進入政府體系的管道。很多人會辯解，「我需要可以相信的人，誰能比我表哥／姪子／家族友人更值得信任？」但這種錯誤觀念非但不是有效治理政府的方式，也會引發更多貪腐。透過這種管道出任公職的人，其動機並不是爲了服務國家，他的忠心也只針對引薦者。他們做決定時考量的是對他們而非對人民最好的方式，執政責任與透明度徹底瓦解，良好政府的基礎蕩然無存。

令人痛心的是，許多人雖然不滿政府現行運作的方式，依然勉強接受，人民對政治領袖的期望不高，隨便提供一些工作、合約或錢，就能消弭反對聲浪。如果碰到不能收買的人呢？別忘了我的國家是個危險地區，大聲說出反對意見的人經常爲此喪命，破獲的案子寥寥無幾。全球各大媒體上偶爾還會出現綁架外國援助工作者的新聞，這些人來此單純只是爲了幫助我們，每當我看到這些人爲了不是自己祖國的國家喪失生命，內心總是在淌血。但是，媒體沒有報導的是一般阿富汗人受到綁架的故事。在這個國家，每個富有商人都聽過其他人曾被綁架勒贖的故事，即使孩子也因爲綁匪可向父母勒贖而無法倖免於難。因爲這些因素，擁有雙重國籍、在塔利班政權陷落後重回阿富汗的商人，如今大多數又轉往歐洲美國等地，造成阿富汗人才與技術大量流失。

這種狀況必須等到國會體系內這些身負管理國家責任的人開始做出改變，才有可能跟著改變。擔任公職的人必須是發自內心單純眞誠地想爲國家服務，如果阿富汗所有政治人物跟政府官員都秉持這種想法，我們將來的成就不可限量，投入阿富汗的數十億援助與開發基金也才能發揮其應有作用。外包工程應由最有能力而不是給最多賄款的承包商負責，警察跟軍隊只應效忠身上的制服跟所代表的國家，而不是效忠於貪腐的老闆。地方省長應努力誠實地收稅並將稅收呈繳至中央政府，由中央政府監督將經費確實有效地花到各部會以及政治人物爭取到的計畫上，政治人物則應傾聽並落實選民的期望。

我不願讓自己的政治理想聽起來過於天眞，畢竟每個政府都有自己的問題，但最好的政府應該找出改善的最佳機制，政府應諮詢國會，由國會議員深入調查研究後以誠實坦率的方式提出調查結果。司法體系的運作也必須能獨立且不受各方影響，並有打擊貪腐的決心與勇氣。警方必須紀律分明，既有微罪不舉的胸襟，也有對各層級犯罪活動都會打擊到底的氣魄。根據國際媒體最近的報導，國際透明組織（Transparency International）將阿富汗列名世界貪腐指數前三名，這項統計數字令人震驚。

該從哪裡著手？我相信健全的政府始於適當的國會反對力量，政府必須願意傾聽人民的心聲，並以誠實正直的做法爲人民謀福祉，才能令阿富汗改頭換面。這雖然是我個人的意見，但卻是跟成千上萬的人民交談後獲得的結論。許多阿富汗人已經放棄希望，甚至放棄擁有誠實且公正不阿的政府的夢想。但他們值得國家給他們更多。

過去三十年來，阿富汗人眼中所見盡是骯髒混亂的政治，難怪這個國家在政治方面病入膏肓。作爲一個國家，我們在政治上營養不良，國家成長因此受阻。然而這種情形已開始改變，我有幾位同僚會眞誠聆聽來自選區的意見，並誠實正直地採取行動做出回應，爲自己贏得人民的尊敬和信任。

阿富汗的民主能否成功，取決於兩個因素。第一個是教育，所有孩子無論男女都必須接受可負擔得起的正規教育，這是爲了他們個人的前途，同時也是爲了將來能替國家做出正確的決策。第二個因素是國家安全，必須推動法治社會，才能讓阿富汗家庭在安全和平的環境中建立家園。每逢選舉，人民在投票時必須能覺得安全，並且知道自己的一票的確能發揮作用。阿富汗人民都希望能有機會親手選出國家領袖，但許多人仍然不了解自由公平選舉的意義。

如果我們能建立眞正的民主政府，我希望假以時日，包括維安武力在內的政府所有層面能組成穩定且自由的公義社會的骨幹。這其實類似「先有雞還是先有蛋」的辯論。國家得先安全，才能產生更好的政府？抑或是好的國家治理才能讓國家安全？或許兩者皆然。

曾經兩者皆然的塔利班政權又該何去何從？在我撰寫本書的過程中，世界各國正討論要從阿富汗撤軍。我認爲撤軍時機尚未成熟，因爲阿富汗仍飽受戰爭跟衝突摧殘，這些衝突隨時都可能升高成國際紛爭。馬蘇德以前曾警告西方國家說恐怖主義總有一天會找上門來，這個警告現在更是意義重大。除非國際社會開始以範圍更廣的方式打擊塔利班勢力，否則隨之而來的危險跟威脅將永遠存在。

近來許多人談論著希望塔利班停戰並重回政府，這項進程由國際社會主導，目的是希望能讓各國盡快完成撤軍。但這是一個錯誤，這種做法只能短期解決全世界面臨的問題，卻同時讓問題累積惡化成隨時會爆發的不定時炸彈。

塔利班認爲當初執政所採取的伊斯蘭保守主義路線才是阿富汗眞正需要的政府，並相信憑他們一己之力就能讓國家穩定，但長期下來的經驗顯示，塔利班對教育跟健保政策的解釋對阿富汗至少半數人口造成打壓，對國家安全跟公平正義的觀點也完全不符合大多數人的期望。他們在阿富汗政壇應該占有一席之地嗎？我想，在我所相信的民主體系之下，每個人都有權利表達對政治的意見，但重點是政治是不斷的討論、提出立論根據並說服多數人，我難以想像將來塔利班在國會裡要如何跟像我一樣的女性政治人物並肩合作。

塔利班經常無所不用其極地想暗殺我或其他人，比如知識分子、記者、敵對分子或對西方國家友好的人。塔利班人是否終能了解或尊重民主的意義？我很懷疑。他們是否眞的願意跟持不同意見的人分享權力？是否願意坐下來跟我們辯論、找到各方共同立場？是否支持我或其他女性提出的新的立法或觀點？所有的答案都是否定的。國際社會竟然天眞地認爲塔利班有可能改變。近年來，各界投入諸多努力支持並加強阿富汗女性的地位，如果讓塔利班重回政府，這一切努力將付諸東流。

開車行過喀布爾市區，經常看到年輕女孩穿著學校制服的黑色衫褲跟白色頭巾，這種美麗景象讓我發自內心地微笑。過去十年間，包括我女兒在內的成千上萬的小女孩們都獲得了受教育的機會，這不僅給了她們邁向光明前途的機會，也改善了她們家人的健康跟經濟狀況，進而幫助整個國家更強大。如果塔利班重掌政權，這些女孩們將再次被迫回歸家庭，躲在罩衫跟重重桎梏法規下永遠保持沉默，大多數的權利也遭剝奪，阿富汗也會再度步入黑暗時代。誰允許這種情況發生，誰就背叛了國家所賦予的最高使命。

我在二〇一〇年十月連任國會議員，並沒有讓人民失望。儘管部分對手陣營造假作弊不斷，我的得票數還是超越了第一次的得票數。

我很高興姊姊康荻古（Quandigul，她夫家稱她瑪莉昂Maryam）也當選了國會議員。聖戰士襲擊我家當晚，母親拒絕告訴他們父親的武器藏在哪裡，聖戰士因而毒打了康荻古。姊姊小時候不識字也沒念過書（我是家裡唯一獲准去上學的女孩子），之後她結婚生子，也一路看著我受教育並達到如今的成就，讓她也想報效國家，爲自己的這一生做點重要的事。她開始到夜校去上電腦跟識字課程，幾年後畢業並取得大學學位，現在她跟我一樣擔任國會議員，也是繼承古菲家族政治傳統的新血。我對她的成就深感驕傲，也知道她會努力扮演好人生的新角色。

在最近這次選舉中，我的生命受到更多威脅，比如有槍手跟蹤我的車、在我行經路線旁安置炸彈、警告要綁架我等等。投票當天，警方逮捕兩人，他們坦承原本計畫綁架我，將我帶至另一個行政區後殺害。這兩人跟另一位候選人有關聯，其中一位甚至是候選人的親戚，但我無法理解爲何其中一位在他們坦承綁架暗殺計畫後依然獲釋。只能說，因爲我坦率敢言的問政風格，讓我無法完全仰賴國家的維安體系來保護我。很多時候我不知道誰會暗殺我，從穿便服的平民到穿制服的官員都有可能。我在喀布爾時，國安情報人員經常毫無理由或解釋就攔下我的座車威嚇警告，這已是我日常生活的一部分。我不會說已經習慣了，因爲沒有人會習慣受到這樣的威脅，但我已學會如何與之共處。

我自豪於自己跟父親一樣被視為誠實正直的政治人物，必要時絕不懼於大聲說出對棘手議題的意見，也證明自己有能力為需要的人提供服務跟直接的經費。誠然，我所代表的人民跟選區仍然是全世界最貧窮的地區，還有許多需要努力改善的目標，但我知道我已藉由興建道路、學校、清眞寺跟創造就業而大幅改善了當地人民的生活，最新進展是搶先在幾個偏遠且極其保守的村莊興建了數座女性專用清眞寺。清眞寺是禱告的地方，沒有男人會拒絕給妻子每天離家一小時去崇拜上天的機會，有時這是這些女性能離家透氣的唯一機會。在這些宗教聚會處，女人們可以學到有關營養跟衛生的知識或是參加識字課程。只要有一座像這樣用途的建築物，就幾乎能瞬間讓一個貧窮村莊充滿朝氣活力。

如今我可能是阿富汗所有女性政治人物中知名度最高也是最受大眾（無論男女）歡迎的一位，人民想到我時，先想到我是政治人物，之後才想到我是女性。這一點讓我深感驕傲。

我的支持者曾經建議我選總統，我並不諱言的確想扮演這個帶領國家邁向民主的角色，我當然想競選，一旦這樣的機會來臨，全世界想認眞做事的政治人物都想爭取，我也知道我的能力足以勝任這項工作，但另一方面我也認為時機尚未成熟。阿富汗還沒準備好選出女總統，當然我希望這有朝一日會改變。不久之前沒人想到黑人總有一天能當上美國總統，但這的確發生了。其他伊斯蘭教國家也曾有過女性領導人，例如梅嘉瓦蒂（Megawati Sukarnoputri）於二〇〇一到二〇〇四年間擔任印尼總統，卡莉達・吉爾（Begum Khaleda Zia）是孟加拉第一位女總理，而在鄰國巴基斯坦，班娜姬・布托（Benazir Bhutto）遇刺身亡時也是女總理，在當時即將來臨的總統選舉中當選呼聲最高。我還想起所崇拜的女性政治人物，例如英國鐵娘子柴契爾夫人跟印度鐵娘子甘地夫人（Indira Gandhi）。後人是因爲她們身爲領袖所推動的政策跟力量而非因爲性別而記得她們，我相信總有一天阿富汗也能接受女性當家。

阿富汗長久以來都是槍桿子出政權，誰能執政都取決於是否擁有最多士兵或最好的坦克，而非端出最好的政策、計畫或對未來的改革。這種情形必須改變，但改變需要時間。政治上的改變若萌芽、扎根和茁壯，也會帶動經濟發展，穩定的國家能爲人民帶來諸多機會。無論是可利用更好更安全的道路前往市場的農夫、努力建立進出口商業的企業家，或是許多生活在海外、受過高等教育的阿富汗人，都能在阿富汗未來發展中找到屬於自己的一席之地。

我不想低估阿富汗面臨的挑戰，許多問題仍有待克服，例如貪腐、宗教激進分子，農地上更是種滿了提煉鴉片的罌粟花。但阿富汗人世世代代飽受折磨，反而磨練出無可動搖的力量跟決心。我相信也祈禱所有阿富汗人終能放下過去、展望未來。阿富汗在經歷多年戰爭和壓迫後幾乎一無所有，我們唯一的選擇是重建，我相信這也是我們的人民所眞心希望的。他們需要有人提出重建架構得以遵行，也需要果決有力的領導人將國家內各種分歧互異的意見凝聚出完整共識，因此未來領導人必須能帶領國家團結、邁向成功。

親愛的女兒，如果我們能達到這個目標，或許有一天妳們的子孫能在一個有自尊又成功、而且在已發展世界發揮正確功能的伊斯蘭共和國中自由地成長。

這是我此生的理想。

也是我能爲之犧牲生命的目標。
親愛的女兒，如果眞有這麼一天，我希望妳們知道這本書的每一個字都是爲妳們而寫。我希望、也需要妳們跟阿富汗其他孩子們一樣，能了解我努力奮鬥的過程跟目標。我對這個國家所懷抱的夢想，將會在你們身上延續下去。
如果塔利班沒能殺了我呢？蘇赫拉，也許我會鞭策妳當上阿富汗首任女總統，或許這樣我們就能建立屬於伊斯蘭女性領導人的新世紀，把美好良善帶到全世界。
寫下這些結語的同時，我知道母親比比將一定在天上含笑看著我。

我夢想有一天所有阿富汗人都擁有相同平等的權利，阿富汗女孩們有能力且才華洋溢，應該獲得受教育跟識字的機會，才能全面參與這個國家的政治跟社會前途發展。

我夢想以往讓阿富汗惡名昭彰的族群分化終有一天會消失，也希望以往塑造阿富汗歷史文化的傳統伊斯蘭價值觀能夠不再受到錯誤解讀。

致謝

謹向以下人士致謝：

感謝我的女兒在我寫作期間給予我的耐心與時間。

感謝納汀在撰寫與描述本書內容方面所給予的協助。

感謝艾莎的大力支持，幫我塑造並描述書中的故事、管理團隊，並多次耐心地編輯此書。

感謝我哥哥恩那亞特，他花了一星期的時間跟我還有納汀前往巴達克珊省的偏遠山區，幫我們回憶起童年時代的點點滴滴。

感謝我的行政區內的維安人員，在我們前往村落的途中爲整個工作團隊提供了必要的維安。

感謝勇敢的司機卡卡·雅提姆，他連續兩天夜以繼日地開車帶著我們穿越阿富汗最險峻的道路。

法齊婭·古菲支持BEHZ創造基金會（BEHZ Creations），該基金會為阿富汗偏遠地區提供經費，進行改善文盲計畫。欲獲取詳情，可造訪此網站：www.fawziakoofi.org

我想活下去：從大饑荒與我最幸福中逃亡，兩韓女子的真實對話

（北韓）朴智賢、（南韓）徐琳◎著
蔡孟貞◎譯

★本書北韓作者朴智賢獲頒
國際特赦組織英國分會「Amnesty Brave Awards 2020」獎項，
鼓勵她在促進人權進步上，不屈不饒的努力與付出。

★國際特赦組織以本書故事特別拍攝記錄片

【生命有感 專文推薦】
看到她的遭遇，我想的是，這算哪門子的投奔自由？
看到她的母親，我想到的是人性在殘酷的時代，
只能比時代還殘酷……
看到她的努力，我想到的是人性在殘酷的時代，
卻能比時代更殘酷。

導演／小說家　盧建彰

擁有迥異生活背景的兩位女子，在本書宛如進行一場兩韓對話——誰讓我們視彼此為仇敵？又是為什麼，明明說著同樣的語言，卻從來不曾完全理解對方？這些問題沒有寫在課本上……

專欄作家／影評人／韓國文化研究者／經營粉絲專頁「韓國的筆記」　彭紹宇

延伸閱讀

開啓兩韓理解之路
一個出生北韓
一個出生南韓
因爲這本書開始同理彼此
她的人生才是眞正「愛的迫降」

她叫朴智賢，國籍北韓。一個初春的夜晚，她橫渡圖們江，那時白雪覆蓋江面，她的皮膚和髮絲結凍僵硬，每跨一步，就與恐懼同在。臨走前，她寫一封信給父親，留了一碗飯在他身邊，如果父親餓了，至少他能吃到一點米飯……

她叫徐琳，國籍南韓。小時候參加反共海報比賽獲得銀牌，寫著「打倒共產黨」的作品還貼在房間裡，因為父親外交官身分，移居倫敦，從一個國家入境另一個國家……

她們的韓國被分裂一北，一南，她們曾是敵人，是政治意識相對立的兩方。

但她們都說著同樣的語言，一樣愛吃泡菜，一樣有幸福無邪的回憶；因為一次偶然的採訪相識，生長在不同世界的兩韓女子，第一次以母語交換彼此的生命故事，囚改營的逃亡，大饑荒的哭喊，生離的淚水，要以什麼樣的文字？要以何種心境？才能沒有罪惡感，冷靜記錄？

「如果這個國家沒有分裂、沒有遭到日本占領、沒有爆發韓戰？我們會成爲什麼樣的女性？」

理解可以取得信任，祝福可以交換盼望，當她們認同彼此是手足血液，這一段混雜著友誼與關懷，善意與呵護的情感，不再僅僅只是脫北者的生命之歌，而是生而為人，和解的見證。

Soul 003

阿富汗的女兒在哭泣

作　　者—法齊婭・古菲
譯　　者—侯嘉珏
出　版　者—大田出版有限公司
台北市一○四四五中山北路二段二十六巷二號二樓
E-mail—titan@morningstar.com.tw　http：//www.titan3.com.tw
編輯部專線—（02）2562-1383　傳真：（02）2581-8761

總　編　輯—莊培園
副總編輯—蔡鳳儀
行銷編輯—陳映璇
行政編輯—林珈羽
校　　對—謝惠鈴／陳佩伶

初　　刷—二○一二年七月三十日
二版初刷—二○二一年十月十二日　定價：三八○元

購書E-mail—service@morningstar.com.tw
網路書店—http://www.morningstar.com.tw（晨星網路書店）
TEL：04-2359-5819　FAX：04-2359-5493
郵政劃撥—15060393（知己圖書股份有限公司）
印　　刷—上好印刷股份有限公司
國際書碼—978-986-179-688-8　CIP：783.628/110014630

填回函雙重禮
①立即送購書優惠券
②抽獎小禮物

國家圖書館出版品預行編目資料

阿富汗的女兒在哭泣／法齊婭・古菲著；
侯嘉珏譯.
——二版——臺北市：大田，民110.10
面；公分.——（Soul；003）

ISBN 978-986-179-688-8（平裝）
1. 古菲（Koofi,Fawzia） 2. 傳記

783.628　　110014630